高职汽车检测与维修技术专业立体化教材

Ziche Dianqi
Guzhang Zhenduan yu Xiufu

汽车电气故障诊断与修复

中国交通教育研究会职业教育分会　组织编写
上海景格科技股份有限公司　技术支持
张光磊　周羽皓　主　编
潘开广　胡雄杰　副主编

人民交通出版社股份有限公司
China Communications Press Co., Ltd.

内 容 提 要

本书是高职汽车检测与维修技术专业立体化教材之一,主要内容包括:汽车充电指示灯点亮故障诊断与修复、发动机不起动故障诊断与修复、前照灯不亮故障诊断与修复、汽车转向灯故障诊断与修复、汽车仪表系统故障诊断与修复、电动车窗不升降故障诊断与修复、中央门锁失灵故障诊断修复、电动后视镜失灵故障诊断与修复、电动座椅不能调节故障诊断与修复、刮水器无间歇档故障诊断与修复、汽车防盗系统故障诊断与排除、安全气囊系统故障诊断与排除、汽车空调系统故障诊断与修复、汽车倒车雷达失灵故障诊断与修复、汽车音响及导航系统故障诊断与修复和汽车车载网络系统通讯不正常故障诊断与修复。

本书可作为高等职业学校汽车检测与维修技术、汽车运用与维修技术等专业核心课程教材,也可作为汽车服务人员在职培训及汽车爱好者的自学指导书。

图书在版编目(CIP)数据

汽车电气故障诊断与修复/张光磊,周羽皓主编. —北京:人民交通出版社股份有限公司,2018.7
高职汽车检测与维修技术专业立体化教材
ISBN 978-7-114-14731-9

Ⅰ.①汽… Ⅱ.①张… ②周… Ⅲ.①汽车—电气设备—故障诊断—高等职业教育—教材②汽车—电气设备—故障修复—高等职业教育—教材 Ⅳ.①U472.41

中国版本图书馆 CIP 数据核字(2018)第 103330 号

书 名:	汽车电气故障诊断与修复
著 作 者:	张光磊　周羽皓
责任编辑:	戴慧莉
责任校对:	尹　静
责任印制:	张　凯
出版发行:	人民交通出版社股份有限公司
地　　址:	(100011)北京市朝阳区安定门外外馆斜街 3 号
网　　址:	http://www.ccpress.com.cn
销售电话:	(010)59757973
总 经 销:	人民交通出版社股份有限公司发行部
经　　销:	各地新华书店
印　　刷:	北京市密东印刷有限公司
开　　本:	787×1092　1/16
印　　张:	18.5
字　　数:	419 千
版　　次:	2018 年 7 月　第 1 版
印　　次:	2019 年 6 月　第 2 次印刷
书　　号:	ISBN 978-7-114-14731-9
定　　价:	45.00 元

(有印刷、装订质量问题的图书由本公司负责调换)

高职汽车检测与维修技术专业立体化教材编委会

主　任：魏庆曜

副主任：吴宗保　李　全　解福泉

委　员：陈瑞晶　陈　斌　刘　焰

　　　　高进军　崔选盟　曹登华

　　　　曹向红　官海兵　李　军

　　　　刘存香　缑庆伟　袁　杰

　　　　朱学军

秘　书：钟　湄

前言

《国家中长期教育改革和发展规划纲要(2010—2020年)》的发布,为中国近十年的教育改革和发展提供了明确的前进方向。围绕《纲要》实施,"适应经济社会发展和科技进步的要求,推进课程改革,加强教材建设,建立健全教材质量监管制度"是职业院校教学改革的重要内容。如何实现教材建设和课程改革相结合,满足学生职业生涯发展和社会经济发展相适应,十分关键。

本套教材以中国交通教育研究会职业教育分会汽车运用工程专业委员会制订的汽车检测与维修技术专业人才培养方案和课程标准为依据,以行业典型工作任务为课程内容参照点,以完整任务为单元组织内容,以任务实施为主要学习方式,满足高职汽车检测与维修技术专业培养技能人才的教学需求,具有以下特点:

1. 学习任务工作化。以任务驱动为导向,按照典型工作任务、完整过程和工作情境设计教学内容。从岗位需求出发,实现教学内容融合工作任务,通过任务实施巩固学习过程,为学生提供全面的学习和培养。

2. 教学内容专业化。在中国交通教育研究会职业教育分会汽车运用工程专业委员会的指导下,组织教育专家设计、行业专家指导、技术专家和院校教学专家团队编写,保证了教学理念的先进性及教材内容的专业性。

3. 教材形式立体化。以"高职汽车检测与维修技术专业资源库"为支撑,资源库中含有丰富的动画、视频、优秀图书、论文、知识拓展等素材资源,教材中的相关知识点附近配有二维码,扫码可观看动画或视频资源,使课程更加形象化、情景化、动态化、生活化。

4. 课程内容全面化。课程全面覆盖各层次学生学习需求,不仅涵盖重要知识内容和关键操作步骤,而且配套资源库中推荐众多优秀图书、论文、知识拓展链接,为各层次学生精选、设计匹配学习方法,丰富学习渠道,满足学生多种场景学习要求。

5. 教学形式信息化。课程采用教材与网络资源库同步呈现模式,实现网络云端数据访问,教学素材实时更新,满足各院校信息化教学需求。

6. 教学质量可视化。课程不仅设计有全面的考核项目和海量题库,同时配套景格云立方教学管理平台,实现教学全过程信息化管理,有效地把控教学效果。

本套教材是中国交通教育研究会职业教育分会汽车运用工程专业委员会组织,四川交通职业技术学院、广西交通职业技术学院、天津交通职业学院、广东交通职业技术学院、湖北交通职业技术学院、江西交通职业技术学院、陕西交通职业技术学院、北京交通运输职业学院、河南交通职业技术学院(院校排名不分先后)及上海景格科技股份有限公司深度合作,在行业专家、教学专家的指导下共同开发的"汽车类专业教学资源库"配套教材。希望通过本套教材的使用,使学生能够学到扎实的基础知识、练就娴熟的专业技能、掌握实践操作经验,让学生决胜于职场,创造出一个美好的未来。

《汽车电气故障诊断与修复》是本套教材中的一本,与传统同类教材相比,本书是基于学习任务的模式进行编写,按照从简单到复杂、由局部到整体、由单一技能到综合技能的思路,以汽车维修岗位的职业能力为目标,以汽车电气系统典型故障为载体,构建了学习任务。每个学习任务,都来自于企业的生产实际,是一个个真实完整的汽车维修作业过程。

本书的编写分工为:江西交通职业技术学院的周羽皓编写了学习任务一;江西交通职业技术学院的黄晓敏编写了学习任务二;江西交通职业技术学院的官海兵编写了学习任务三、学习任务四;江西交通职业技术学院的潘开广编写了学习任务五、学习任务十四、学习任务十五;江西交通职业技术学院的杨晋编写了学习任务六、学习任务七;江西交通职业技术学院的胡雄杰编写了学习任务八至学习任务十;江西交通职业技术学院的吴纪生编写了学习任务十一、学习任务十二;江西交通职业技术学院的刘堂胜编写了学习任务十三;江西交通职业技术学院的张光磊编写了学习任务十六。全书由张光磊、周羽皓担任主编,由潘开广、胡雄杰担任副主编。

在本书的编写过程中,编者参阅了大量国内外文献,引述文献已尽量予以标注,但难免存在疏漏,在此对各文献作者一并致谢!

由于编者水平有限,加上时间仓促,书中疏漏与不妥之处在所难免,敬请有关专家和读者批评指正。

编委会

2018年1月

目 录

学习任务一　汽车充电指示灯点亮故障诊断与修复 …………………………… 1
　　子任务1　汽车蓄电池的检测 ………………………………………………… 2
　　子任务2　交流发电机的检测 ………………………………………………… 12
　　子任务3　发电机充电系统的检测 …………………………………………… 27
学习任务二　发动机不起动故障诊断与修复 …………………………………… 33
　　子任务1　起动机直流电动机的检测 ………………………………………… 33
　　子任务2　起动机控制与传动机构检测 ……………………………………… 42
学习任务三　前照灯不亮故障诊断与修复 ……………………………………… 51
　　子任务1　前照灯故障诊断与修复 …………………………………………… 51
　　子任务2　前照灯检测与调整 ………………………………………………… 68
学习任务四　汽车转向灯故障诊断与修复 ……………………………………… 78
学习任务五　汽车仪表系统故障诊断与修复 …………………………………… 90
学习任务六　电动车窗不升降故障诊断与修复 ………………………………… 97
学习任务七　中央门锁失灵故障诊断与修复 …………………………………… 105
学习任务八　电动后视镜失灵故障诊断与修复 ………………………………… 112
学习任务九　电动座椅不能调节故障诊断与修复 ……………………………… 119
学习任务十　刮水器无间歇档故障诊断与修复 ………………………………… 130
学习任务十一　汽车防盗系统故障诊断与排除 ………………………………… 136
学习任务十二　安全气囊系统故障诊断与排除 ………………………………… 147
学习任务十三　汽车空调系统故障诊断与修复 ………………………………… 176
　　子任务1　制冷系统不制冷故障的检修 ……………………………………… 177
　　子任务2　暖风系统暖风不足故障的检修 …………………………………… 206
　　子任务3　自动空调故障警告灯报警故障检修 ……………………………… 215
学习任务十四　汽车倒车雷达失灵故障诊断与修复 …………………………… 248

学习任务十五　汽车音响及导航系统故障诊断与修复 ································ 256
　　子任务 1　汽车音响系统检修 ·· 257
　　子任务 2　汽车导航系统检修 ·· 263

学习任务十六　汽车车载网络系统通信不正常故障诊断与修复 ···················· 270
　　子任务 1　CAN 数据总线系统的检测 ·· 271
　　子任务 2　LIN 数据总线系统的检测 ·· 282

参考文献 ·· 288

学习任务一　汽车充电指示灯点亮故障诊断与修复

任务概述

　　将点火开关置于 ON 位置发动机停机、发电机不发电、发动机低速运转以及发电机对外的输出电压较低的情况下,汽车蓄电池为用电设备提供电能。将点火开关置于 START 位置时,为起动机提供强大的起动电流,同时为其他用电设备提供电流。在发电机过载时,蓄电池协助发电机为汽车用电设备提供电能。在发电机的输出电压高于蓄电池的电势时,将电能转变成化学能储存到蓄电池里,即充电。可见,蓄电池的功能就是与发电机并联,共同向用电设备供电,在发动机起动后,车辆的充电系统向蓄电池再充电。

　　将点火开关置于 ON 位置发动机运行时,交流发电机在发动机皮带的带动下,驱动发电机转子旋转,由电刷给转子通电产生磁场;由定子产生交变感应电动势;由整流器整流为直流电输出。可见,交流发电机的功能就是作为汽车的主要电源,在发动机正常工作时,向除起动机以外的所有用电设备供电,同时还向蓄电池充电。

　　随着车辆使用时间的增加,蓄电池的性能会下降,电源系统出现故障,会导致车辆无法起动、无法充电等故障现象,需进行蓄电池、交流发电机和充电系统检修。

主要学习任务

1. 汽车蓄电池的检测
2. 交流发电机的检测
3. 发电机充电系统的检测

子任务1　汽车蓄电池的检测

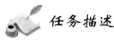
任务描述

车主李先生反映,将点火开关置于起动位置,听到起动机运转时"嗒嗒"的声音,汽车仪表板灯光在起动的瞬间变暗,无法起动车辆。维修人员现场检验,观察的情况与车主反映的基本相同,怀疑蓄电池电量不足,按下汽车喇叭,喇叭的声音晦涩,说明蓄电池可能供电不足,使用万用表测量蓄电池电压为10.1V,基本上可以判定故障是蓄电池的问题。汽车起动时,蓄电池提供大电流驱动起动机工作,当出现不正常的起动声音、起动时仪表板灯光变暗、喇叭声沉闷的现象时,极有可能是蓄电池供电不足的问题。

汽车蓄电池是一个可逆的直流电源,既能将化学能转换为电能,也能将电能转换为化学能。它是汽车上的两个电源之一。蓄电池相当于一只大电容,它不仅能够保持汽车电气系统的电压稳定,而且还能吸收电路中出现的瞬时过电压,保护电子元件不被损坏。起动发动机时,蓄电池在短时(5~10s)内能向起动机连续供给强大电流:汽油发动机汽车一般需要200~300A;柴油发动机汽车一般需要500~1000A,甚至更大。所以,蓄电池供电电压不足的时候,会产生车辆无法起动的故障,从而使发动机不能起动。若判断故障在蓄电池,则需要对蓄电池进行检修。

学习目标

(1)能够正确描述蓄电池的分类及选用方法。
(2)能够正确描述蓄电池的基本结构和工作原理。
(3)掌握蓄电池的充放电方法。
(4)掌握蓄电池的使用、检测、故障排除方法。
(5)会运用所学知识和经验,为客户提供蓄电池日常维护的建议。
(6)养成良好的职业素养,安全操作,互相协作。
建议学时:4学时。

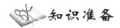知识准备

一、蓄电池的功用和要求

蓄电池是汽车上最重要的部件之一,汽车上的任何电器部件都需要其供电,因此,蓄电池是汽车电气系统提供电源的基础。汽车蓄电池是为了起动汽车以及在电气需求超出发电机输出能力时提供电源。同时,它也对整个电气系统起到稳压器的作用。

蓄电池功用

蓄电池的功用:是一个可逆的直流电源,既能将化学能转换为电能,也能将电能转换为化学能。

对蓄电池的要求是:

(1)发动机起动时,向起动机和点火控制单元供电。

(2)发电机不发电或电压过低时向电气系统供电。

(3)当电气系统电器部件接入过多,发电机负荷过大,协助发电机提供电能。

(4)发电机端电压大于蓄电池电动势时,将发电机的电能转化为化学能储存起来。

(5)蓄电池能够保持汽车电气系统的电压稳定,而且还能吸收电路中出现的瞬时过电压,保护电子元件不被损坏。

二、蓄电池的组成

汽车蓄电池通常由三只或六只单格电池串联而成,每只单格电池的电压约2V,串联后蓄电池电压为6V或12V以供汽车选用。目前国内外汽油机汽车均选用12V蓄电池;柴油机汽车电源电压设计为24V,用两只12V蓄电池串联供申。现代汽车用普通铅酸蓄电池由极板、电解液、正负极端子、通风孔塞和电池外壳组成,如图1-1所示。

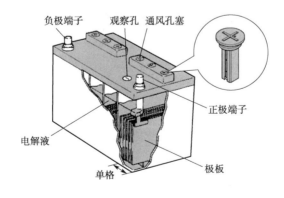

图1-1 蓄电池的组成

蓄电池各部分的作用如下。

1. 极板

极板是蓄电池的核心部分,形状如图1-2所示,它分为正极板和负极板。正极板上的活

性物质是深棕色二氧化铅(PbO_2),负极板上的活性物质是青灰色的海绵状铅(Pb)。蓄电池充放电过程中,电能和化学能的相互转换,就是依靠极板上的活性物质和电解液中硫酸的化学反应来实现的。

正负极板上的活性物质分别填充在铅锑合金铸成的栅架上,如图1-3所示。加锑的目的是提高机械强度和浇注性能。但锑有副作用,它会加速氢的析出而加速电解液消耗,还易从正极板栅架中解析出来而引起蓄电池自放电和栅架腐蚀,缩短蓄电池的使用寿命。目前国内外大多数蓄电池含锑量为2%~3%。为降低蓄电池的内阻,改善蓄电池的起动性能,现代汽车蓄电池采用放射性栅架。

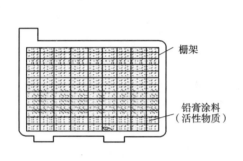

图1-2 极板　　　　　　　　　图1-3 栅架

负极板上的活性物质具有多孔性,电解液能够渗透到极板的内部,增大电解液与活性物质的接触面积,使活性物质在充放电化学反应时得到充分利用,提高其容量。

极板上连有极桩,各片间留有间隙。安装时正负极板相互嵌合,中间插入隔板后装入蓄电池单格内便形成单格电池。如图1-2所示,在每个单格电池中,负极板的数量总比正极板多一片。例东风EQ1090汽车所用6-Q-105型蓄电池,每单格中正极板为7片,负极板为8片,这样正极板都处于负极板之间,使其两侧放电均匀。否则由于正极板的机械强度差,单面工作会使两侧活性物质体积变化不一致,而造成极板拱曲。目前国产极板的厚度为1.8~2.4mm,国外大都采用1.1~1.5mm厚的薄型极板(正极板比负极板厚)。采用薄型极板可提高蓄电池的比容量和起动性能。

2. 电解液

电解液是蓄电池内部发生化学反应的主要物质,由化学纯净硫酸和蒸馏水按一定比例配制而成,其成分用密度表示。

电解液的密度对蓄电池性能和寿命影响很大。为了提高蓄电池容量和降低电解液的冰点,希望电解液的密度大一些。但密度过大,会使流动性变差,反而会降低蓄电池的容量,而且还会加速隔板和极板损坏,缩短蓄电池的使用寿命。电解液的密度为$1.24 \sim 1.30 g/cm^3$,它的密度应根据地区、气候条件和制造厂的要求而定。

我国幅员辽阔,气候条件复杂,为此,国家规定了各地区的电解液密度值供选用时参考,见表1-1。

不同地区和气候条件下电解液的密度　　　　　　　　　　表1-1

气候条件	完全充足电的蓄电池在25℃时的电解液密度	
	夏季（g/cm³）	冬季（g/cm³）
冬季温度低于－40℃的地区	1.26	1.30
冬季温度在－40℃以上的地区	1.24	1.28
冬季温度在－30℃以上的地区	1.24	1.27
冬季温度在－20℃以上的地区	1.23	1.26
冬季温度在0℃以上的地区	1.23	1.23

3. 正负极端子

普通铅蓄电池首尾两极板组的横板上焊有接线柱，接线柱有侧孔形、侧顶圆柱形和L形三种，图1-4所示。为了便于识别，极桩的上方或旁边刻有"＋"或{P}、"－"或{N}标注，也有的在极桩上涂有红色油漆。

为了避免在连接蓄电池正负极端子时接反，蓄电池的正极端子与负极端子的直径不同，正极端子直径要大于负极端子，如图1-5所示。

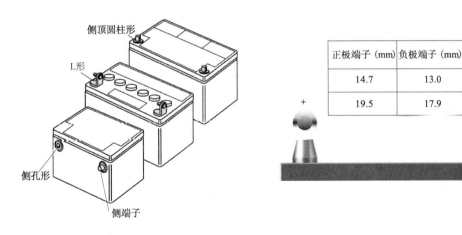

图1-4　铅蓄电池接线柱外形　　　　　　　　图1-5　正负极端子直径

三、蓄电池的型号

蓄电池的型号按《铅蓄电池产品型号编制方法》（JB 2599—1985）的规定，铅蓄电池型号的编制和含义如下：

（1）串联的单格电池数指该电池总成所包含的单格电池数目，用阿拉伯数字表示。

（2）蓄电池类型是根据其主要用途来划分的。如起动用蓄电池代号为"Q"，摩托车用蓄电池代号为"M"。

(3)蓄电池特征为附加部分,仅在同类用途的产品中具有某种特征而在型号中又必须加以区别时采用。当产品同时具有两种特征时,原则上应将两个代号并列标志。产品特征代号见表1-2。

产品特征代号　　　　　　　　　表1-2

序号	产品特征	代号	序号	产品特征	代号	序号	产品特征	代号	序号	产品特征	代号
1	干电荷	A	4	少维护	S	7	密闭式	B	10	激活式	I
2	湿电荷	H	5	防酸式	F	8	液密式	Y	11	带液式	D
3	免维护	W	6	密闭式	M	9	气密式	Q	12	胶质电解液	J

例如:

① 3-Q-75:由3个单体电池组成,额定电压为6V,额定容量为75A·h的起动用蓄电池。

② 6-QA-105G:由6个单体电池组成,额定电压为12V,额定容量为105A·h的起动用干荷电高起动率蓄电池。

③ 6-QAW-100:由6个单体电池组成,额定电压为12V,额定容量为100A·h的起动用干荷电免维护蓄电池。

四、蓄电池的工作原理

当蓄电池接通外电路负载放电时,正极板上的PbO_2和负极板上的Pb都变成了$PbSO_4$,电解液中的硫酸减少,水增多,密度减小。充电时,正负极板上的$PbSO_4$分别恢复成原来的PbO_2和Pb,电解液中的水减少,硫酸增多,密度减小。如略去中间的化学反应过程,可用下式表示:

蓄电池工作原理

$$PbO_2 + Pb + 2H_2SO_4 \underset{充电}{\overset{放电}{\rightleftharpoons}} 2PbSO_4 + 2H_2O$$

蓄电池在充放电过程中的化学反应是可逆的。在接通用电设备时,蓄电池作为电源向外供电,将内部的化学能转变为电能。当存电不足而又将蓄电池与其他具有适当电压的直流电源并联时,又能向蓄电池充电。在正常使用条件下,国产蓄电池的充放电循环寿命为250～500次。

1. 蓄电池的放电

正极板上的PbO_2与电解液中的SO_4结合形成$PbSO_4$,同时,释放出来的O_2在电解液中形成了H_2O。负极板也与电解液中的SO_4结合形成$PbSO_4$,放电的化学反应过程如图1-6所示。

2. 蓄电池的充电

充电期间,硫酸根离子从正极板和负极板中脱离返回到电解液中,变成标准强度的硫酸溶液。正极板还原成PbO_2,负极板也还原成纯铅,电解液转变成H_2SO_4,其化学反应过程如图1-7所示。

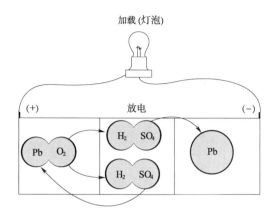
图1-6 铅蓄电池的放电过程

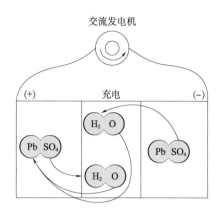
图1-7 铅蓄电池的充电过程

 操作指引

1. 组织方式

(1) 场地设施：举升机一台。
(2) 设备设施：迈腾1.8TSI+DSG基本型整车1辆、维护型蓄电池1个、充电机1台。
(3) 工量具：专用工具、工具组套、数字万用表、相对密度计、高率放电计等。
(4) 耗材：电解液、抹布。

2. 操作要求

(1) 穿着干净整齐的工作服。
(2) 遵守场地安全规定，注意用电安全。
(3) 正确使用拆装工具、数字万用表、测量仪器等工具。

 任务实施

1. 蓄电池的拆卸

1) 蓄电池的拆装

以迈腾1.8TSI+DSG基本型整车为例，如图1-8所示，说明蓄电池的拆装方法。

(1) 所需的工具（图1-9）：10mm梅花扳手，扭力扳手（5~50N·m）；V.A.G 1331。

(2) 拆卸步骤。

①关闭点火开关和所有用电器，并脱开位于0(预锁止位置)位中的点火钥匙。
②打开蓄电池护罩的盖板，如图1-10a)中1所示。
③松开接线端螺栓连接2并从蓄电池负极上拔下蓄电池搭铁线的接线端，如图1-10b)橘红色点。
④松开接线端螺栓连接3并从蓄电池正极上拔下蓄电池正极线的接线端，如图1-10b)红色点。
⑤沿箭头方向向上拔出蓄电池箱壁或取下蓄电池护罩，如图1-10c)所示。

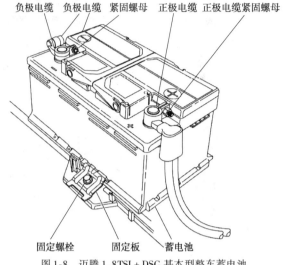

图1-8 迈腾1.8TSI+DSG基本型整车蓄电池

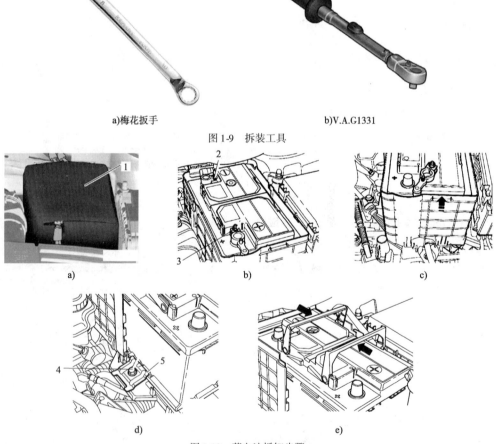

a)梅花扳手　　　　　　　　　b)V.A.G1331

图1-9 拆装工具

图1-10 蓄电池拆卸步骤

1-盖板；2、3-接线端螺栓；4-紧固螺栓；5-固定板

⑥拧出紧固螺栓4,取下固定板5(图1-10d)。
⑦向上翻起把手,如箭头所示(图1-10e),取下蓄电池。
2)蓄电池的安装
与拆卸过程相反,安装以倒序进行。

2. 蓄电池的使用与维护

蓄电池的性能与使用寿命,不仅取决于其结构和质量,而且还与使用条件和维护质量密切相关。加强蓄电池的日常维护,合理地使用蓄电池,对延长蓄电池的使用寿命特别重要。

1)蓄电池使用的安全规范

蓄电池中含有腐蚀性液体硫酸,在正常的充放电过程中会释放出爆炸性气体,为了防止人身事故和车辆损伤,在使用蓄电池时必须遵守以下安全规则。

(1)在检测和维护车辆中的电器件时,应首先断开蓄电池负极。断开蓄电池负极后,车上所有的电气回路都处于开路状态,这样就可以防止出现由于电器件意外搭铁而产生的电火花。任何电火花都有引起爆炸和人身伤害的可能。

(2)在蓄电池周围工作时,应戴上眼镜等防护装置。

(3)应穿着能防止蓄电池酸性液体接触皮肤的衣服。

(4)必须遵守用于蓄电池检测与维护的各种设备的安全操作规范。

(5)在蓄电池周围不能吸烟或使用明火。

2)蓄电池的维护

大多数新型的蓄电池是免维护设计的,这些电池使用铅钙合金电极板而不是铅锑合金板,由于释放的氧气和氢气量减少,因此在正常使用过程中水的消耗量也小。由于释放的气体少,相应的对接线柱、导线和支架腐蚀也会减少。接线柱顶置的蓄电池顶部积聚的尘土、湿气可能会在电池的正负极之间形成电流通道从而引起蓄电池的自动放电。接线柱侧面的设计就可以避免由于这种情况引起的自放电。

蓄电池的维护工作包括技术状况的检查、清洁和必要时加入适量的清洁水。

(1)蓄电池电解液液面高度检查。检查蓄电池各个单元的液位是否处于上线和下线之间。

①如果很难确定电解液液位,可以通过轻轻摇晃汽车检查。同时还可以通过拆卸一个通风孔塞并从该开口中目测检查电解液液位。

②需要加水时,使用蒸馏水。

③对于有观察口的蓄电池来说,可以通过蓄电池指示器查看液位和蓄电池的状态。一般蓝色代表正常,红色代表电解液液位不足,白色代表需充电。

(2)测试蓄电池电压。一般来说测试蓄电池电压有两种方法,一种是万用表检测,另一种是高效率放电计测量蓄电池。

用万用表测量蓄电池电压是检测蓄电池充电状态的简单方法。蓄电池电压的大小并不能反映蓄电池的工作性能,但它能向维修技师提供比外观检查更多的信息。一个外观看起来良好的蓄电池可能已经失效。蓄电池的电压测试又称蓄电池开路电压测试,这是因为没有电流通过,蓄电池也没有负载。

①当蓄电池刚充完电或者是汽车刚行驶了一段时间,测量蓄电池电压需要先消除蓄电池的表面电荷。表面电荷是电池极板上的高于正常值的电压。电池一旦加上负载,表面电荷就会消除。因此若不消除表面电荷,检测所得的电压值就不能准确地反映蓄电池的充电状态。

测试蓄电池电压

②要消除表面电荷,应将汽车前照灯开到远光位置并持续1min,然后关闭前照灯并等待2min。

③把发动机和所有电气系统都关掉,关上车门,关闭车内灯将万用表的两根表笔分别接到蓄电池的正负极上。如果万用表读数为负值,说明蓄电池被反向充电(使极性相反),应更换。

④用单格电池高效率放电计测量电压。单格电池高效率放电计由一个3V电压表和一个定值负载电阻组成,如图1-11所示。

测量时,应将两叉尖紧压在单格电池正负极柱上(模拟起动大电流放电),历时5s左右。

⑤下降到1.6V,说明放电25%的额定容量;下降到1.5V,说明放电50%的额定容量;若5s内电压迅速下降,或与其他单格电池电压相差0.1V以上时,表明该单格电池有故障,应进行处理。

(3)蓄电池相对密度测量。测量电解液的密度,电解液的密度可用吸入式密度计测量,如图1-12所示,先吸入电解液,使密度计浮起,电解液面所在的刻度即为密度值。应注意,在测量电解液的密度时,应同时测量电解液的温度,并将测得的电解液密度值,换算成25℃时的密度。

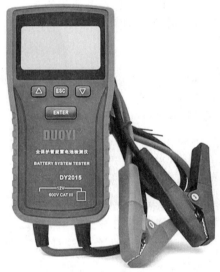

图1-11 高效率放电计

根据实际经验,密度每降低$0.04g/cm^3$,相当于蓄电池放电25%。一般来说,蓄电池充电终了的电解液密度已知,例如,江淮地区密度为$1.28g/cm^3(25℃)$,据此,可估算蓄电池的放电程度。如某汽车蓄电池充电时的电解液密度为$1.28g/cm^3(25℃)$,在电解液密度为-5℃时,实测电解液密度为$1.24g/cm^3$,问放电程度如何?

密度换算:

$$\rho_{25℃} = 1.24g/cm^3 + 0.00075(-5-25)g/cm^3 \approx 1.22g/cm^3$$

密度降低值:

$$(1.28 - 1.22)g/cm^3 = 0.06g/cm^3$$

估计放电程度为$(0.06 \times 25\%)/0.04 = 37.5\%$,已经超过冬季放电程度的规定,必须进行补充充电。为保证所测数据准确,在强电流放电和加注蒸馏水后,不要立即测量电解液密度。

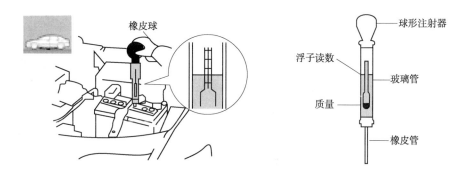

图 1-12 蓄电池相对密度计

3. 蓄电池的常见故障及排除方法

普通铅蓄电池正常使用时,寿命可达两年。使用不当,会形成各种故障,造成过早报废。铅蓄电池的外部故障有壳体裂纹、封口胶开裂、联条烧断、接触不良、极柱腐蚀、电池爆炸等;内部故障有极板硫化、活性物质脱落、自行放电。铅蓄电池的外部故障容易察觉,现象比较明显,可通过简单的修补、除污、紧固等方法进行修复;而内部故障则不易察觉,只有在使用或充电时才出现一定征兆,一旦产生就不易排除。因此在使用中应以预防为主,尽量避免内部故障产生。

1)极板硫化

极板上生成白色粗晶粒硫酸铅现象称为"硫酸铅硬化",简称"硫化"。这种粗晶粒硫酸铅导电性能差,正常充电时很难转化为二氧化铅和海绵状纯铅。由于晶粒粗,体积大,会堵塞活性物质的孔隙,阻碍电解液的渗透,因此蓄电池的内阻明显增大。

极板硫化故障原因及预防措施见表 1-3。

极板硫化故障原因及预防措施　　　表 1-3

故 障 现 象	故 障 原 因	预 防 措 施
充电时电压上升过快,电解液温度过高,过早"沸腾",电解液密度达不到规定值;放电时电压急剧下降,不能持续供给起动电流,以至于不能起动	蓄电池长期充电不足或放电后未能及时充电	对蓄电池定期进行补充充电
	电解液液面过低,极板露出部分与空气接触而发生氧化,氧化的极板由于液面波动时时湿而发生再结晶	液面高度应调整至合适
	蓄电池经常过放电或小电流深度放电,使硫酸铅深入到极板内层,充电时又得不到恢复	放完电的蓄电池应及时补充充电
	电解液不纯,密度过高和气温剧烈变化等	使用合格的电解液,避免蓄电池温度剧烈变化

2)活性物质脱落

活性物质脱落主要是正极板上的活性物质二氧化铅脱落。严重时,电解液混浊并呈褐色。蓄电池充电时,有褐色物质自底部上升、电压上升过快、沸腾过早出现、密度上升缓慢;放电时,电压下降过快、容量下降。活性物质脱落故障原因及预防措施见表 1-4。

活性物质脱落故障原因及预防措施　　　　　　表1-4

故障现象	故障原因	预防措施
活性物质脱落的原因	（1）充电电流过大或长时间过充电,水被电解,产生大量气体,在极板内部造成压力,使活性物质脱落; （2）大电流放电,尤其是低温大电流放电,硫酸铅迅速生成,体积严重膨胀,极板拱曲变形,促使活性物质脱落; （3）蓄电池极板组松旷,安装不良,汽车行驶颠簸振动等也会加速活性物质脱落; （4）充电电流过大或长时间过充电,水被电解,产生大量气体,在极板内部造成压力,使活性物质脱落; （5）大电流放电,尤其是低温大电流放电,硫酸铅迅速生成,体积严重膨胀,极板拱曲变形,促使活性物质脱落; （6）蓄电池极板组松旷,安装不良,汽车行驶颠簸振动等也会加速活性物质脱落	（1）避免过充电和大电流长时间、放电;安装搬运蓄电池应轻搬轻放,避免振动冲击;蓄电池在汽车上的安装应牢固可靠; （2）液面高度应调整至合适; （3）放完电的蓄电池应及时补充充电; （4）使用合格的电解液,避免蓄电池温度剧烈变化

任务小结

（1）汽车蓄电池是一个可逆的直流电源,既能将化学能转换为电能,也能将电能转换为化学能。

（2）蓄电池在发动机起动时供电,在发动机停止或怠速时也由蓄电池供电。

（3）蓄电池包括极板、隔板、电解液和外壳等。

（4）电解液由蒸馏水和纯硫酸组成,其密度为 $1.24\sim1.30\text{g/cm}^3$。

（5）蓄电池的技术状况检查主要包括电解液液面高度的检查、电解液密度的检查等。

子任务2　交流发电机的检测

任务描述

车主李先生反映,遇到一次起动不了车辆后更换了使用2年左右的蓄电池,但是新更换的蓄电池在使用了不到一周时间就没电了。维修人员现场检验,跨接蓄电池起动车辆后,发现仪表板上充电指示灯始终点亮,基本上可以判定故障是来自发电机没有正常给蓄电池充电,导致蓄电池始终供电,最后电量耗尽的问题。

所有的发电机都是利用电磁感应原理将机械能转化为电能。通过发电机旋转时改变电流的极性,交流发电机可以产生交流电。然而,蓄电池不能"储存"交流电;因此,交流电必须通过发电机内部的二极管转化成直流电。大部分汽车厂商都将交流发电机称为发电机。当出现汽车能运行但是充电指示灯点亮时,则需要对交流发电机进行检修。

 学习目标

(1)认识典型发电机的组成、结构与功用。
(2)掌握发电机的工作原理和各部件的位置。
(3)能够对发电机进行检测和维修。
(4)会运用所学知识和经验,为客户提供汽车发电机日常维护的建议。
(5)具备信息查询和手册使用的基本能力。
(6)能够按照企业5S要求和安全生产规范进行操作。
(7)能与同学密切合作,规范安全地完成学习活动。
(8)养成自主学习的习惯、培养规范操作的工作作风及环保意识。
建议学时:4学时。

 知识准备

一、发电机的功用

汽车用交流发电机是由一个三相同步交流发电机及用硅二极管组成的整流器所组成,是汽车的主要电源,其功用是在发动机正常工作时,向除起动机以外的所有用电设备供电,同时还向蓄电池充电。

二、发电机的组成

三相同步交流发电机由转子、定子、电刷与电刷架、风扇、皮带轮、前后端盖等组成,图1-13所示为交流发电机结构。

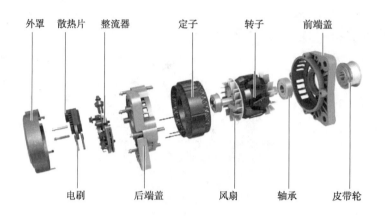

图 1-13 交流发电机结构

1. 转子

转子的功用是产生磁场,转子主要由转子铁芯、励磁线圈(又称磁场线圈)、爪极和滑环组成,图 1-14 所示为转子结构。

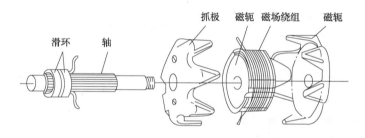

图 1-14 转子结构

两块爪极安装在转子轴上,爪极间的空腔内装有转子铁芯和励磁线圈。励磁线圈绕在铁芯上,铁芯压装在两块爪极之间的转子轴上。滑环由彼此绝缘的两个铜环组成,压装在转子轴的一端并与转子轴绝缘。励磁线圈的两端分别从内侧爪极上的两个小孔中引出,其中一端焊接在滑环的内侧铜环上,另一端则穿过内侧铜环上的小孔并焊接在外侧铜环上,两个铜环分别与发电机的两个电刷接触。当两个电刷与直流电源接通时,励磁线圈中便有电流流过,并产生轴向磁通,使一块爪极磁化为 N 极,另一块爪极磁化为 S 极,从而形成六对相互交错的磁极。

2. 定子

定子的功用是产生感应电动势,定子由定子铁芯和定子线圈组成。定子铁芯由内圆带槽的环状硅钢片叠成,各硅钢片之间互相绝缘。定子线圈为三相对称线圈,安装在定子铁芯的槽内。三相线圈的连接方法采用星形联结,三相线圈各引一个端子,中性点引出一个端子,如图 1-15 所示。

3. 整流器

交流发电机的整流器作用是将发电机定子绕组产生的三相交流电变换为直流电,一般由 6 只硅整流二极管和散热板组成。

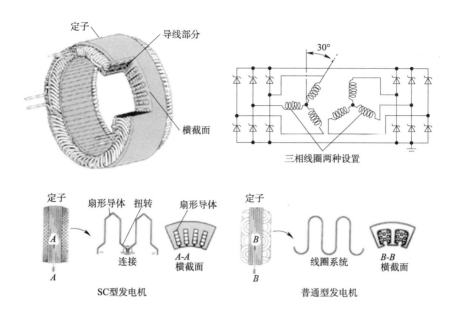

图1-15 定子结构图

整流二极管的工作电流大、反向电压高。交流发电机整流二极管有正极管和负极管之分,引出线为二极管正极的称为正极管,引出线为二极管负极的称为负极管。

3个正极管的外壳压装在散热板的3个孔中,这3只正极管的壳体和散热板一起成为发电机的正极,由与后端盖绝缘的固定散热板螺栓通至外壳外,作为发电机的相线接线柱,如图1-16所示;3个负极管的外壳压装在后端盖3个孔中,有些发电机装在另一块散热板上,它们的外壳与发电机外壳一起成为发电机的负极,如图1-17所示。

图1-16 散热板及压装在其上的正极管

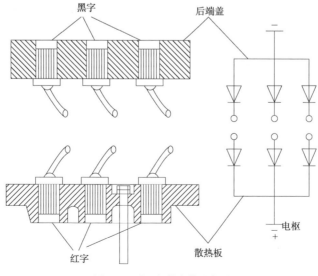

图1-17 硅二极管安装示意图

4. 端盖及电刷组件

交流发电机的前后端盖由铝合金铸成,铝合金为非导磁材料,可减少漏磁,并且具有质量轻、散热性好的优点,如图1-18所示。为提高轴承孔的机械强度,增加其耐磨性,在发电机端盖的轴承孔内镶有钢套。

电刷总成由两只电刷、电刷弹簧和电刷架组成,如图1-19所示。两只电刷装在电刷架的孔内,借电刷弹簧的压力与滑环保持接触,用于给发电机转子绕组提供磁场电流。电刷架由酚醛玻璃纤维塑料模压而成或用玻璃纤维增强尼龙制成,安装在发电机的后端盖上。

  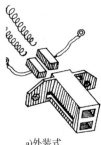 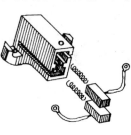

a)前端盖　　　　b)后端盖　　　　　　a)外装式　　　　　　b)内装式

图1-18　前、后端盖结构　　　　图1-19　电刷和电刷架

交流发电机有内搭铁式和外搭铁式之分,相应的两只电刷引线的接法也不同。对于内搭铁式交流发电机,其磁场绕组直接在发电机内部搭铁,两只电刷的引线中一根与后盖上的磁场接线柱"F"(或"磁场")相连接,另一根则直接与发电机外壳上的接线柱"－"(或"搭铁")连接。而外搭铁式交流发电机,由于其磁场绕组是通过所配的调节器搭铁,因此两只电刷接线柱均与发电机外壳绝缘,分别用"F＋"和"F－"表示(有的用"DF＋"、"DF－"表示)。

5. 风扇与皮带轮

风扇及皮带轮实物如图1-20所示。交流发电机的前端装有皮带轮,由发动机通过风扇传动带驱动发电机旋转。在皮带轮的后面装有叶片式风扇,前后端盖上分别有出风口和进风口。当发动机带动发电机高速旋转时,可使空气流经发电机内部,由此便将发电机内部热量带出,对发电机进行强制冷却。

a)风扇　　　b)皮带轮

图1-20　风扇与皮带轮结构图

三、发电机的工作原理

交流发电机的工作原理比较复杂,但大概可以分为这么几个部分:由发动机带动发电机转子旋转;由电刷给转子通电产生磁场;由定子产生交变感应电动势;由整流器整流为直流电输出。

1. 交流发电机的发电原理

当外加的直流电压作用在励磁绕组两端点的接线柱之间时,励磁绕组中便有电流通过,产生轴向磁场,两块爪形磁极磁化,形成了六对相间排列的磁极。磁极的磁力线经过转子与定子之间的气隙、定子铁芯形成闭合磁路。

当转子旋转时,磁力线和定子绕组之间产生相对的切割运动,在三相绕组中产生交流电动势。如图 1-21 所示,由于三相绕组是对称绕制的,所以产生的三相电动势也是对称的。每相绕组的电动势有效值的大小和转子的转速及磁极的磁通成正比。即

$$E_\Phi = C_1 n \Phi$$

式中:E_Φ——电动势的有效值;
$\quad\ \ C_1$——发电机常数;
$\quad\ \ n$——转子的转速;
$\quad\ \ \Phi$——磁极磁通。

交流发电机工作原理

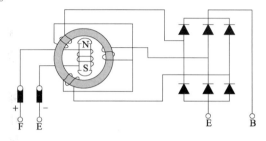

硅整流发电机工作原理

图 1-21　交流发电机工作原理图

2. 交流发电机的整流原理

交流发电机中,整流器的作用就是利用硅二极管的单向导电特性,将发电机产生的三相交流电变为直流电。在整流电路中,3 只正极管的正极引出线分别同三相绕组的首端相连。在某一瞬间,只有与电位最高的一相绕组相连的正极管导通。同样,3 只负极管的引出线也分别同三相绕组的首端相连。在同一瞬间,只有与电位最低的一相绕组相连的负极管导通。以此反复循环,6 只二极管轮流导通,用电设备 R 两端便得到一个较为平稳的脉动直流电压。

3 只正极管 VD_1、VD_3、VD_5 的正极分别接在发电机三相绕组的首端(A、B、C)上。它们的负极连接在一起,接在后端盖上,具有相同的电位。所以 3 只正极管的导通原则是,在某一瞬间正极电位最高者优先导通;同理,3 只负极管 VD_2、VD_4、VD_6 的负极分别也接在发电机三相绕组的首端(A、B、C),它们的正极连接在一起,接在散热板上,所以 3 只负极管的导通原则是在某一瞬间负极电位最低者优先导通。图 1-22 和图 1-23 所示为三相桥式整流电路及电压波形。

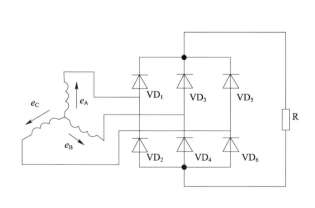

图 1-22　交流发电机整流电路图

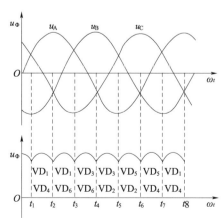

图 1-23　整流前、后电压波形图

在 $t_1 \sim t_2$ 时间内，A 相的电位最高，而 B 相的电位最低，故对应 VD_1、VD_4 处于正向导通状态，其他 4 只二极管不导通。电流从 A 相出发，经 VD_1、用电设备 R、VD_4 回到 B 相构成回路。此时发电机的输出电压为 A 相、B 相之间的线电压。

由于二极管 VD_2、VD_3、VD_5、VD_6 不导通，可当作断路处理，整流电路图如图 1-24 所示。

在 $t_2 \sim t_3$ 时间内，A 相的电位最高，而 C 相的电位最低，故对应 VD_1、VD_6 处于正向导通状态，其他 4 只二极管不导通。电流从 A 相出发，经 VD_1、用电设备 R、VD_6 回到 C 相构成回路。此时发电机的输出电压为 A 相、C 相之间的线电压。

由于二极管 VD_2、VD_3、VD_4、VD_5 不导通，可当作断路处理，整流电路图如图 1-25 所示。

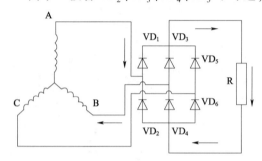

图 1-24　整流电路图 1

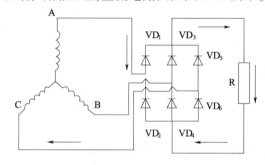

图 1-25　整流电路图 2

在 $t_3 \sim t_4$ 时间内，B 相的电位最高，而 C 相的电位最低，故对应 VD_3、VD_6 处于正向导通状态，其他 4 只二极管不导通。电流从 B 相出发，经 VD_3、用电设备 R、VD_6 回到 C 相构成回路。此时发电机的输出电压为 B 相、C 相之间的线电压。

由于二极管 VD_1、VD_2、VD_4、VD_5 不导通，可当作断路处理，整流电路图如图 1-26 所示。

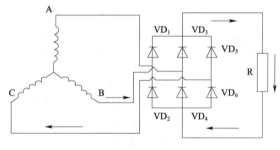

图 1-26　整流电路图 3

同理：

在 t_1 瞬间，分别有 VD_1、VD_4、VD_5 3 只二极管导通。

在 t_2 瞬间，分别有 VD_1、VD_4、VD_6 3 只二极管导通。

在 t_3 瞬间，分别有 VD_1、VD_3、VD_6 3 只二极管导通。

在 t_4 瞬间，分别有 VD_2、VD_3、VD_6 3 只二极管导通。

以此类推，周而复始，在用电设备 R 上可获得一个比较平稳的直流脉动电压。

在发电机空载运行时，如将三相绕组和二极管内阻的电压降忽略不计，发电机的直流电动势数值为三相交流电线电压的 1.35 倍，是三相交流电相电压的 2.34 倍。每一只硅二极管在一个周期内只导通 1/3 的时间，流过每个管子的电流为负载电流的 1/3。

即：

$$U = 1.3 U_L = 2.34 U_\Phi$$

式中：U——直流输出电压，V；

U_L——线电压，V；

$U_Φ$——相电压，V。

$$I_{VD} = 1/3I$$

式中：I_{VD}——流过每个二极管的电流，A；
　　　I——负载电流，A。

有些交流发电机将三相绕组中性点引出，标记为："N"接线柱，它和发电机外壳之间的电压称为中性点电压，它是通过两个中性点二极管整流后得到的直流电压，等于发电机直流输出电压的一半，即 $U_w = U/2$。

中性点电压一般用来控制各种用途的继电器，如磁场继电器、充电继电器等。

3. 发电机的励磁方式

交流发电机开始发电时，需先由蓄电池供给励磁电流。当发电机电压超过蓄电池电压时，即由发电机自己供给励磁电流，也就是由他励转变为自励。

由于交流发电机转子的爪极剩磁较弱，所以发电机在低速运转时，加在硅二极管上的正向电压也很小，此时二极管的正向电阻较大，较弱的剩磁产生的很小的电动势很难克服二极管的正向电阻，使发电机电压不能迅速建立起来。这样，发电机低速充电的要求就不能满足。

因此，汽车上发电机必须与蓄电池并联，开始由蓄电池向励磁绕组供电，使发电机电压很快建立起来并转变为自励状态，蓄电池被充电的机会就多一些，有利于蓄电池的使用维护。

除了永磁式交流发电机不需要励磁以外，其他形式的交流发电机都需要励磁，因为它们的磁场都是电磁场，也就是说必须给磁场绕组通电才会有磁场产生。

所谓励磁，就是将电源引入到磁场绕组，使之产生磁场。励磁两种方式即自励与他励。在发动机起动期间，需要蓄电池供给发电机磁场电流生磁使发电机发电。这种供给磁场电流的方式称为他励发电；当发电机有能力对外供电时，就可以把自身发的电供给磁场绕组生磁发电，这种供给磁场电流的方式称为自励。

4. 不同形式交流发电机的电路连接方式及原理

1）9管交流发电机

9管交流发电机的特点是除了常用的6个二极管外，又增加了3个小功率二极管，专门用来供给磁场电流，又称磁场二极管。采用磁场二极管后，可以省去充电指示灯继电器，其线路连接关系如图1-27所示。

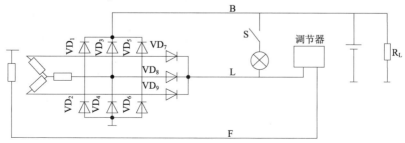

图1-27　9管交流发电机线路连接图

发电机工作时，定子三相绕组产生的三相交流电动势，经$VD_1 \sim VD_6$这6个二极管组成的三相桥式整流电路整流后，输出直流电压U_B向蓄电池充电和向用电设备供电。发电机的磁场电流由3个磁场二极管VD_7、VD_8、VD_9和3个共正极二极管VD_2、VD_4、VD_6组成的三相桥式整流电路整流后的直流电压供给。

发电机工作时，充电指示灯由蓄电池端电压与磁场二极管输出端L的电压U_L的差值控制。随着发电机转速升高，U_L增高，指示灯亮度减弱。当发电机电压达到蓄电池充电电压时，发电机开始自励，此时指示灯因两端的电位相等而熄灭，表示发电机已经正常工作。当发电机转速降低或发电机有故障时，U_L降低，指示灯发亮。这样利用充电指示灯，不仅可以在停车后发亮提醒驾驶人及时关断点火开关，还可以监视发电机的工作情况，同时又省去了继电器。

2）8管交流发电机

8管交流发电机除了三相桥式整流电路的6个二极管外，还具有2个中性点二极管，利用中性点二极管的输出可以提高发电机的输出功率，如图1-28所示。

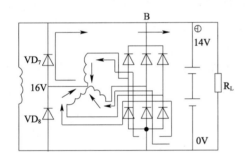
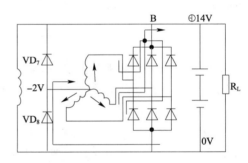

图1-28 8管交流发电机线路连接图

发电机高速运转时，当中性点电压的瞬时值高于输出电压（14V）时，从中性点输出电流（图1-28）。其输出电路为：定子绕组→中性点二极管VD_7→负载和蓄电池→负极管→定子绕组。当中性点电压瞬时值低于负极电位时，流过中性点二极管VD_8的电流，其输出电路为：定子绕组→正极管→B接线柱→负载和蓄电池→中性点二极管VD_8→定子绕组。

实验证明，加装中性点二极管后，在发电机转速超过2000r/min时，其输出功率可提高11%~15%。

当交流发电机输出电流时，中性点的电压含有交流成分，即中性点三次谐波电压，且幅值随发电机的转速而变化，如图1-29所示。

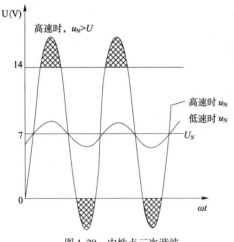

图1-29 中性点三次谐波

3）11管交流发电机

11管交流发电机由6个三相桥式整流二极管、3个磁场二极管和2个中性点二极管组成，如图1-30所示。桑塔纳、奥迪100、丰田皇冠等轿车均装有此类发电机。11管交流发电机兼有8管与9管交流发电机的特点和作用。

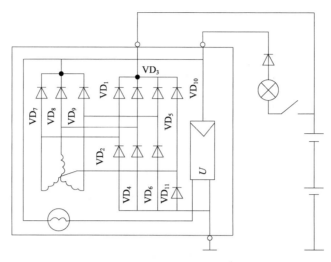

图 1-30　11 管交流发电机原理电路图

操作指引

1. 组织方式

(1) 场地设施:举升机一台,装有废气抽排系统和消防设施的场地。
(2) 设备设施:迈腾 1.8TSI + DSG 基本型整车 1 辆、带台虎钳的工作台一张。
(3) 工量具:专用工具、工具组套、数字万用表、砂纸等。
(4) 耗材:润滑脂。

2. 操作要求

(1) 穿着干净整齐的工作服。
(2) 遵守场地安全规定,注意用电安全。
(3) 正确使用万用表、测量仪等仪器仪表。

任务实施

1. 发电机的拆装

1) 发电机的拆卸

以大众迈腾 1.8L TSI 118kW 发动机为例,拆卸和安装三相交流发电机,说明发电机的拆卸方法。

(1) 所需的工具(图 1-31):世达 150 件套装工具,扭力扳手(5 ~ 50N·m):V.A.G 1331。
(2) 拆卸步骤。
① 关闭点火开关,断开蓄电池连接线。
② 拆卸多楔带(在拆卸之前,标记多楔带的上侧和转动方向)。
③ 解锁并脱开插头连接 2 和 3,如图 1-32a)所示。
④ 沿箭头方向拧出发电机的 4 个紧固螺栓,如图 1-32b)所示,为了能够接触到发电机背面的接口,稍微向左转动发电机。

a)世达工具　　　　　　　　b)V.A.G 1331

图1-31　拆装工具

⑤解锁并脱开DF导线5的插头连接,如图1-32c)所示。

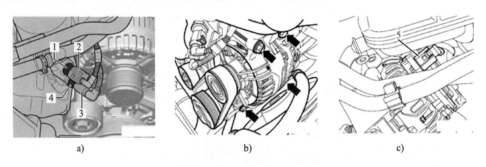

a)　　　　　　　　b)　　　　　　　　c)

图1-32　发电机的拆卸步骤之一

1、4-机油压力开关;2、3-连接器插头;5-DF导线插头

⑥撬下护罩1,如图1-33a)所示。

⑦拧下紧固螺母2并从发电机的接口螺纹上取下位于下方的正极线3,如图1-33b)所示。

⑧按箭头方向拧出两个紧固螺栓,并将管路和软管4置于高处,为拆卸发电机留出空位,如图1-33c)所示。

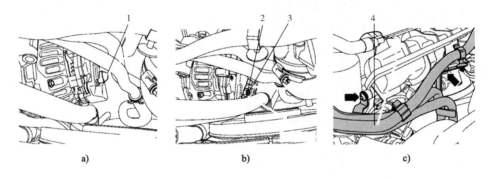

a)　　　　　　　　b)　　　　　　　　c)

图1-33　发电机的拆卸步骤之二

1-护罩;2-紧固螺母;3-正极线;4-软管

⑨管路与软管保持连接状态,在拆卸发电机的过程中注意应与机油压力开关1和4保持安全距离,如图1-34所示。

2)发电机的安装

与拆卸过程相反,安装以倒序进行。

2. 发电机的分解

1）拆卸三相交流发电机上的多楔带轮

(1) 所需的工具（图1-35）：多齿转接头（VAS 3400）、扭力扳手（V.A.G1332）、十字螺丝刀套件（V.A.G1603/1）、扭矩螺丝刀（V.A.G1624），接杆 M10 等。

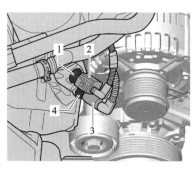

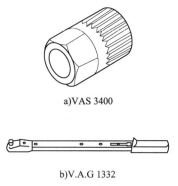

a) VAS 3400

b) V.A.G 1332

图1-34　发电机的拆卸步骤之三　　　　图1-35　专用工具

(2) 拆卸步骤。

①将发电机固定在台虎钳的固定点上。

②取下带自由轮的多楔带轮的护罩。

③用一把环形扳手（开口宽度为17mm）将多齿转接头（VAS 3400）装入发电机的带自由轮的多楔带轮中。

④多齿转接头1（M10）插入发电机轴中。向右拧松螺栓连接，同时用环形扳手固定住，如图1-36 所示。

⑤固定带自由轮的多楔带轮，并转动发电机的驱动轴，直至拆下带自由轮的多楔带轮。

(3) 安装步骤。安装大体以倒序进行，同时必须注意以下事项：

①用手将带自由轮的多楔带轮拧到发电机驱动轴的限位位置。

②在装配带自由轮的多楔带轮时，必须对扭力扳手 V.A.G1332 进行如下改装：脱开扭力扳手接头1 并从手柄2 上拔下，将扭力扳手的手柄2 转动180°，然后重新插上扭力扳头，如图1-37 所示。

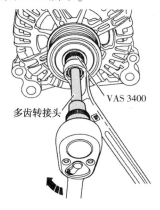

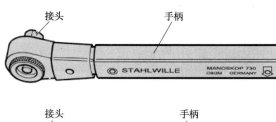

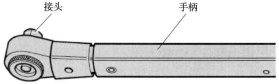

图1-36　VAS 3400 和 M10 的使用　　　　图1-37　V.A.G1332 的改装

③扭力扳手及头上的扭力扳手转动方向调向左边。

④多齿转接头1(M10)插入发电机轴中,用环形扳手(开口宽度为17mm)固定住多齿转接头VAS3400,用扭力扳手V.A.G1332转动发电机的驱动轴,拧紧带自由轮的多楔带轮,用80N·m力矩拧紧连接螺栓,如图1-38所示。

2)拆卸三相交流发电机的电压调节器

(1)所需的工具(图1-39):扭矩螺丝刀(V.A.G1624)。

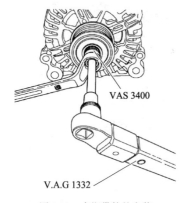

图1-38 多楔带轮的安装

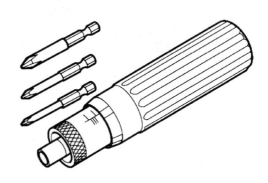

图1-39 扭矩螺丝刀(V.A.G 1624)

(2)拆卸步骤。

①按箭头方向拧出紧固螺栓和螺母,并从发电机上取下护罩,如图1-40所示。

②按箭头方向拧下电压调节器的紧固螺栓,如图1-41所示。

③从发电机中取出电压调节器。

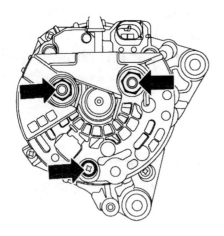

图1-40 电压调节器拆卸步骤一

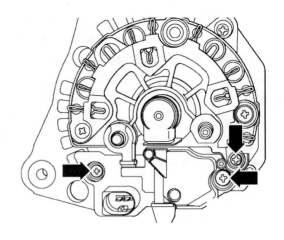

图1-41 电压调节器拆卸步骤二

(3)安装步骤。安装大体上以倒序进行。

①用2N·m力矩拧紧发电机电压调节器的连接螺栓。

②用4.4N·m力矩拧紧发电机护罩的连接螺栓。

3. 发电机的检测

1）发电机转子总成的检测

（1）所需的工量具：万用表（图1-42）、砂纸、抹布。

（2）检测步骤。

①目视检查，仔细检查滑环变脏或烧蚀的程度，如图1-43所示。这主要是因为滑环在旋转时和电刷滑动接触，使电流产生的火花会产生脏污和烧蚀，而脏污和烧蚀会增加电阻，使发电机的性能下降。

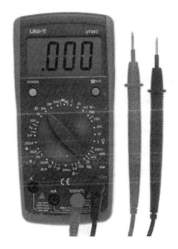
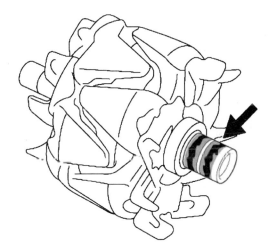

图1-42 数字式万用表　　　　　图1-43 滑环的目视检查

②清洗，使用毛刷和抹布，清洁滑环和转子，如果脏污和烧蚀明显，则应更换转子总成。

③使用万用表电阻挡检测滑环之间是否导通，如图1-44所示。如果导通正常，发现绝缘说明被测试线圈内部存在开路，应更换转子。

④使用万用表电阻挡检查滑环和转子之间是否绝缘，如图1-45所示，测量结果电阻无穷大则说明正常，发现导通说明测试线圈存在短路现象，应更换转子。

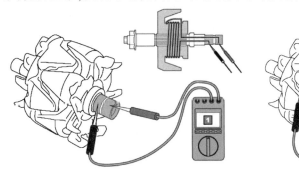
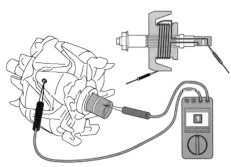

图1-44 检测滑环导通性能　　　　图1-45 检测滑环的绝缘性能

⑤使用游标卡尺测量滑环的外径，如图1-46所示，如果测量值超过磨损极限，则应更换转子。这是因为当滑环的外径小于规定值时，滑环和电刷之间的接触不足，可能会影响电流环流的平稳，导致发电机的发电能力下降。

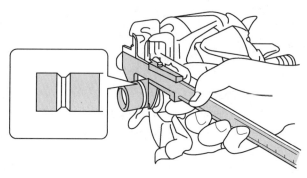

图 1-46 检测滑环的外径

2)整流板的检测

（1）所需的工量具：万用表、抹布。

（2）检测步骤。检查整流板上的二极管，如图 1-47 所示。使用万用表二极管测试挡，检测端子 B 和端子 P1 到 P4 之间，交换正负表笔，检测是否只能单向导通；改变端子 B 至端子 E 的连接方式，测量过程同上。如果二极管双向导通或者都不通说明二极管已损坏。

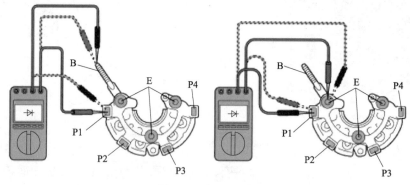

图 1-47 检测二极管

3)电刷及其组件的检测

（1）所需的工量具：游标卡尺、抹布。

（2）检测步骤：清洁电刷，使用游标卡尺测量电刷的长度，如图 1-48 所示。当检测出电刷的长度短于规定值时，接触不良，会影响电流的流动，导致发电机的发电性能下降。如果实测值小于标准值，应更换电刷和电刷架。

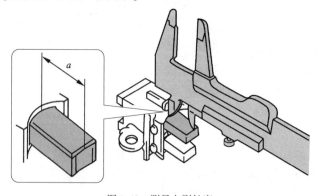

图 1-48 测量电刷长度

 **任务小结**

（1）交流发电机的转子是发电机的磁场，定子是发电机的电枢。
（2）交流发电机的定子绕组通常是 Y 形接法，整流器为三相桥式整流电路。
（3）交流发电机的励磁方式是先他励，再自励。
（4）交流发电机的工作特性包括输出特性、空载特性和外特性。
（5）发电机输出电压的调节是通过改变励磁电流的大小实现的。

子任务 3　发电机充电系统的检测

 **任务描述**

车主李先生反映，车辆起步后，时速到 50km/h 时，汽车充电指示灯点亮，低速时正常熄灭。维修人员实车检测，得到的结果与车主反映的情况相同。首先怀疑发电机皮带断裂或者打滑严重，经检查正常。然后检测发电机励磁电路判断故障点在发电机还是在调节器。给发电机转子绕组通电，有电磁吸力，说明正常。怀疑故障在调节器上，更换调节器故障现象消失。

为了能安全和舒适的驾驶乘坐车辆，车辆上装有许多电气设备，车辆不但在行驶时要用电，在停车时也需要。因此车辆配备了充电系统，通过发电机运行来发电，同时充电系统向所有的电气设备供电并对蓄电池充电。当汽车充电指示灯在运行时会点亮提示驾驶人车辆充电系统存在问题，则需要对发电机充电系统进行检修，如图 1-49 所示。驾驶人观察指示灯点亮应及时前往维修店进行诊断修理，避免因蓄电池放电后无法起动车辆的问题。

 学习目标

（1）掌握发电机充电系统的工作原理。
（2）能够对充电系统进行检测和维修。
（3）具备信息查询和手册使用的基本能力。
（4）能够按照企业 5S 要求和安全生产规范进行操作。

(5)能与同学密切合作,规范安全地完成学习活动。
(6)养成自主学习的习惯、培养规范操作的工作作风及环保意识。
建议学时:4 学时。

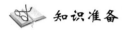 知识准备

一、充电指示灯的作用

在汽车的充电系统中,都在仪表板上配有充电指示灯,它一般有两个作用:
(1)指示发电机是否有故障。
(2)警告驾驶人停车后关断点火开关。

二、充电指示灯的工作原理

发电机充电系统的工作原理

在发动机起动期间,发电机电压 U_{D+} 小于蓄电池电压时,整流二极管截止,发电机不能对外输出,由蓄电池供给磁场电流。路径为:蓄电池 + →点火开关→充电指示灯→调节器→磁场绕组→搭铁→蓄电池 - 。充电指示灯亮。

当发动机转速升高到怠速及其以上时,发电机应能正常发电并对外输出,此时,发电机电压大于蓄电池电压,发电机自励。$U_B = U_{D+}$,充电指示灯两端压降为零,灯熄灭;若没有熄灭,说明发电机有故障或充电指示灯电路有搭铁,如图 1-49 所示。

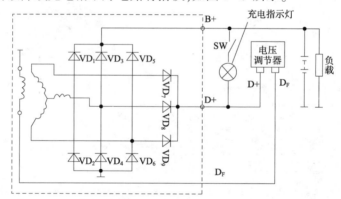

图 1-49 交流发电机充电指示灯工作原理图

充电指示灯不仅可指示发电机的工作情况,而且可在发动机停车后发亮(因发电机不再发电,蓄电池电压大于 U_{D+}),提醒驾驶人及时关闭点火开关。

三、瞬变过电压保护电路

半导体元件对瞬变电压比较敏感,当瞬变电压达到某一值时,就会使半导体元件损坏。由于交流发电机的励磁电流及转速都很高,产生的瞬变能量也很大。所以现代汽车都有过电压保护电路,以保护半导体元件。

1. 瞬变过电压的产生及危害

1)抛负载瞬变

发电机在向外供电时若突然断开负载,则定子绕组中的电流突然减小,产生很高的自感

电势。如果此时蓄电池并联在发电机电路中,这种瞬变能量可由蓄电池吸收,因此不会产生很高的瞬时尖峰电压。但如果发电机正在向蓄电池充电和供电给其他负载时,发电机与蓄电池之间连接突然中断或者不带蓄电池的情况下,突然断开负载,发电机会产生很高的瞬时过电压。抛开负载越大,发电机转速越高,切断负载的速度越快,所产生的瞬变电压的幅值就越大,衰减的时间也越长。所以发电机与蓄电池连线一定要牢固。

2) 切断电感负载瞬间

切断电感负载瞬间具有一个大的负向峰值,接着是一个较小的被减幅了的正向峰值。如果在点火系统电路中,当初级电路断开时,初级电路中产生电压衰减振荡,振荡电路中产生的电压与断路瞬间流经点火线圈的电流与外部阻抗有关。在正常情况下,点火系统产生的振荡瞬时高电压由蓄电池吸收,如果发动机脱开蓄电池继续运转,则点火系统的电源直接由发电机供给,这个浪涌电压就作用到晶体管调节器上,容易使其损坏。

3) 磁场衰减瞬变

发电机励磁绕组由于点火开关转到断开位置而与蓄电池突然中断时,就会产生负脉冲电压,幅值可高达 50~100V,由于励磁电路时间常数大,发电机端子上在较长时间内(衰减时间可达到 200ms)保持危险电压。

2. 瞬变过电压保护方法

防止因过电压而损坏半导体元件的方法有两种:

一是提高半导体元件的承受能力,把电子设备中各元件承受的电压选择得高于电系中可能产生的瞬变高电压,并考虑温度的影响因素,这种方法的优点是可不增加系统中元件的数量,但成本高。

另一种方法是增加过电压保护装置,吸收各种瞬变过电压能量,以保护电子元件。这种保护可以是局部保护,也可以是整体集中保护。常用方法有稳压管保护、晶闸管过电压保护等几种。

下面我们来介绍一下稳压管保护的方法。

采用稳压管保护电路是目前应用最广泛的一种,其典型线路如图1-50所示。在交流发电机励磁二极管输出端与搭铁之间接一个稳压二极管 VD。在正常情况下,这个稳压管是不导通的,当出现瞬变过电压时,该稳压管导通,电压只能升到 VD 的击穿电压。

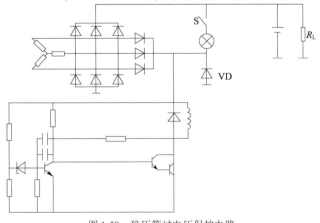

图1-50 稳压管过电压保护电路

操作指引

1. 组织方式

(1)场地设施:举升机一台,装有废气抽排系统和消防设施的场地。

(2)设备设施:迈腾 1.8TSI + DSG 基本型整车 1 辆。

(3)工量具:专用工具、工具组套、数字万用表、弹簧秤、游标卡尺等。

2. 操作要求

(1)穿着干净整齐的工作服。

(2)遵守场地安全规定,注意用电安全。

(3)正确使用万用表、测量仪等仪器仪表。

 任务实施

充电系统故障现象及维修方法见表 1-5。

汽车充电指示灯点亮故障检测

充电系统故障现象及维修方法 表 1-5

故障	故障现象	可能故障原因	维修方法
不充电	发电机以中速以上速度运转时,充电指示灯不熄灭	(1)线路的接线断开或短路; (2)充电指示灯的接线错误; (3)发电机故障	(1)检查发电机皮带状况; (2)检查充电线路接线是否正确,各导线和接头有无断裂或松脱; (3)打开点火开关,但不起动发动机,用试灯将其一端接在发电机的磁场绕组接线柱上,另一端搭铁,观察试灯; (4)用万用表测量各接线柱之间的电阻值,粗略判断发电机故障所在
充电电流过小	蓄电池在亏电情况下,发动机中高速运转时,充电电流很小	(1)充电线路接触不良; (2)发电机故障	检查发电机皮带松紧度和油污情况
充电电流过大	蓄电池在充足电的情况下,充电电流仍在 10A 以上	(1)调节器损坏; (2)发电机电刷与元件板短路,造成调节器不起作用	将调节器励磁接线柱上的线取下,提高发动机转速,观察是否仍有充电电流。若有,说明发电机内部电刷与元件板短路,应更换发电机。若没有,说明调节器故障
充电电流不稳	发电机转速在高于怠速时,时而充电,时而不充电,充电指示灯时而亮时而不亮	(1)发电机传动带过松打滑; (2)充电系统线路连接不良; (3)发电机转子或定子绕组局部短路或断路;集电环脏污或电刷与集电环之间接触不良	(1)检查和调整发电机传动带,排除传动带打滑和导线接触不良等因素; (2)检查集电环和电刷的接触是否良好;检查整流器,清洗油污表面

1. 不充电

先拆下"磁场"连接线,然后用螺丝刀搭接发电机"+"与"F"接线柱。若充电了,说明发电机本身是好的,故障在调节器,一般情况多是低速触点氧化、烧蚀或节压值过低;若仍不充电,故障在发电机。发电机可能二极管损坏;电刷卡死,与滑环不接触;定子绕组或励磁绕组故障;阻尼电容器损坏等。先将接至发电机相线接线柱"+"上的导线拆除,然后用灯泡作试灯,一端接相线接线柱,一端接外壳,若试灯亮则发电机良好,充电线路中有断路;若不亮,则发电机内部有故障,应拆除检查。

2. 充电电流太小

蓄电池接近充足状态时,充电电流应很小或为零。因此有必要检查汽车行驶中电流表是否为零,判断究竟是发电机不充电还是蓄电池已充足。方法是打开前照灯,看电流表,如果充电电流仍很小或为零,说明前照灯所用电能是发电机供给的,发电机无故障,再按不充电的故障判断步骤进行检查,以探明充电电流过小的原因。

检查发电机皮带松紧度,以40N力按压皮带中部,若皮带挠度超过10~15mm,说明皮带较松,可调整皮带松紧度。

检查紧固有关导线。

若以上两项无异常现象,进一步检查调节器与发电机。充电电流过小的原因可能是发电机整流器中一只二极管或同一相的两只二极管断路;发电机电刷过短,弹簧张力减弱,滑环油污、烧蚀,造成电刷与滑环接触不良;发电机励磁线圈局部短路;定子绕组有一相断路或局部短路;触点式调节器弹簧张力过小;触点式调节器触点油污,烧蚀等。

3. 充电电流太大

多是由于调节器故障以至励磁电流失去控制而造成。

用万用表直流电压挡测试,即红表笔接发电机电枢接线柱,黑表笔接搭铁,逐渐提高发动机转速,检查电压是否过高。

若电压过高,拆下调节器盖,用手压开低速触点,使高速触点闭合。此时电压下降,则说明调整不当,或磁化线圈、温度补偿电阻断路。

若高速触点闭合后电压仍不下降,应检查高速触点是否氧化、脏污而存在接触电阻,以至不能正常切断激磁电路。

4. 异响

发电机异响属于机械故障。可能是发电机安装不当,连接松动;发电机轴承损坏;转子与定子相碰擦;二极管短路、断路,定子绕组断路等原因造成的。处理方法:可以通过细心观察,倾听响声所发出的部位,根据实际情况进行正确的判断,并及时加以排除。

5. 充电指示灯故障

1) 充电指示灯时亮时灭

故障原因可能是发电机硅整流二极管的热性能差,各接线柱及插接器接触不良或线路上有问题,例如,充电指示灯继电器至发电机中性点接线柱上的导线接触不好,有关部分插接器松动等。

故障诊断与排除:先检查发电机风扇皮带是否过松,如过松应重新调整,否则拆下发电机"F"接线柱上导线,在"B+"与"F"接线柱间串联一试灯,并将发动机转速提高至中速,观察充电指示灯。若指示灯正常,检修调压器或导线束,否则可能是由于二极管性能差,中性点接线柱上导线接触不良等原因,应检修发电机或紧固导线接头及插接件。

2)充电指示灯只亮不灭

可能原因:发电机励磁绕组搭铁或断路;充电指示继电器线圈断路,或触点氧化造成接触不良;连接导线和接线柱问题。

诊断方法:用试灯检测调压器"磁场"("F")接线柱,另一端搭铁,观察试灯。

若试灯不亮,拆下发电机"磁场"接线柱导线再观察充电指示灯,试灯熄灭则"F"接线柱搭铁或励磁绕组短路,检修或更换发电机,灯亮说明调压器至发电机"F"接线柱上导线搭铁,应检修导线束。

若试灯亮,起动发动机,用试灯检查发电机中性点接线柱;再观察试灯,若灯亮,则用试灯检查调压器中性点接线柱;再观察试灯,灯亮说明中性点连接线与其接线柱断开,应检修发电机,不亮则说明调压器中性点连接线至发电机接线柱之间搭铁。

若不亮则拆下发电机中性点"N"接线柱,再观察试灯,灯不亮说明调压器中性点引线至发电机接线柱断路,若灯亮,说明充电指示继电器线圈断路,或触点氧化接触不良。

 任务小结

(1)常见的电压调节器类型有触点式、晶体管式和集成电路式。
(2)汽车交流发电机一般安装在发动机前部的右侧或左侧。
(3)充电系统主要由蓄电池、点火开关、交流发电机及电压调节器等组成。
(4)充电系统的故障有不充电、充电电流过大或过小、充电指示灯故障。

学习任务二 发动机不起动故障诊断与修复

 任务概述

发动机的起动是由起动机实现的,当点火开关置于起动位置时,起动机的控制装置接通起动机主电路,使直流串励电动机通电,产生转动转矩,并通过传动机构将电动机的转矩单方向传递给发动机曲轴,带动曲轴旋转,完成起动过程。随着汽车使用时间的增加,起动机的控制电路会出现接触不良、绝缘损坏,传动机构会产生磨损甚至损坏,产生起动机不起动、起动机转动无力、起动机打滑等故障,需对起动机进行检修。

 主要学习任务

1. 起动机直流电动机的检测
2. 起动机控制与传动机构检测

子任务1 起动机直流电动机的检测

 **任务描述**

车主李先生反映自己的迈腾 1.8T 自动挡轿车行驶里程 140000km,当将点火开关置于起动位置,能听到起动机运转的声音,但与正常运转时的声音异样,发动机不能起动。

起动机能运转但不能起动发动机,一般故障出现在起动机本身,需要先判断蓄电池的电量是否充足。如蓄电池电量充足,则基本可判定故障是起动机本身有故障,需要对起动机进行检修。

学习目标

(1)能描述起动机的组成、结构与功用。
(2)能描述直流电动机的结构和工作原理。
(3)能够对直流电动机进行检测和维修。
(4)会运用所学知识和经验,为客户提供汽车起动机日常维护的建议。
(5)具备信息查询和手册使用的基本能力。
(6)能够按照企业5S要求和安全生产规范进行操作。
(7)能与同学密切合作,规范安全地完成学习活动。
(8)养成自主学习的习惯,培养规范操作的工作作风及环保意识。
建议学时:4学时。

知识准备

一、起动机的功用和要求

汽车发动机借助外力由静止状态转为自行运转状态的过程,称为发动机的起动。发动机常用的起动方式有人力起动、辅助汽油机起动和电力起动三种形式,其中电力起动是通过起动机带动发动机运转,现代汽车广泛采用的是电力起动的形式。起动机(starter)又称马达,它由直流电动机产生动力,经起动机上的驱动齿轮传递动力给飞轮齿环,带动飞轮和曲轴旋转而起动发动机。

起动机的功用

起动机的功用:利用起动机中的直流电动机将蓄电池的电能转换为机械能,再通过传动机构传递给发动机,实现起动。

对起动机的要求是:
(1)操作简便,起动迅速,具有重复起动能力,可以远距离控制;
(2)起动时应平顺,起动机的齿轮与发动机的飞轮齿圈啮合要柔和,不发生冲击;
(3)发动机起动后,起动机的小齿轮应能自动打滑或脱离啮合;
(4)发动机正常工作时,起动机的小齿轮不能再进入啮合状态,防止发生冲击;
(5)结构应简单、工作可靠。

二、起动机的组成

通常汽车的起动机都由直流电动机、传动机构和控制装置三部分组成,不同型号的汽车起动机的组成没有太大的不同。起动机的整体结构如图2-1所示。

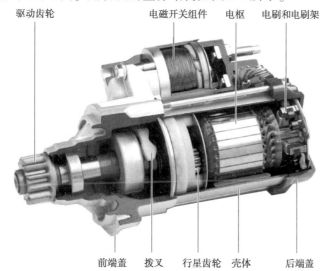

起动机的组成

图 2-1 起动机的整体结构

起动机各部分的作用如下。

(1) 直流电动机:产生电磁转矩。

(2) 传动机构:在发动机起动时,使起动机驱动齿轮啮入飞轮齿圈,将起动机转矩传给发动机曲轴;而在发动机起动后,使驱动齿轮打滑与飞轮齿圈自动脱开。

(3) 控制装置:用来接通和切断起动机与蓄电池之间的电路。

三、起动机的分类

起动机的分类如图2-2所示。

a) 普通起动机

b) 减速起动机

图 2-2 起动机的分类

汽车起动机可按总体结构、控制方法和传动机构的啮入方式不同进行分类。

1. 按起动机的总体结构分类

(1) 电磁控制强制啮合式起动机:直流电动机的磁极采用的是电磁铁。

(2) 永磁起动机：直流电动机的磁极用永磁材料制成，取消了磁场线圈，结构简单，体积小、质量轻。

(3) 减速起动机：减速起动机采用高速、小型、小转矩的电动机，在传动机构中设有减速装置。质量和体积比普通起动机可减小 30%～35%，但结构和工艺比较复杂。

2. 按控制方法分类

(1) 机械控制式：通过机械的方式，实现起动机的小齿轮与飞轮齿圈的啮合。

(2) 电磁控制式：通过电磁控制装置，实现起动机的小齿轮与飞轮齿圈的啮合。

3. 按传动机构啮入方式分类

(1) 惯性啮合式：起动机的小齿轮通过惯性力实现与飞轮齿圈的啮合。

(2) 强制啮合式：通过控制装置移动起动机的小齿轮实现与飞轮齿圈的啮合。

(3) 电枢移动式：通过控制装置，移动起动机的电枢，实现小齿轮与飞轮齿圈的啮合。

目前汽车上广泛采用的是电磁操纵强制啮合式起动机。

四、直流电动机

直流电动机是将电能转化为机械能的一种装置，其功能是起动时产生使发动机运转所需的电磁转矩。

1. 直流电动机的结构

直流电动机由磁极、电枢、换向器、电刷、电刷架和前后端盖等组成，如图 2-3 所示。

1) 磁极

磁极的作用是产生电枢转动时所需要的电磁场，它由固定在机壳上的磁极铁芯和磁场绕组组成，其结构如图 2-4 所示。通常电动机中有 4 个磁场绕组（产生两对磁极），这 4 个磁场绕组有的采取串联的方式连接，有的采取并联的方式连接，如图 2-5 所示。汽车上的起动机中的直流电动机的磁场绕组是串联方式连接的，故电动机称为直流串励电动机。励磁绕组采用矩形断面的裸铜线绕制，其一端接在外壳的绝缘接线柱上，另一端与两个非搭铁的电刷相连。

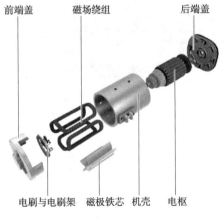

图 2-3 直流电动机的结构

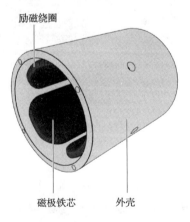

图 2-4 磁极的结构

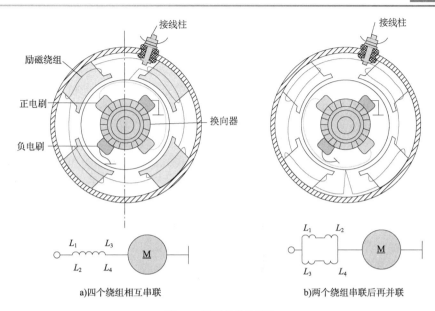

图 2-5 励磁绕组的接法

2)电枢

电枢的功能是产生电磁转矩,主要由电枢轴、铁芯、电枢绕组和换向器等组成,如图 2-6 所示。铁芯由外圆带槽的硅钢片叠成,电枢绕组用矩形断面的裸铜线绕制。

换向器的功能是连接励磁绕组、电枢绕组和电源,并保证电枢产生的电磁力矩方向不变,使电动机能输出固定方向的转矩。换向器装在电枢轴上,它由若干个换向片组成。换向片嵌装在轴套上,各换向片之间均用云母绝缘。其一端与电枢绕组相连,另一端通过电刷与励磁绕组相连。

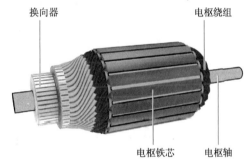

图 2-6 电枢总成

3)电刷

电刷的功能是将直流电引入到电枢绕组中,并经过两搭铁电刷回到蓄电池的负极。电刷装在电刷架中,通过弹簧压紧在换向器上。电刷架固定在前端盖上,一般有 4 个电刷架,如图 2-7 所示。4 个电刷架中有 2 个与端盖绝缘,另外 2 个与端盖直接铆合而搭铁。电刷由铜与石墨粉压制而成,通过电刷弹簧使其压紧在换向片上。

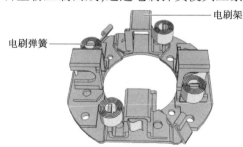
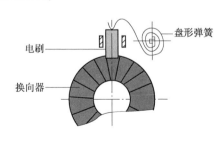

图 2-7 电刷及电刷架组合

4）端盖与机体

电动机有前后两个端盖，前端盖一般用钢板压制而成，其上装有4个电刷架，而后端盖为灰铸铁浇铸而成。两者分别装在机壳的两端，用两个长螺栓使前后两端盖固定在一起。

起动机的机体固定励磁绕组，其中一端有4个检查窗口，便于进行电刷和换向器的维护，同时起动机的电磁开关也安装在机壳上，其上有一绝缘接线端，是电动机电流的引入线。

2. 直流电动机的工作原理

直流电动机的基本工作原理是通电导体在磁场中会受电磁力的作用，而电磁力的方向遵循左手定则。

直流电动机的工作原理

其工作原理如图2-8所示，两片换向片分别与环状线圈的两端连接，电刷一端与两换向片相接触，另一端分别接蓄电池的正极和负极。在环状线圈中电流的方向交替变化，用左手定则判断可知，环状线圈在电磁力矩作用下按顺时针方向连续转动。这样在电源连续对电动机供电时，其线圈就不停地按同一方向转动，实现了将电能转换成机械能。

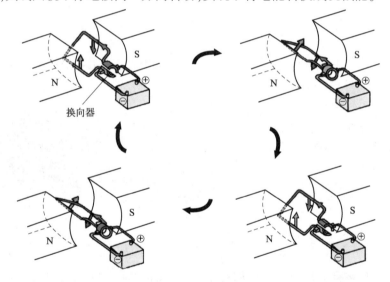

图2-8 直流电动机的工作原理

为了增大输出转矩并使运转均匀，实际的电动机中电枢采用多匝线圈，随线圈匝数的增多换向片的数量也要增多。

3. 起动机中电动机的工作情况

在汽车起动机中采用的是串励式电动机，即电动机的励磁绕组与电枢绕组是串联的。之所以采用这种类型的电动机，是因为串励式电动机具有重载时转矩最大，空载转速高的特性，特别适合用于发动机的起动过程。

电动机与蓄电池之间线路的连接：蓄电池→起动机接线柱→起动机控制装置开关→励磁绕组→正电刷→换向片→电枢绕组→负电刷→搭铁。由于励磁绕组和电枢绕组都是由铜条制成的，电阻很小，所以整个电路的电阻值很小，在起动瞬间能产生很大的电流，从而产生大的转矩，使发动机顺利起动。

工作过程:当点火开关置于起动位置时,起动机的控制装置接通电动机与蓄电池的电路,大电流通过励磁绕组,产生电磁场。同时电流经电刷和换向器流经电枢绕组,产生电磁力矩,带动电动机运转。如果整个电路的电阻值变大,则会造成电动机的转矩下降,使发动机不能顺利起动。

操作指引

1. 组织方式

(1)场地设施:举升机。
(2)设备设施:自动挡迈腾轿车。
(3)工量具:迈腾汽车拆卸工具、数字万用表、弹簧秤、游标卡尺等。
(4)耗材:砂纸。

2. 操作要求

(1)穿着干净整齐的工作服。
(2)遵守场地安全规定,注意用电安全。
(3)正确使用拆装工具、数字万用表、测量仪器等工具。

任务实施

1. 起动机的拆装

1)起动机的拆卸

以迈腾 1.8T 汽车为例,说明其起动机的拆卸方法。

(1)所需的工具(图 2-9)。弹簧卡箍钳:VAS 5024;扭力扳手(5~50N·m):V.A.G 1331;扭力扳手(40~200N·m):V.A.G 1332。

拆卸与安装起动机

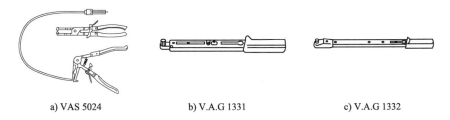

a) VAS 5024　　　b) V.A.G 1331　　　c) V.A.G 1332

图 2-9　拆卸工具

(2)拆卸步骤。
①断开蓄电池(注意先拆负极再拆正极)。
②拆卸空气滤清器。
③拨出插头 1 的锁销,如图 2-10a)所示,并按下锁销,脱开插头 1。
④将护罩 2 沿着箭头方向推,使其从电磁开关上脱开。
⑤旋出紧固螺母 1,并取下正极导线 2,如图 2-10b)所示。
⑥旋出螺栓,如图 2-10c)所示,从车辆上取下起动机。

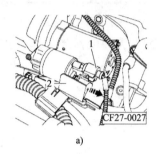 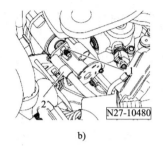 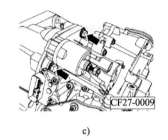

a)   b)   c)

图 2-10 起动机的拆卸过程

2）起动机的安装

起动机的安装与拆装的顺序相反，但安装过程中要注意以规定的拧紧力矩拧紧螺栓，各螺栓的拧紧力矩见表 2-1。

各螺栓的拧紧力矩　　　　　　　　　表 2-1

螺　　栓	拧紧力矩（N·m）
连接起动机到蓄电池正极线的固定螺母（M8）	15
起动机的坚固螺栓（M10）	40
起动机的坚固螺栓（M12）	80

2. 起动机的分解与装配

1）起动机的分解

起动机解体前应清洁外部的油污和灰尘，然后按下列步骤进行解体。

（1）旋出防尘盖固定螺钉，取下防尘盖，用专用钢丝钩取出电刷；拆下电枢轴上止推圈处的卡簧。

（2）用扳手旋出两个固定螺栓，取下前端盖，抽出电枢。

（3）拆下电磁开关主接线柱与电动机接线柱间的导电片；旋出后端盖上的电磁开关紧固螺栓，使电磁开关后端盖与中间壳体分离。

（4）从后端盖上旋下中间支承板紧固螺钉，取下中间支承板，旋出拨叉轴销螺钉，抽出拨叉，取出单向离合器。

（5）将已解体的机械部分用清洗液进行清洗，电气部分用棉纱沾少量煤油擦拭干净。

2）起动机的装配

起动机的类型不同，具体装配的步骤不可能完全相同，但基本原则是按分解时的相反步骤进行。

装配的一般步骤是：先将离合器和移动叉装入后端盖内，再装中间轴承支承板，将电枢轴装入后端盖内，装上电动机外壳和前端盖，并用紧固螺栓结合紧，然后装电刷和防尘罩，装起动机开关可早可晚。

3. 起动机转动无力故障检修

1）故障现象

接通点火开关并置于"起动"位置，起动机的驱动齿轮发出"咔嗒"声向外移出，但转动缓慢无力。

2) 诊断思路

起动机的驱动齿轮能够向外移出,说明起动机的传动机构和控制装置工作正常。故障应该在直流电动机,很可能是主电路的电阻增大或蓄电池电量不足。

3) 故障检修

(1) 检查蓄电池的电量是否充足。首先检查蓄电池容量和电源导线的连接情况,确认蓄电池容量是否足够,线路连接是否良好。可以通过开前照灯、按喇叭等形式来确定蓄电池的容量是否足够。

(2) 若蓄电池电量正常,则故障有可能是起动机或发动机本身。用螺丝刀瞬时短接起动机电磁开关的"30"和"C"两个接线柱。若短接后起动有力且运转正常,说明起动机电磁开关内主触点和接触盘接触不良;若短接后起动仍然无力,则故障在电动机本身,需进一步拆检。可能的故障是:主开关接触不良、电刷和换向器之间电阻过大或接触不良、单向离合器打滑等。

(3) 如果在接通起动开关后,起动机有连续的"咔嗒"声。若短接起动机电磁开关的两个主接线柱,起动机转动正常,说明电磁开关保持线圈断路或短路。

4. 起动机的正确使用

起动机工作时电流大、转速高,使用时应注意下列事项:

(1) 每次接通起动机的时间不得超过 5s,连续两次接通起动机应间隔 15s,若连续几次接通起动机仍不能起动发动机时,应查明原因并排除故障后再使用起动机;

(2) 发动机起动后,必须立即切断起动机的控制电路,使起动机停止工作;

(3) 若发现起动时有打齿、冒烟现象,应及时检查诊断并排除故障后再起动。

5. 起动机的维护

(1) 起动机外部应经常保持清洁,各连接导线,特别是与蓄电池相连接的导线,都应保证连接牢固可靠。

(2) 汽车每行驶 6000～7500km,应检查起动机工作是否正常,有无异常噪声;每行驶 12000～15000km,应检查起动机外观、导线连接与紧固情况,并用发动机检测仪或专用仪器检测起动电流和起动电压。

任务小结

(1) 直流电动机是将蓄电池的电能转换成机械能,并通过传动机构带动发动机的曲轴运转,实现发动机的起动。

(2) 目前汽车上广泛使用的直流串励电动机,该电动机具有重载转矩大的特性,非常适合于发动机的起动。

(3) 当直流电动机出现故障时,会引起起动机运转无力或不能运转,从而不能实现发动机的顺利起动。

(4) 从车上拆下起动机的时候,要注意下列两个问题:

① 拆下蓄电池时,要先拆下蓄电池负极连线,再拆下正极连线。

② 安装时,要按照规定的力矩拧紧螺栓。

（5）检修起动机运转无力故障时，主要掌握如何判断故障是来自蓄电池、起动机电路还是直流电动机自身。

子任务 2　起动机控制与传动机构检测

 任务描述

车主李先生反映自己的迈腾 1.8T 自动挡轿车行驶里程 140000km，将点火开关置于起动位置时，起动机不运转，发动机不能起动。

起动机不能起动发动机，首先检查蓄电池的电量是否充足。若蓄电池电量充足，则基本可判定故障是起动机的控制电路和传动机构有故障，需要对起动机的控制装置和传动机构进行检修。

  学习目标

（1）掌握起动机传动机构和控制装置的组成、各部件的位置及作用。
（2）能够对传动机构和控制装置进行检测和维修。
（3）会运用所学知识和经验，为客户提供汽车起动机日常维护的建议。
（4）具备信息查询和手册使用的基本能力。
（5）能够按照企业 5S 要求和安全生产规范进行操作。
（6）能与同学密切合作，规范安全地完成学习活动。
（7）养成自主学习的习惯，培养规范操作的工作作风及环保意识。
建议学时：4 学时。

  知识准备

一、控制装置

1. 控制装置的作用

现代汽车上起动机的控制装置使用最多的是电磁操纵控制装置。电磁控制装置在起动机上又称电磁开关，它的作用是控制驱动齿轮与飞轮齿圈的啮合与分离，并控制电动机主电

路的接通与切断。在现代汽车上,起动机均采用电磁式控制电路,电磁式控制装置是利用电磁开关的电磁力来操纵拨叉,实现驱动齿轮与飞轮啮合或分离。

2. 控制装置的组成

电磁控制装置主要是电磁开关,如图2-11所示。电磁开关由吸引线圈、保持线圈、复位弹簧、活动铁芯、接触片等组成。其中,"C"接线柱与点火开关相接,通过点火开关再接电源,"30"接线柱直接与蓄电池的正极相连。电磁开关的吸引线圈和保持线圈绕在同一个铁芯上,两线圈的公共端接到起动机的"50"接线柱上,吸引线圈的另一端与电动机主接线柱相接,而保持线圈的另一端直接搭铁。

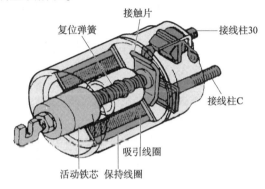

图2-11 电磁开关的结构

3. 控制装置的基本工作原理

起动机控制装置(电磁开关)的基本工作过程要结合实际的控制电路进行分析。当起动电路接通后(接通点火开关),电磁开关通电,其电路为:

控制装置的工作原理

(1)蓄电池正极→点火开关→起动机接线柱50→保持线圈→搭铁→蓄电池负极;

(2)蓄电池正极→点火开关→起动机接线柱50→吸引线圈→接线柱C→励磁绕组→电刷→换向片→电枢绕组→换向片→电刷→搭铁→蓄电池负极。

此时流经吸引线圈和保持线圈的电流方向相同,产生的电磁力克服复位弹簧弹力,使活动铁芯向右移动,推动接触片移向接线柱50和接线柱C的触点,同时又通过拨叉带动驱动齿轮移向飞轮齿圈并与之啮合,在驱动齿轮与飞轮齿圈进入啮合后,接触片正好将两个主触点接通,接通电动机的主电路,电动机开始转动。在驱动齿轮进入啮合之前,由于经过吸引线圈的电流经过了电动机,所以电动机在这个电流的作用下会产生缓慢旋转,以便于驱动齿轮与飞轮齿圈的啮合。在两个主接线柱触点接通之后,蓄电池的电流直接通过主触点和接触片进入电动机,使电动机进入正常运转,此时吸引线圈被短路,因此,无电流通过,主触点接通的位置靠保持线圈来保持。发动机起动后,松开点火开关,由于接触片与主触点是保持接合状态,此时蓄电池继续给电磁开关供电,其电路为:蓄电池正极→接线柱30→接触片→吸引线圈→保持线圈→搭铁→蓄电池负极。

由于流经吸引线圈与保持线圈的电流方向相反,产生的电磁力相互抵消,电磁开关在复位弹簧的作用下,使活动铁芯迅速回位,切断了电动机的主电路,同时驱动齿轮在拨叉的作用下与飞轮齿圈脱离啮合,起动过程完成。

二、起动机控制电路

起动机的控制电路指除起动机内部电路以外的电路,其控制电路随车型的不同而不尽相同,大体上可以分为无起动继电器的控制电路、带有起动继电器的控制电路和带有保护继电器的控制电路,迈腾汽车采用的带继电器的控制电路。

迈腾汽车起动机控制电路如图 2-12 所示,起动机的电磁开关由供电继电器 J682 和起动继电器 J710(供电继电器2)两个继电器控制。从图 2-12 可以看出,供电继电器的电源来自 J329,其线圈受发动机控制单元控制,发动机控制单元从点火开关、自动变速器挡位状态和制动踏板处取得信号,当点火开关未发出起动信号、制动踏板没有被踩下、自动变速器挡位不在 P/N 位时,供电继电器 J682 和起动继电器 J710 的线圈将不能通电,起动机的电磁开关将不通电,也就不能接通起动机的主电路,发动机便不能起动,从而实现对起动机电磁开关的控制。

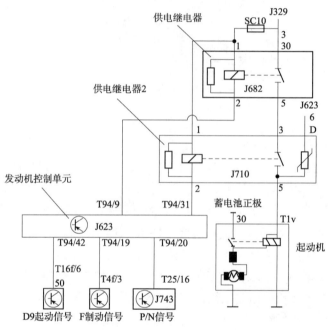

图 2-12 迈腾汽车起动机控制电路

起动发动机时,将自动变速器置于 P 或 N 位,同时踩下制动踏板,将点火开关置于起动挡(对于无钥匙起动的汽车,按下起动按钮),起动继电器 J710 电磁线圈通电,继电器常开触点闭合,电源的电流便经继电器的触点通往起动机电磁开关的起动机接线柱,电磁开关通电后,接通起动机的主电路,带动发动机运转。

三、传动机构

1. 传动机构的功用

传动机构的作用是把直流电动机产生的转矩传递给飞轮齿圈,再通过飞轮齿圈把转矩传递给发动机的曲轴,带动曲轴旋转,使发动机起动;起动后,飞轮齿圈与驱动齿轮自动打滑脱离。

2. 传动机构的组成

起动机传动机构一般由驱动齿轮、单向离合器、拨叉、啮合弹簧等组成,如图2-13所示。

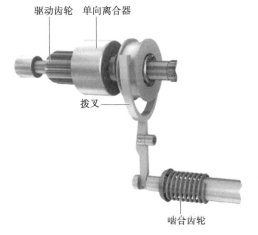

滚柱式单向离合器的组成

图2-13 传动机构组成

3. 滚柱式单向离合器

迈腾汽车采用的是滚柱式单向离合器,主要由驱动齿轮、外壳、十字块、滚柱等组成,如图2-14所示。滚柱式单向离合器的驱动齿轮与外壳制成一体,外壳内装有十字块、滚柱、压帽和弹簧等。十字块与花键套筒固连,壳底与外壳相互扣合密封。

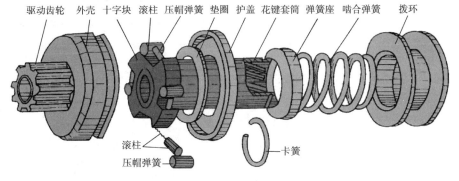

图2-14 滚柱式单向离合器

花键套筒的外面装有啮合弹簧及垫圈,末端安装着拨环与卡圈。整个离合器总成套装在电动机轴的花键部位上,可做轴向移动和随轴转动。在外壳与十字块之间,形成4个宽窄不等的楔形槽,每个槽内分别装有一套滚柱、压帽及弹簧。滚柱的直径略大于楔形槽窄端,略小于楔形槽的宽端。

当起动机电枢旋转时,转矩经套筒带动十字块旋转,滚柱滚入楔形槽的窄端,将十字块与外壳卡紧,使十块块与离合器外壳成为一体,这样十字块与外壳之间能传递转矩,将电磁转矩传给驱动齿轮,如图2-15a)所示。

发动机起动以后,曲轴转速升高,飞轮齿圈带动驱动齿轮旋转,当转速超过电枢转速时,会使滚柱滚入楔形槽的宽端打滑,这样发动机的转矩就不会传递至起动机,起到保护起动机的作用,如图2-15b)所示。

由于滚柱式离合器结构简单、坚固耐用、工作可靠,但在传递较大转矩时容易打滑,故不能用于大功率起动机,而在中、小功率的起动机中得到广泛使用。

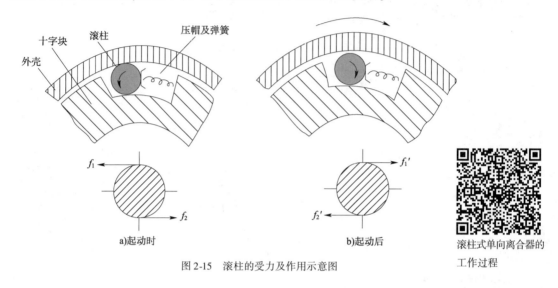

图 2-15 滚柱的受力及作用示意图

四、减速起动机

减速起动机是在起动机的电枢与驱动齿轮之间,装有一套齿轮减速装置,通过减速装置将转矩传递给单向离合器,在降低电动机转速的同时,增大电枢的输出转矩,减小起动机的体积和质量。齿轮减速装置通常有平行轴齿轮减速装置和行星齿轮减速装置两种形式。

1. 平行轴齿轮减速起动机

平行轴齿轮减速起动机的结构如图 2-16 所示,主要由电动机、平行轴减速齿轮装置、传动机构和控制装置等组成。

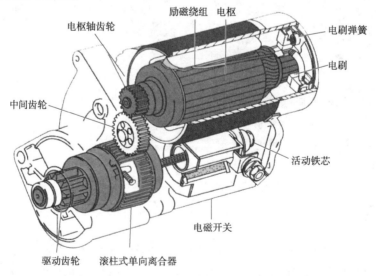

图 2-16 平行轴齿轮减速起动机

电动机采用的是串励式电动机,与常规起动机相似;传动机构采用的是滚柱式单向离合器。减速齿轮装置采用平行轴外啮合式。该装置中有3个齿轮,即电枢轴齿轮、中间齿轮及减速齿轮,与常规起动机相比,其减速装置传动比较大,故输出转矩也较大,但起动机的整体尺寸较大。

2. 行星齿轮减速起动机

行星齿轮减速起动机中设有3个行星轮,1个太阳轮(电枢轴齿轮)及1个固定的内齿圈,如图2-17所示。内齿圈固定不动,行星齿轮支架是一个具有一定厚度的圆盘,圆盘和驱动齿轮轴制成一体。3个行星齿轮连同齿轮轴一起压装在圆盘上,行星齿轮在轴上可以边自转边公转。驱动齿轮轴一端制有螺旋键齿,与离合器传动导管内的螺旋键槽配合。电动机的结构有两类,一类与常规起动机类似,采用励磁线圈产生磁场;而另一类采用永久磁铁代替励磁绕组,减小了起动机的体积,提高了起动性能。

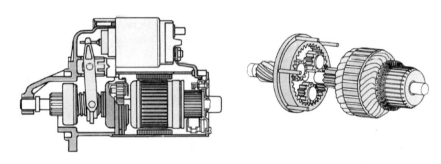

图2-17 北京现代汽车行星齿轮减速起动机

行星齿轮减速起动机有如下优点:

(1)负载平均分配在3个行星齿轮上,可以采用塑料内齿圈和粉末冶金的行星齿轮,可减轻质量、降低噪声。

(2)虽然增加行星齿轮减速机构,但是起动机的轴向其他结构与普通起动机相同,故配件可以通用。

因此,行星齿轮减速起动机应用越来越广泛。

操作指引

1. 组织方式

(1)场地设施:举升机,装有废气抽排系统和消防设施的场地。

(2)设备设施:自动挡迈腾轿车。

(3)工量具:迈腾汽车拆卸工具、诊断仪VAS 5052A、数字万用表等。

2. 操作要求

(1)穿着干净整齐的工作服。

(2)遵守场地安全规定,注意用电安全。

(3)正确使用万用表、测量仪等仪器仪表。

任务实施

1. 检测前准备工作

（1）清点及清洁工具。主要检查工具是否齐全，不全应补全。

（2）用木楔或胶楔塞车，固定车辆。

（3）将排烟管插到排气管上，并打开排风机。

（4）套上室内四件套：脚垫、转向盘套、驾驶人座椅套及换挡杆套。

（5）检查汽车变速器换挡杆位置，应处于 P 挡，同时检查电子驻车制动开关，使其处于驻车状态。

（6）查看各插接器连接是否完好，虚接的应连接牢固。

2. 起动继电器的检测

1）起动继电器 J710 的检测

起动继电器主要检查继电器线圈的导通情况、触点的断开与闭合情况和通电时触点的导通情况等内容，其检查方法如图 2-18～图 2-20 所示。

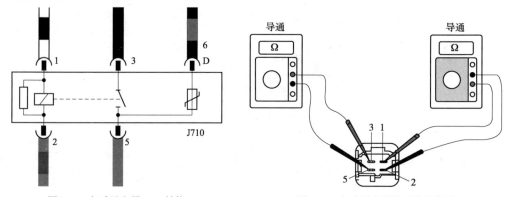

图 2-18　起动继电器 J710 结构　　　　图 2-19　起动继电器导通情况检测

2）供电继电器 J682 的检测

供电继电器 J682 主要检测线圈的导通情况、触点的断开与闭合情况。如图 2-21 所示，用数字万用表的电阻挡测量端子 1、2 之间的电阻值，正常值应为 86Ω 左右。再测量端子 3、5 之间的电阻值，在继电器不工作时，电阻值为无穷大，工作时，电阻值为零。

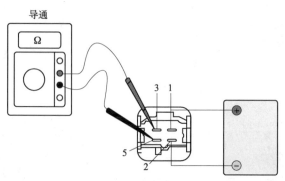 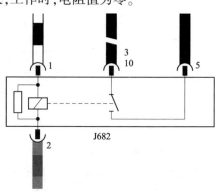

图 2-20　通电检查起动继电器的工作情况　　　　图 2-21　测量供电继电器 J682

3）起动机的检测

（1）连接车辆诊断测试仪。

（2）在诊断测试仪中选择运行模式"引导型故障查询"或"引导型功能"。

（3）通过"跳转"按钮选择"功能/部件选择"，并依次选择以下菜单项：

①底盘。

②电气系统。

③27-起动机,供电。

④电气部件。

⑤B-起动机。

可对起动机进行检测,通过读取故障码判断起动机是否有故障存在。

3. 起动机不转故障检修

1）故障现象

接通点火开关置起动位置,起动机不转。

2）诊断思路

由于起动机不转,说明起动机电路没有接通或者蓄电池电力不足,也有可能是起动机自身的故障,可能产生故障的部位有：

起动机不转故障检修

（1）供电继电器 J682 和起动继电器 J710。

（2）起动机控制线路。

（3）起动机供电与搭铁线路。

（4）起动机自身。

3）检修方法

（1）读取故障码。

①将大众专用故障诊断仪与 J533 诊断座连接,进入"大众 CAN-BUS 系统"—"汽车诊断测试"—"常见控制模块"—"发动机电子装置"—读取故障码。

读取的故障码为：P12424。

故障码含义为：起动马达继电器电路电气故障。

②故障码分析。通过读取故障码可知,故障在控制电路上。根据电路图分析,发动机控制单元 J623 是通过供电继电器 J682 的 2 号端子的电压来识别 J682 的工作状态的,由于 J682 的 2 号端子的电压维持高电平,则导致其故障码出现。此时,故障可能是供电继电器 J682,仍需要进一步检查。

（2）检查供电继电器 J682。

①测量 J682 继电器端子 1 的电压。数字万用表置于直流电压挡,将点火开关置于起动位置,万用表的红表棒与端子 1 相连,黑表棒搭铁,测得其电压值为 12.32V,正常。

②测量 J682 继电器端子 2 的电压。与前相同,将红表棒与 J682 的端子 2 相连,黑表棒搭铁,测得电压为 0.19V,正常。

③测量 J682 继电器端子 3 的电压。与前相同,将红表棒与 J682 的端子 3 相连,黑表棒搭铁,测得电压为 12.47V,正常。

④测量 J682 继电器线圈的电阻值。将万用表置于欧姆挡,用红黑表棒分别与接继电器线圈的端子 1 和 2,测得电阻值为 86Ω,正常。但是当给继电器的 1、2 端子之间加上工作电压后,测量 3、5 两端子间的电阻为无穷大。本来继电器通电后,触点闭合,电阻应为 0,而此时测量的结果为无穷大,说明触点没有闭合或接触不良。此时,再用万用表的直流电压挡,在点火开关于起动位置时,用红表棒与端子 5 相连,黑表棒搭铁,测的结果为 0V。正常应与端子 1 的电压值相同,说明继电器 J682 有故障。

(3)更换继电器 J682。更换继电器 J682,并用诊断仪清除故障码,故障消除,起动机正常工作。

任务小结

(1)起动机控制装置主要由电磁开关、起动机继电器、发动机控制系统等组成,电磁开关控制直流电动机的主电路的接通与驱动齿轮和飞轮的啮合时刻,起动机继电器主要控制蓄电池流向起动机直流电动机的电流。

(2)电磁开关主要由吸引线圈和保持线圈组成,通过电路接通的不同时刻,自动实现对电动机主电路的控制和驱动齿轮与飞轮的啮合与分离。

(3)迈腾汽车起动机控制电路同时受起动信号、制动信号和自动变速器 P/N 挡信号控制,只有三个控制信号同时有输出时,才能接通起动机电路,使起动机电磁开关通电。起动完成后,点火开关回到正常工作位置,供电继电器 J682 失电,继电器触点打开,切断了起动机电磁开关电路。同理,当自动变速器没有处于 P/N 挡位置时,也不能接通起动机的电磁开关,也就不会接通起动机的主电路。

(4)起动机传动与控制装置的检测主要包括下列项目:

①起动继电器两个线圈导通情况。

②起动机的诊断仪检测。

(5)检修起动机不转故障时,首先用大众专用诊断仪检测故障码,再根据故障码的内容做进一步的检测,最终找到故障部位予以排除。

学习任务三　前照灯不亮故障诊断与修复

 任务概述

为了保证汽车在各种条件下安全行驶,尤其是夜间行车为驾驶人提供良好的视觉环境,以及引起周边车辆和行人的注意,在汽车上装有各种照明灯、信号灯、仪表和报警装置。汽车灯光系统按照用途可分为照明灯、信号灯或指示灯。

随着车辆行驶速度的不断提高,汽车灯光系统成为汽车非常重要的安全部件,保证汽车灯光系统良好的技术状况对于安全行车十分重要。因此,必须定期对汽车灯光系统进行检查、检测与调整,以便及时发现和排除故障,确保灯光系统的工作性能良好,保证行车安全。本学习任务主要讲述前照灯的故障诊断与修复及前照灯的检测与调整。

 主要学习任务

1. 前照灯故障诊断与修复
2. 前照灯检测与调整

子任务1　前照灯故障诊断与修复

 **任务描述**

一辆一汽大众生产的2010款迈腾轿车,装备1.8TSI发动机,仪表出现灯光报警提示,打开灯光开关,发现左侧近光灯不亮,右侧近光灯工作正常。

根据迈腾灯光控制功能原理和电路图可知,当前照灯开关处于远近光挡或AUTO挡时,同时变光开关位于近光灯工作位置被J527转向柱电控单元识别,中央电控单元J519通过对以上信号分析发出近光灯开启的控制指令,点亮近光灯。

单从左侧近光灯不亮分析,产生故障的可能原因有:J519内部电路控制线路故障,导致无正常工作电压输出;J519电控单元外围执行控制线路(包括右前照灯近光灯泡或前照灯内近光灯泡连接线束)存在线路故障;电控单元识别指定故障后进行了功能关闭;近光信号输入故障等。现在需要你对控制线路进行进一步检测。

学习目标

(1)能够读懂照明系统电路原理图。
(2)能够根据相关资料确定照明系统电路、部件组成及技术参数。
(3)会分析前照灯不亮等故障产生的原因。
(4)会制订相应的诊断流程,能够按照合理的思路和规范的操作,检测及修复前照灯不亮故障。
(5)会正确拆卸和安装前照灯。
(6)具备信息查询和手册使用的基本能力。
(7)能够按照企业5S要求与小组成员协作,规范安全地完成各项工作。
(8)养成自主学习的习惯,并能在工作过程中加强环保意识。

知识准备

一、照明系统的基本组成

汽车照明系统由照明灯和信号灯两部分组成。照明灯主要用作照明道路、交通标志、行人及其他车辆等,包括前照灯、雾灯、倒车灯、牌照灯等。信号灯用作显示车辆的存在和传达车辆行驶状态,包括转向灯、制动灯等。

二、前照灯功用

前照灯又称前大灯。用于夜间行车时,照亮车前的道路和物体,确保行车安全。同时也可发出远光和近光交替变换的灯光信号,避免夜间超车和会车时使对方驾驶人炫目。

三、前照灯

1. 前照灯基本要求

（1）前照灯应保证车前有明亮而均匀的照明，使驾驶人能辨明车前100m以内路面上的任何障碍物。随着汽车行驶速度的提高，对汽车前照灯的照明距离要求也相应提高。

（2）前照灯应具有防止炫目的装置，以免夜间两车迎面相遇时，使对方驾驶人炫目而造成交通事故。

2. 前照灯光学系统结构

前照灯的光学组件由灯泡、反射镜和配光镜三部分组成。

1）灯泡

（1）普通充气灯泡。其灯丝是用钨丝制成。为了减少钨丝受热后的蒸发，延长灯泡寿命，制造时将玻璃泡内空气抽出，再充以约86%的氩和约14%的氮的混合气体。

（2）卤钨灯泡。在相同功率下，卤钨灯的亮度为白炽灯的1.5倍，寿命比白炽灯长2~3倍。

（3）氙气灯泡。氙气灯由小型石英灯泡、变压器和电子单元组成。

氙气灯灯泡的玻璃用坚硬的耐温耐压石英玻璃（二氧化硅）制成，灯内充入高压氙气，接通电源后，通过变压器，在几微秒内升压到2万V以上的高压脉冲电加在石英灯泡内的金属电极之间，激励灯泡内的物质（氙气、少量的汞蒸气、金属卤化物）在电弧中电离产生光亮。

（4）LED灯。LED是Light Emitting Diode的简称，即发光二极管。LED元件的能耗仅为卤素灯的1/20，寿命能达到50000h的水平，且结构简单，抗冲击性、抗震性非常好，不易破碎，能够很好地适应各种环境。低压直流电即可驱动，负载小，干扰弱，对使用环境要求低，适应性好。

2）反射镜

反射镜的作用是将灯泡的光线聚合并导向前方，如图3-1所示。

灯丝位于焦点上，灯丝的绝大部分光线向后射在立体角范围内，经反射镜反射后变成平行光束射向远方，使光度增强几百倍至上千倍，达到 $2 \times 10^4 \sim 4 \times 10^4$ cd以上，从而使车前150m甚至400m内的路面照得足够清楚。

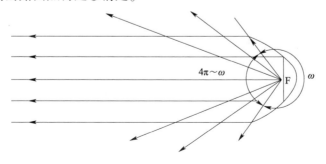

图3-1 反射镜工作原理

3）配光镜

配光镜又称散光玻璃。它是用透光玻璃压制而成，是很多块特殊的棱镜和透镜的组合。其几何形状比较复杂，外形一般为圆形和矩形，其作用是将反射镜反射出的平行光束进行折射，使车前路面和路缘具有良好而均匀的照明，如图3-2所示。

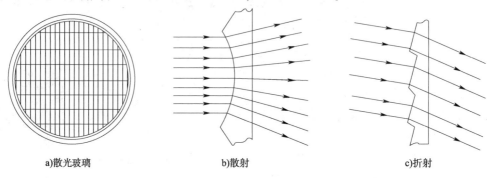

a）散光玻璃　　　　　b）散射　　　　　c）折射

图3-2　配光镜工作原理

3. 前照灯的防炫目措施

为了避免前照灯的强光线使对面来车驾驶人产生炫目，而造成交通事故，并保持良好的路面照明，在现代汽车上普遍采用双丝灯泡的前照灯。其中一根灯丝为远光灯丝，光度较强，灯丝放在反射镜的焦点上；另一根灯丝为近光灯丝，光度较弱，位于焦点的上方或前方。当夜间行驶无迎面来车时，可通过控制电路接通远光灯丝，使前照灯光束射向远方，便于提高车速。当两车相遇时，接通近光灯丝，前照灯光束倾向路面，使车前50m内路面照得十分清晰，从而避免了迎面来车驾驶人的炫目现象。

1）双丝灯泡

双丝灯泡的远光灯丝位于反射镜的焦点上，而近光灯丝则位于焦点的上方并稍向右偏移，其工作原理如图3-3所示。

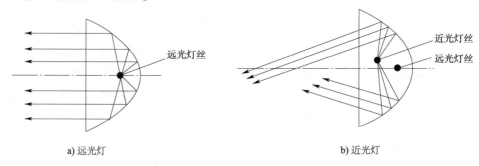

a）远光灯　　　　　　　　　　b）近光灯

图3-3　双丝灯泡原理图

2）采用带遮光罩的双丝灯泡

在近光灯丝的下方装有遮光罩，当使用近光灯时，遮光罩能将近光灯丝射向反射镜下部的光线遮挡住，无法反射，提高防炫目效果，如图3-4所示。

3）采用非对称光制式防炫灯

这是一种新型的防炫目前照灯，安装时将遮光罩偏转一定的角度，使其近光的光形分布不对称，将近光灯右侧光线倾斜升高15°，如图3-5所示。

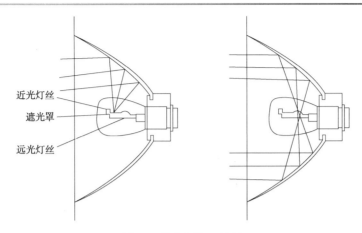

图 3-4 带遮光罩双丝灯泡

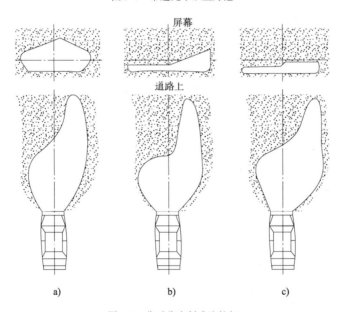

图 3-5 非对称光制式防炫灯

4. 前照灯的类型

1) 封闭式前照灯

在这种类型中,灯泡、反光镜和灯罩制为一体。这种结构的优点是可以完全避免反射镜受到污染,当灯丝烧坏后,需要更换前照灯总成,成本较高。

2) 半封闭式前照灯

在这种类型中,灯泡可单独更换,分为常规型、多反射镜式、投射式等。

①常规型前照灯。这是一种可替换灯泡的形式,使用普通白炽灯和卤素灯两种形式的前照灯。其优点是一旦灯丝烧断只需更换灯泡即可,缺点是密封性不良。

②多反射镜式前照灯。它有一个无色灯罩和形状复杂(混合抛物线形状)的反光镜。

③投射式前照灯。其反射镜近似于椭圆形状,具有两个焦点。第一焦点处放置灯泡,第二焦点是由光线形成的,凸形配光镜的焦点与第二焦点一致。

四、前照灯控制电路

普通前照灯电路即非 CAN-BUS 电控电路,该电路主要由蓄电池、灯光组合开关(灯光开关、变光开关)、继电器(前照灯继电器、变光继电器)、熔断丝、灯泡等组成。前照灯的操作分为近光灯操作、远光灯操作、会车(变光)灯操作。

电控前照灯控制过程是通过车灯开关发出的远/近光信号输送到车身控制模块,车身控制模块经过接受、处理,把开/关灯信号通过 CAN 总线的 K/L 数据线输送到智能电源分配模块,信号输送到智能电源分配模块的同时,通过 M/N 数据线输送到一体化仪表和 A/C 放大器,一体化仪表和 A/C 放大器控制仪表上的远光指示灯点亮。IPDM E/R 通过远光继电器、熔断丝和 R/T 线控制远光灯点亮;通过近光继电器、熔断丝和 Q/S 线控制近光灯点亮。

1. 电路图的简单识读

电路基本构成:电源、用电器、开关、熔断丝、继电器和线束等。

电路特点:双电源、低直流电压、并联连接、单线制、负极搭铁。

汽车线束特点:导线颜色、粗细各不相同。

阅读电路图的方法:从前到后(简单电路),即电源→用电器→搭铁。

从用电器开始(复杂电路),即电源←用电器→搭铁。

2. 前照灯电路分析

前照灯工作电路的原理

前照灯电路分为无前照灯继电器和变光继电器电路;带前照灯继电器,但不带变光继电器的电路;既有前照灯继电器,又有变光继电器的电路。下面着重就带前照灯继电器,但不带变光继电器电路进行分析。

1) 近光灯状态

灯光控制开关移动到"HEAD(LOW)"位置时,前照灯继电器打开,近光灯点亮,电流走向如图 3-6 所示。

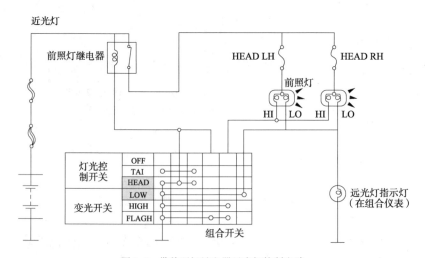

图 3-6 带前照灯继电器近光灯控制电路

2)远光灯状态

当灯光控制开关移到"HEAD(HIGH)"位置时,前照灯继电器打开,远光灯点亮,同时电流从前照灯(近光灯)流到远光指示灯,指示灯亮,电流也流到前照灯(近光灯),但是由于它们的电流小,它们不点亮,如图3-7所示。

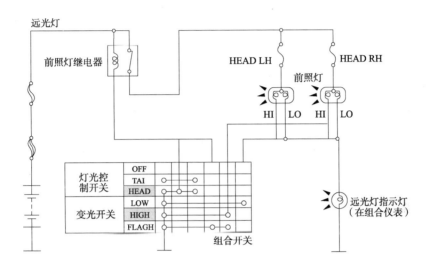

图3-7 带前照灯继电器远光控制电路

3)前照灯闪光状态

灯光控制开关移动到"FLASH"位置时,前照灯继电器打开,远光灯点亮,电流走向如图3-8所示。

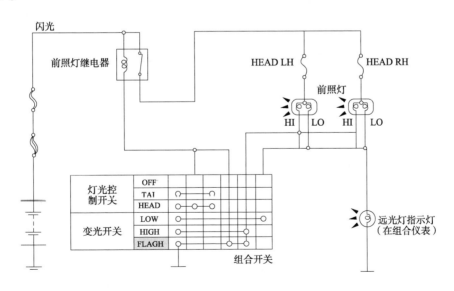

图3-8 带前照灯继电器闪光电路

无前照灯继电器和变光继电器电路和既有前照灯继电器,又有变光继电器的电路的电路分析可以参照上述方式进行。

4)迈腾轿车前照灯电路分析

以左前近光灯为例:打开点火开关,操作E1(灯光开关)至近光灯挡时,电流从蓄电池正极到SC13熔断丝,通过E1开关到J519(车载电网控制单元),当J519接收到E1开关的信号时,J519给左前近光灯M29供电,电流通过灯泡搭铁回路,近光灯点亮。电路图如图3-9~图3-11所示。

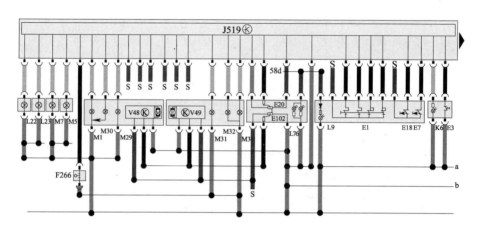

图3-9 一汽大众迈腾外灯功能图

D1-防盗锁止系统读取单元;E1-车灯开关;E2-转向信号灯开关;E3-危险警报灯开关;E4-前照灯远近光切换和光信号喇叭开关;E7-前雾灯开关;E18-后雾灯开关;E20-开关和仪表照明调节器;E22-间歇运行模式车窗玻璃刮水器开关;E34-后车窗玻璃刮水器开关;E38-车窗玻璃刮水器间歇运行调节器;E44-车窗玻璃清洗泵开关(自动清洗装置和前照灯清洗装置);E102-照明距离调节器;E415-进入及起动许可开关;F-制动灯开关;F4-倒车灯开关 F266-发动机罩接触开关;J285-带显示单元的组合仪表控制单元;J362-防盗锁止系统控制单元;J386-驾驶人侧车门控制单元;J387-前排乘员侧车门控制单元;J393-舒适系统中央控制单元;J519-车载电网控制单元;J527-转向柱电子装置控制单元;J533-数据总线诊断接;J764-ELV(电子转向柱锁止)控制单元;K1-远光灯指示灯;K4-停车灯指示灯;K6-闪烁报警装置指示灯;K13-前雾灯指示灯;K65-左转向信号灯指示灯;K94-右转向信号灯指示灯;K170-灯泡故障指示灯;L9-车灯开关照明灯;L22-左前雾灯灯泡;L23-右前雾灯灯泡;L46-左后雾灯灯泡;L76-按钮照明灯;L131-车外后视镜中转向信号灯灯泡(驾驶人侧);L132-车外后视镜中转向信号灯灯泡(前排乘员侧);M1-左停车灯灯泡;M2-右尾灯灯泡;M3-右停车灯灯泡;M4-左尾灯灯泡;M5-左前转向信号灯灯泡;M6-左后转向信号灯灯泡;M7-右前转向信号灯灯泡;M8-右后转向信号灯灯泡;M9-左制动灯灯泡;M10-右制动灯灯泡

5)前照灯常见故障现象及原因

(1)前照灯不亮。

①故障原因。前照灯熔断丝烧断;电源线松动或脱落;搭铁线搭铁不良或接插件接触不良;车灯开关或变光开关有故障。

②诊断排除方法。诊断时,应根据不同的故障现象采取不同的诊断方法,以提高故障诊断和排除速度。

a.一个灯不亮。不论远光还是近光,如果只有一个灯不亮,故障往往是该灯丝或其熔断丝烧断所致,如果灯丝和熔断丝正常而灯不亮,说明该灯线路断路或接触不良,检查排除即可。

b.远光灯或近光灯都不亮。如果远光灯或近光灯都不亮,故障往往是变光开关有故障或变光开关上的远光灯或近光灯接线脱落或熔断丝烧断,如果变光开关及其接线和熔断丝正常而灯不亮,再检修灯丝和线路。

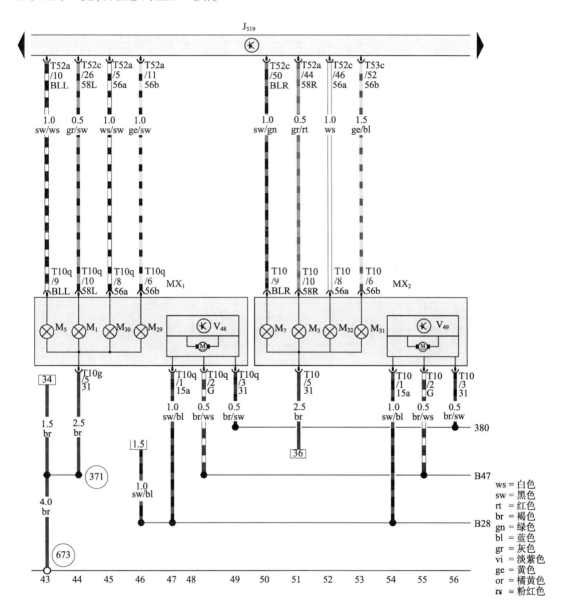

图 3-10　一汽大众迈腾前照灯控制电路图

c. 前照灯都不亮。如果远光灯和近光灯都不亮,故障往往是变光开关或其电源线有故障。应首先检查仪表灯是否正常,如果仪表灯工作正常,说明车灯开关的电源线正常。将点火开关接通(必要的话)、车灯开关置于 2 挡(前照灯接通)位置,检查变光开关上的相线接线柱电压是否正常,若电压为零,说明车灯开关至变光开关之间的线路断路或车灯开关有故障;若电压正常,可以短接变光开关试验,灯亮,说明变光开关损坏,应更换;否则检查变光开关后的线路和灯丝,必要时给予修理和更换。前照灯不亮故障原因见表 3-1。

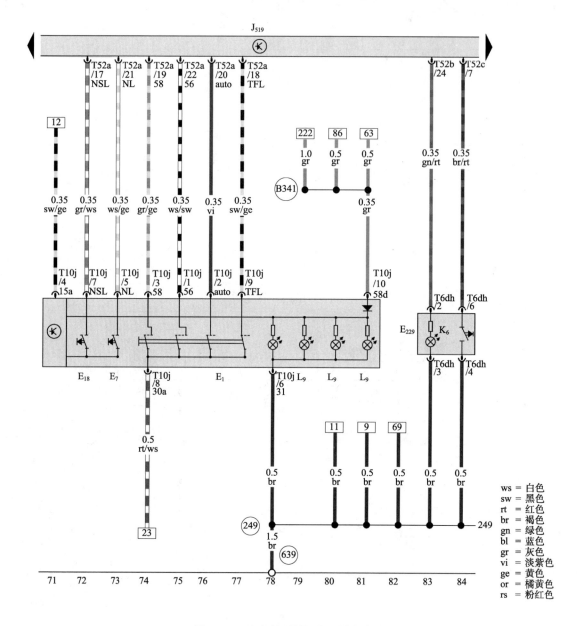

图3-11 一汽大众迈腾前照灯开关电路图

前照灯不亮故障原因　　　　　　　　　　　　　表3-1

序号	故障现象	可能的故障原因
1	一个灯不亮	灯丝或熔断丝烧坏,线路故障
2	远光或近光都不亮	变光开关故障,接线脱落,熔断丝烧坏
3	前照灯都不亮	变光开关故障,电源或电源线故障

(2)前照灯灯光暗淡。

①故障原因。蓄电池容量不足,端电压降低;发电机不发电或发电量不足,输出电压低;散光玻璃或反射镜上有尘埃;导线接头松动和锈蚀,使电阻增大;灯丝蒸发、功率降低。

②诊断排除方法。诊断时,应根据不同的故障现象采取不同的诊断方法。

a.一侧远光或近光暗淡。如果只有一侧远光或近光暗淡,故障往往是该灯丝功率偏低或其线路接触不良,可更换灯泡对比检查,若更换灯泡后,亮度正常,表明原灯泡有故障,否则,检修线路。

b.一侧远近光同时暗淡。如果一侧远近光同时暗淡,故障往往是该灯反射镜、配光镜表面脏污或灯丝功率偏低或搭铁线搭铁不良。如果一个灯的两个灯都非常暗淡,故障往往是该灯搭铁线断路。如果将该灯良好搭铁后,亮度正常,表明原来搭铁线断路或搭铁不良,重新接好搭铁线;否则,检查灯泡和反射镜、配光镜,必要时进行清洁或更换。

c.两侧远近光均暗淡。如果前照灯都比较暗淡,故障往往是电源电压偏低或前照灯性能降低或线路接触不良。应首先检查电源电压是否正常,如果偏低,检查充电系统;否则检查前照灯及其线路接触情况,视情修理。前照灯暗淡故障原因见表3-2。

前照灯暗淡故障原因　　　　　表3-2

序 号	故障现象	可能的故障原因
1	个别灯暗淡	灯丝功率偏低,线路接触不良
2	一个灯的2个灯泡都暗淡	反射镜、配光镜脏污,线路接触不良
3	前照灯都暗淡	电源电压偏低,前照灯性能降低,线路接触不良

3.前照灯灯丝经常烧坏

1)故障原因

电压调节器有故障或线路连接错误,导致发电机输出电压过高。

2)诊断排除方法

检修充电系统,使发电机在各种情况下输出电压都不超过规定值。

 操作指引

1.组织方式

(1)场地设施:举升机一台,装有废气抽排系统和消防设施的场地。

(2)设备设施:自动挡迈腾轿车。

(3)工量具:迈腾灯光系统拆卸工具(一套)、诊断仪、万用表等。

(4)耗材:熔断丝、线束等。

2.操作要求

(1)穿着干净整齐的工作服。

(2)遵守场地安全规定,注意用电安全。

(3)正确使用万用表、诊断仪等工量具。

(4)在检测灯光线束时,严禁用力拉扯线束。

任务实施

1. 左侧近光灯不亮的故障检测与修复

1) 故障现象

M29 左侧近光灯不亮。操作 E1 开关,M29 不亮,其他灯泡工作正常,如图 3-12 所示。

左侧近光灯不亮的故障检测与修复

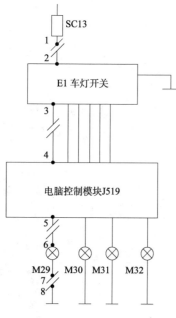

图 3-12 左侧近光灯不亮

2) 故障范围

根据故障现象分析,故障可能范围:

(1) M29、开关及其相关线路故障。

(2) J519 供电及其相关线路故障。

(3) J519 局部故障。

3) 检测与诊断

(1) 如图 3-13a)所示,使用万用表电压挡测量 6 对 7 号脚,判断灯泡侧是否有 12V 供电(通过测量 6 对 7 号脚,可以判断灯泡是否存在故障,如经检测有 12V 供电,而此时灯泡不亮,则说明灯泡的供电及搭铁正常,灯泡损坏)。如果测得 6 号脚对 7 号脚没有电压,不能判断是灯泡故障,需进一步测量判断。

(2) 如图 3-13b)所示,使用万用表电压挡测量 6 号脚搭铁电压,如经检测为 12V,则灯泡供电正常,故障可能是灯泡及其线路故障。继续测量 7 号脚搭铁电压如为 12V,则灯泡供电未见异常,最后再测 8 号脚搭铁电压如为 0V,说明 7 到 8 号脚线路存在断路。如果测量 6 号脚、7 号脚搭铁电压都为 0V,则灯泡供电异常,故障可能存在于:

① M29 供电及其相关线路。

② J519 供电及其相关线路。

③ J519 局部故障。

(3) 如图 3-13c)所示,使用万用表电压挡测量 5 号脚搭铁电压,如为 12V,则说明 J519 的 5 号脚供电正常,故障可能在 5 号脚到 6 号脚之间的线路。测量 5 号脚搭铁电压,如为 0V 则说明 J519 输出端异常,故障可能在 J519 相关线路或 J519 故障,需进一步检测。

(4) 如图 3-13d)所示,使用万用表电压挡测量 4 号脚搭铁电压,如为 12V 则说明 J519 的供电正常,输出端异常,故障原因为 J519 故障。测量 4 号脚搭铁电压,如为 0V 则说明 J519 的 4 号脚供电异常,故障可能在开关及其线路故障,需进一步检测。

(5) 如图 3-13e)所示,使用万用表电压挡测量 3 号脚搭铁电压,如为 12V 则说明开关供电正常,故障原因在 3 号脚端子到 4 号脚端子之间的线路。测量 3 号脚搭铁电压,如为 0V 则说明开关的 3 号脚端子供电异常,故障可能在开关相关电路,需进一步检测。

(6) 如图 3-13f)所示,使用万用表电压挡测量开关 2 号脚搭铁电压,如为 12V 则说明开关损坏。测量开关 2 号脚搭铁电压,如为 0V 则说明开关供电异常,故障可能在开关到供电线路之间的线路,需进一步检测。

(7) 如图 3-13g)所示,使用万用表电压挡测量 1 号脚搭铁电压,如为 12V 则说明了 1 号脚到 2 号脚断路。

最后分别测量 2 号脚下游电路,对比线路两端压降从而确定 4 个故障点。

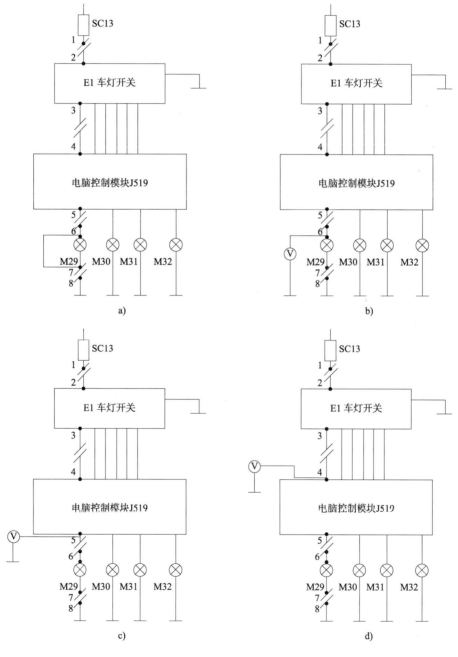

图 3-13

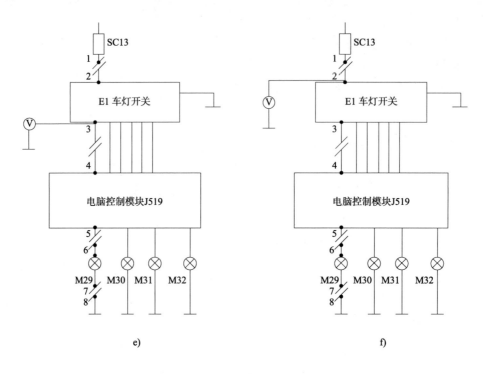

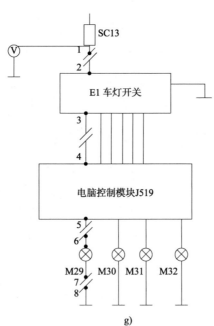

图 3-13　左侧近光灯不亮的故障检测

2. 迈腾 B7L 轿车前照灯的解体及更换

迈腾 B7L 前照灯总成结构如图 3-14 所示。

拆卸与安装前照灯操作

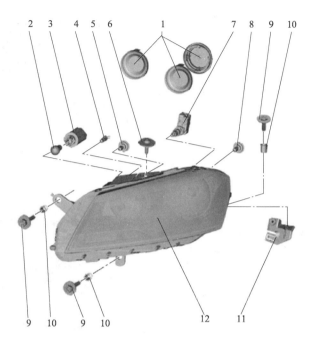

图 3-14 迈腾前照灯总成结构

1-盖罩;2-左前转向灯灯泡;3-灯座;4-左停车灯灯泡;5-左远光灯灯泡;6-上部紧固螺钉;7-前照灯照明距离调节左伺服电动机;8-左近光灯灯泡;9-紧固螺栓;10-调节套;11-前照灯支架;12-前照灯

1)拆卸带卤素灯泡的前照灯

拆卸、安装所需专用工具和维修设备:扭力扳手 V.A.G 1410 和十字螺丝刀 T30-T10248,如图 3-15 所示。

图 3-15 迈腾前照灯拆卸专用工具

拆卸步骤:

(1)关闭点火开关和所用电器,并脱开位于 0(预锁止位置)位中的点火钥匙。

(2)解锁并脱开前照灯背面的插头连接,如图 3-16 中箭头所示。

(3)拆卸前保险杠盖板。

(4)旋出前照灯下部和内部的两个紧固螺栓,如图 3-17 中箭头所示。

(5)旋出上部紧固螺钉 2,如图 3-18 所示。

(6)用十字螺丝刀 T30-T10248 通过车身上的开口旋出后部的紧固螺钉 1,如图 3-19 箭头所示。

(7)向前从车身开口处取出前照灯。

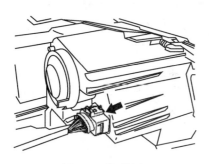

图3-16 拔下插头

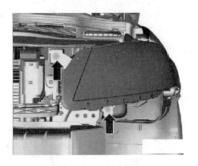

图3-17 拆下紧固螺栓

图3-18 拆下紧固螺钉2
1—螺栓；2—螺钉

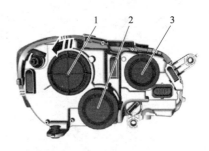

图3-19 前照灯总成

2）前照灯灯泡的更换

（1）更换近光灯泡。

①沿箭头方向旋转盖罩并取下。

②固定卡1用于卡住反光罩中的近光灯灯泡2，拆卸近光灯灯泡时，先不要拔下插头连接3，沿箭头方向按压连接插头3，直至感觉灯泡松开为止，如图3-20所示。

③根据已连接的导线长度，向后从反光罩中拔出连接插头3与近光灯灯泡2（图3-20）。

④沿箭头方向笔直的从灯座1中拉出近光灯灯泡2，如图3-21所示。

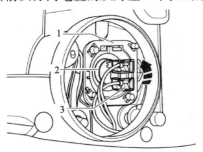

图3-20 前照灯总成后盖

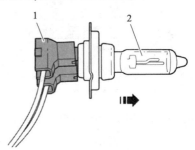

图3-21 近光灯或远光灯

（2）更换远光灯灯泡。

①拔下盖罩3。

②沿箭头方向按压连接插头3，直至感觉灯泡松开为止，如图3-22所示。

③根据已连接的导线长度，向后从反光罩中拔出连接插头3与远光灯灯泡2。

④沿箭头方向笔直的从灯座1中拉出近光灯灯泡2（图3-21）。

(3)近远光灯泡的安装注意事项。

近远光灯的安装采用拆卸倒序进行,安装时必须注意下列事项。

①在安装盖罩时应注意安装位置是否正确。

②要防止水分进入前照灯,如果有水渗入前照灯,会导致损坏。

③在安装灯泡时不要接触灯泡玻璃。手指会在灯泡玻璃壳体上留下油脂痕迹,在打开灯时油脂蒸发,并使灯泡玻璃壳体变得模糊不清。

④检测前照灯安装位置的间隙尺寸是否均匀。如果前照灯与车身间的间隙尺寸不均匀,必须进行下述调节(扭力扳手 V. A. G1410):

a. 关闭点火开关和所用电器,并脱开位于0(预锁止位置)位中的点火钥匙。

b. 拧松前照灯下部和内部的两个紧固螺栓。

c. 拧松上部紧固螺钉。

d. 用十字螺丝刀 T30-T10248 通过车身上的开口拧松后部的紧固螺钉,如图3-23箭头所示。

e. 通过旋入和旋出调节套来调节前照灯是否与车身齐平。

f. 重新检查前照灯的安装位置的间隙尺寸是否均匀,必要时重新校正。

g. 安装前保险杠盖板。

h. 检测前照灯的功能。

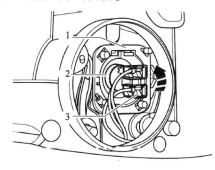 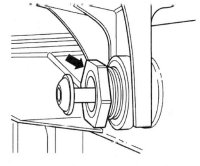

图3-22 前照灯总成后盖　　　　图3-23 调节套

任务小结

(1)普通前照灯电路即非 CAN-BUS 电控电路。该电路主要由蓄电池、灯光组合开关(灯光开关、变光开关)、继电器(前照灯继电器、变光继电器)、熔断丝、灯泡组成。

(2)电控前照灯控制过程是通过车灯开关发出的远/近光信号输送到车身控制模块,车身控制模块经过接受、处理,把开/关灯信号通过 CAN 总线控制远近光灯点亮。

(3)无论是灯泡、线路故障还是控制单元故障,都有可能造成前照灯不亮、灯光昏暗等故障现象,造成前照灯不能正常工作。

(4)当迈腾轿车前照灯出现故障时,主要检测的内容有:

①M29、开关及其相关线路检测。

②J519 供电及其相关线路检测。

③J519 局部故障检测。

④搭铁线路检测。

(5)迈腾前照灯拆卸与安装,远近灯光灯泡的更换。

子任务 2　前照灯检测与调整

任务描述

一辆 2008 年 8 月产迈腾 2.0T 轿车，车辆年检时前照灯亮度不合格，左侧前照灯为 8600cd，右前照灯为 25000cd。

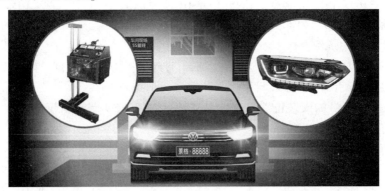

造成灯光昏暗的原因往往有蓄电池电量不足，反射镜、配光镜表面脏污或灯丝功率偏低或搭铁线搭铁不良。请你对上述故障现象进行进一步检测分析。

学习目标

(1)能描述汽车前照灯的评价指标，前照灯检测仪的结构和工作原理。
(2)能说明前照灯的检测方法。
(3)正确使用前照灯检测仪器设备，并用检测仪进行发光强度和光束位置的检测。
(4)根据检测结果进行分析，并能做出必要的修复或调整。
(5)具备信息查询和手册使用的基本能力。
(6)能够按照企业 5S 要求和安全生产规范进行操作。
(7)能够按照企业 5S 要求与小组成员协作，规范安全地完成各项工作。
(8)养成自主学习的习惯，并能在工作过程中加强环保意识。

建议学时:3 学时。

知识准备

汽车前照灯必须有足够的发光强度和正确的照射方向。由于在行车过程中，汽车受到振动，可能引起前照灯部件的安装位置发生变动，从而改变光束的正确照射方向，同时灯泡在使用过程中会逐步老化，反射镜也会受到污染而使其聚光的性能变差，导致前照灯的亮度不足。这些变化都会使驾驶人对前方道路情况辨认不清，或在与对面来车交会时造成对方驾驶人炫目等，从而导致事故的发生。

一、汽车前照灯的检测术语

1. 发光强度

发光强度是光源在一定方向范围内发出的可见光辐射强弱的物理量。单位:坎德拉(cd)。

2. 照度

照度是物体单位面积上所得到的光通量,它表示不发光物体被光源照明的程度,为受光面明亮度的物理量。

二、前照灯光束照射技术要求

(1)机动车在检验前照灯的近光光束照射位置时,前照灯在距离屏幕10m处,光束明暗截止线转角或中点的高度应为$0.6H \sim 0.8H$(H为前照灯基准中心高度),其水平方向位置向左向右偏差均不得超过100mm。

(2)四灯制前照灯其远光单光束要求在屏幕上光束中心离地高度为$0.85H \sim 0.90H$,水平位置要求左灯向左偏不得大于100mm,向右偏不得大于170mm;右灯向左或向右偏均不得大于170mm。

(3)机动车装用远光和近光双光束灯时以调整近光光束为主,对于只能调整远光单光束的灯,调整远光单光束。

(4)机动车每只前照灯的远光光束发光强度应达到国家相关标准的要求,测试时,其电源系统应处于充电状态。

三、前照灯检测仪检测原理

前照灯检测仪,一般是采用具有把吸收的光能变成电流的光电池元件,按照前照灯主光轴照射光电池产生电流的比例,来测量前照灯的发光强度和光轴偏斜量的。

目前前照灯检测仪的类型有聚光式、屏幕式、自动追踪光轴式、投影式四种。

1. 投影式前照灯检测仪结构与工作原理

仪器主体由车架和受光箱两部分构成。受光箱用以接收被检前照灯的光束并进行检测。受光箱安装在车架上,可沿立柱由电动机驱动(或摇动手轮)上下移动,并可在地面上沿轨道左右移动,外形结构如图3-24所示。

由被检前照灯发出的光束经聚光镜会聚后,由反射镜反射到屏幕上。屏幕呈半透明状态,在屏幕上可看到光束的光分布图形。该图形近似于在10m屏幕上观察的光分部特性。屏幕上对称分布5个光检测器,如图3-25所示。NO.1及NO.2用以检测垂直方向的光分布,其输出电流经转换成电压后,连接到垂直方向的指示表上。通过旋转上下刻度盘,使反光镜移动,从而使NO.1及NO.2输出信号相等,上下指示表指示为零。此时上下刻度盘指示出光轴偏移量的数值。NO.3及NO.4用以检测左右方向的光分布情况,其原理同上。由左右刻度盘指示出光轴偏移量。NO.5用以检测发光强度,其输出放大后由发光强度指示表指示发光强度数值。

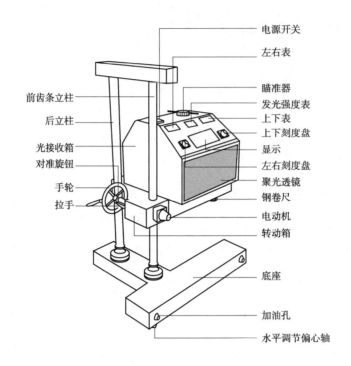

图 3-24　灯光仪整体结构

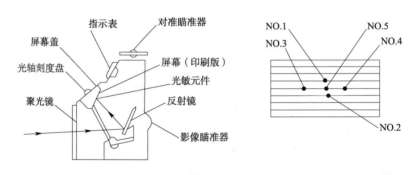

图 3-25　光接受箱内部结构图和硅光电池板

2. 自动跟踪光轴式前照灯结构与工作原理(单测远光)

仪器外形如图 3-26 所示。仪器主要由驱动机构及光接收箱构成。底箱内装左右方向驱动系统及垂直方向牵引系统,以驱动仪器整机作左右方向运动及牵引光接收箱作垂直方向运动。仪器可沿导轨左右移动整个设备。

在光接收箱内部有一透镜组件(图 3-27)。在光接受箱的正面装有上下左右四个光电池,用作光轴追踪。其原理,当上下光电池受到的光照度不同时,产生的偏差信号驱动上下传动部件中的电动机,牵引光接受箱向光照平衡的位置移动。同样,左右光电池的偏差信号驱动左右传动部件中的电动机,使仪器向左向右移动,直到光轴位置偏差信号为零时,灯光仪停止移动,灯光的光轴处于光接受箱的中心上。同时在透镜后面的四象限光电池受到前照灯光束经透镜聚光后,照射在这一光电池组的中央时,四光电池产生的偏差信号为零(上下表和左右表指示为零）。如果在仪器定位于主光轴位置时,通过聚光透镜的光束偏离中心位置,必然产生偏差信号。左右偏移的偏差信号驱动电动机,使透镜移动,以减少这一偏差,亦即使得汇聚的光束向光电池组中心逼近。同样,上下偏移偏差信号则驱动透镜在垂直方向上作调整,以使光点能在垂直方向逼近光电池组的中心。透镜在两个方向的位移量由分别安装在两个方向的位移传感器经电路放大处理后,分别将偏移量显示在左右指示表上和上下指示表上并输出。发光强度在四象限光电池中心聚焦后由四象限光电池组与光照强度产生正比的电信号,经叠加后,再经过放大电路放大后送到发光强度指示表上指示并输出。

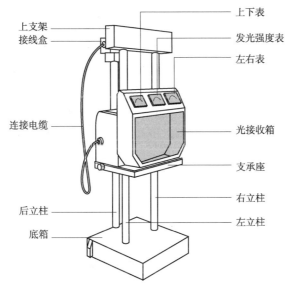

图 3-26　全自动前照灯检测仪外形结构

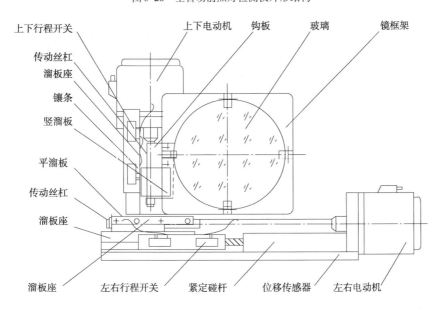

图 3-27　全自动前照灯检测仪的透镜组件

3. 采用 CCD 图像传感器的全自动前照灯远近光检测仪简介

常见的检测设备是在全自动远光检测仪基础上结合 CCD 图像传感器和先进的图像处理技术发展而来的。

NHD-6101 和 FD-103 型检测仪在透镜的前后安装有两个 CCD 摄像机,分别负责光轴的跟踪和前照灯配光性能和照射方向的分析,QD-1003 检测仪在透镜后安装有一个 CCD 摄像机用于前照灯配光性能和照射方向的分析,而光轴的跟踪仍沿用以前的光电池方法。有的检测仪的立柱上装有扫描光电管阵列,其作用是扫描汽车前照灯的大概位置,以便光接收箱快速定位。

1)前照灯光轴的定位原理

根据机动车前照灯远光或近光的配光特性、CCD 测量技术特点和聚光透镜的聚光特性,可以对进入仪器光接收箱未进行聚光的机动车前照灯远光光束进行拍摄,利用高性能计算机和先进的图像处理技术对整个光斑进行量化分析处理,找出前照灯的光轴中心,通过控制系统控制驱动电动机,使光接收箱的光学中心和前照灯的远光(或近光)光束中心准确重合。当光接收箱的光学中心和前照灯的远光光束中心准确重合时(图 3-28a),上下、左右电动机不动,仪器处于平衡状态;当光接收箱的光学中心和前照灯的远光光束中心不重合时(图 3-28b),计算计会发出指令,使上下、左右电动机走动,直到光接收箱的光学中心和前照灯的远光光束中心准确重合。

 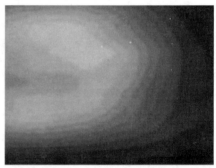

a)光学中心与光束中心重合　　　　b)光学中心与光束中心不重合

图 3-28　远光光心未进行聚光时的灰度图像

2)偏角和发光强度的测量

对准光轴后,利用 CCD 对进入仪器光接收箱经过聚光镜聚光后,聚集在焦平面屏幕上的机动车前照灯远光光斑进行拍摄,利用高性能计算机和先进的图像处理技术对整个焦平面光斑进行量化分析处理,找出其光束中心,不同的偏角的光束其光学中心成像在焦平面上的位置也不同,不同发光强度的点,其在图像上的灰度也不同,发光强度越强的点,光斑越白,发光强度越小的点,光斑越暗。FD-103 型前照灯仪检测仪这样就可以测出机动车前照灯远光灯的角度和发光强度。当机动车前照灯远光的偏角为 0°时,远光(或近光)灯光束经过聚光透镜聚光后,其成像在焦平面光学中心也在焦平面的中心,其成像在焦平面的光分布图如图 3-29a)所示。

当机动车前照灯远光的偏角不为0°时,远光灯光束经过聚光透镜聚光后,其成像在焦平面光学中心也不在焦平面的中心,其成像在焦平面的光分布图如图3-29b)所示。

a)灯光偏角为"0"的成像分布图　　　　　b)远光灯偏角不为"0"的成像分布图

图3-29　聚光后焦平面的光分布图

汽车前照灯的近光为非对称式,即光形分布有一条明显的明暗截止线。非对称式配光有两种:一种是在配光屏幕上,明暗截止线的水平部分在$V-V$线的左半边,右半边为水平线向上成15°的斜线,如图3-30a)所示。另一种是明暗截止线右半边为水平线向上成45°斜线至垂直距离25cm转向水平的折线,由于明暗截止线呈Z形,亦称Z形配光,如图3-30b)所示。

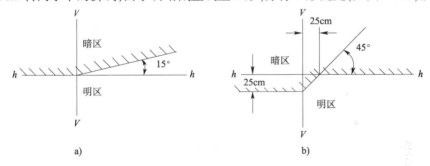

图3-30　非对称式配光示意图

四、前照灯检测标准

前照灯远光光束发光强度检测标准,见表3-3。

前照灯远光光束发光强度检测标准(单位:cd)　　　　表3-3

机动车类型	检查项目			
	新注册车		在用车	
	两灯制	四灯制	两灯制	四灯制
最高设计时速小于70km/h的汽车	10000	8000	8000	6000
其他汽车	18000	15000	15000	12000

注:四灯制是指前照灯具有四个远光光束;采用四灯制的机动车其中两只对称的灯达到两灯制的要求时为合格。

操作指引

1. 组织方式

(1)场地设施:举升机一台。

(2)设备设施:自动挡迈腾轿车一辆。

(3)工量具:迈腾汽车灯光调节工具(一套)、前照灯检测仪等。

(4)耗材:干净抹布。

2. 操作要求

(1)穿着干净整齐的工作服。

(2)遵守场地安全规定,注意用电安全。

(3)正确使用调节工具、灯光检测仪等工具。

任务实施

1. 检测前仪器及车辆准备

(1)测试仪受光面应清洁,轨道内无杂物。

(2)车辆轮胎气压符合标准规定,前照灯玻璃应清洁。

2. 检测程序

(1)车辆正直居中行驶,在前照灯离检测灯箱1m(或根据说明书要求的距离)处停车。

(2)车辆发动机处于急速状态,置变速器于空挡,电源处于充电状态,开启前照灯远光。

(3)启动前照灯检测仪开始测量,不同型号的检测仪操作方法不同,请按说明书要求操作。

(4)在并列的前照灯(四灯制)进行检测时,应将与受检灯相邻的灯遮蔽。

(5)检测完毕,前照灯检测仪归位,车辆驶离。

3. 检测注意事项

(1)停车位置要准确,车身纵向中心线要垂直于前照灯受光面,否则会影响光束左右偏测量的准确性。

(2)初检与复检时尽量由同一检验员引车操作,驾驶人体重的变化会对光束上下偏测量的准确性和重复性造成影响,尤其对微型车影响较大。

(3)前照灯检测仪正在移动或将要移动时,严禁车辆通过。

(4)检测完毕后车辆要及时驶离,车身不得长时间挡住轨道。

4. 迈腾车前照灯检测与结果分析

1)所需专用工具和维修设备

前照灯检测装置VAS 5046A(图3-31);前照灯检测装置VAS 5047A;前照灯检测装置VAS 5208A;前照灯检测装置VAS 5209A。

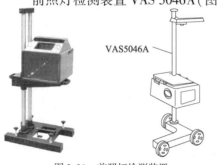

图3-31 前照灯检测装置

2)检测与调整过程

(1)检测及调整条件。

①轮胎充气压力正常。

②不得损坏或弄脏散光玻璃。

③反光罩和灯泡正常。

④必须以加载要求负荷,车辆必需滑行几米,或者前后部多次弹跳,以使弹簧下沉。

⑤车辆和前照灯调整装置必须处于同一水平面上。
⑥前照灯调整装置必须已校正。
⑦必须设置倾斜尺寸。

附注说明：在前照灯调整装置上部的饰板上刻有倾斜度的"百分数"，必须根据这些说明调整前照灯，百分数以10m投影距离为基准。例如倾斜度为1.0%时相应的投影距离是10cm。

（2）对于带有手动调节的卤素前照灯检测及调整条件。

①前照灯照明距离调节轮必须位于位置0（图3-32）。

②负荷要求——驾驶人座椅上有一个人或载重75kg，车辆不得承载其他物品（空载）。

③空载——是指加满燃油（至少90%）准备运行的汽车的质量，包括所有在运行中附带的装备部件（例如备用车轮、工具、汽车千斤顶、灭火器等）的质量。

④如果加注的燃油未达到至少90%的标准，必须如下加载负荷：在燃油表上读出油箱的油位。借助表3-4得出附加质量，然后将负载放入行李舱。

图3-32　前照灯调节轮开关在"0"位

燃油表油位附加质量　　　　　　　　　　　　　　　　表3-4

燃油表位	燃油表位附加质量（kg）	燃油表位	燃油表位附加质量（kg）
1/4	30	3/4	10
1/2	20	全满	0

举例：如果将油箱加至一半，则必须在行李舱中放20kg的附加质量。最好用注水的油桶作为附加质量（加水5L的油桶质量约为5kg）。

（3）检查前照灯调节情况（用无15°调整线的新检查屏）。

①前照灯近光配光特性的观察。在仪器屏幕上显示的光斑，近似于10m屏幕上的光分布特性，请按下述步骤进行观察：

a. 开启前照灯（近光），把仪器移动到被检前照灯前方，使灯光照射在仪器正面聚光镜上。

图3-33　把光轴刻度盘转到1°位置

b. 打开仪器后盖上影像瞄准器的盖子，从盖子的反射镜上可观察到被检前照灯影像落在影像瞄准器的正中央，这时表示仪器已对准了被检前照灯。

c. 把光轴刻度盘（左右及上下）均转到1°位置（图3-33），开启前照灯近光，其光分布特性即透过仪器的屏幕呈现出来。

②检查下列内容。
前照灯检查（图3-34）。

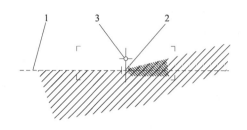 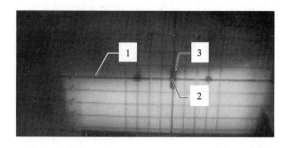

图 3-34 前照灯检查
1-分隔线;2-转折点;3-中心标记

a. 在近光灯接通时水平的明暗界线是否与检查面的分隔线 1 重合。

b. 明暗界线的左侧水平部分与右侧增高部分之间的转折点 2 是否在垂直线上穿过中心标记 3。光束明亮的核心部分必须在垂直线的右侧。

说明：

a. 为较容易地测定转折点 2，反复遮挡住并放开前照灯左侧（从行驶方向看）的光线。紧接着再次检查近光灯。

b. 根据规定调整了近光灯后远光灯的光束中心必须在中心标记 3 上。

c. 用新的检查屏进行的调整同样适用于原有 15°调整线的检查屏。为避免出现错误调整，不允许再参照 15°调整线。

(4) 检测结果分析。

① 发光强度偏低，可能的原因有：

a. 灯泡老化。

b. 车辆用电设备负荷过大。

c. 发电机技术性能故障，输出电压过低。

d. 前照灯壳体脏污、老化等使光穿透能力变差。

e. 灯泡插头或插座松动锈蚀等原因引起的电阻变大，导致实际工作电压变小而灯光不足。

f. 导线、开关故障等。

② 发光强度过大，可能的原因有：

a. 使用了大功率的灯泡。

b. 发电机技术性能故障，输出电压过高。

c. 导线、开关等故障导致其工作电压过高。

③ 光线偏差过大，可能的原因有：

a. 灯泡光线调整不当，按照维修手册和技术要求重新调整。

b. 灯泡松脱或者固定不牢靠。

c. 前照灯壳体安装固定不正确，使光线偏差过大。

d. 前照灯框架或者汽车车身变形。

e. 汽车悬架、轮胎、装载等故障使车辆发生偏斜。

5. 前照灯调节

1）前照灯照明距离调节装置进行基本设置

(1) 连接车辆诊断测试仪。

(2) 打开点火开关。

(3) 选择"引导型功能"。

(4) 进行车辆识别。

(5) 选择随动转向灯和前照灯照明距离调节装置的控制单元 J745。

(6) 选定"进行基本设置"并点击继续键▶确认。

(7) 读取故障，如果故障记录为"0"，则选择"完成"。

(8) 注意显示的提示，然后选择"完成"。

(9) 打开近光灯并点击"完成"确认。

2）调节右前照灯

(1) 转动高度调节螺栓2，直至调整正确。

(2) 转动侧面调节螺栓1，直至调整正确。

在车辆诊断测试仪中点击"完成"确认。匹配调节位置并清除故障存储器。

(3) 点击"跳转"，"结束"推出"引导型功能"。

左前照灯的调节以相同顺序进行。左前照灯的调节螺栓与右侧呈对称分布。

 任务小结

(1) 汽车前照灯必须有足够的发光强度和正确的照射方向。发光强度和光束照射方向都要符合国家相关标准，否则会对安全行车带来严重隐患。

(2) 汽车前照灯发光强度和照射方向由前照灯检测仪进行检测，主要检测前照灯的发光强度和光轴偏斜量。

(3) 前照灯检测主要工作有：

①检测前仪器及车辆准备。

②对于带有手动调节的前照灯检测及调整条件。

③前照灯检测与检测结果分析。

④前照灯调节。

学习任务四　汽车转向灯故障诊断与修复

任务描述

李先生驾驶一辆迈腾轿车正常行驶,仪表中转向指示灯亮起,显示左前转向灯故障。李先生急忙停车检查,打开左转向灯,果然前左转向灯不亮了。因为没到目的地,没办法只有继续往前行驶,在行驶过程中不断地试打开左转向灯,过了大约10min,指示灯熄灭,停车检查左前转向灯居然又亮了,恢复正常。一会又开始重复报警了,一会又正常了,这样不断重复着。请你利用所学知识和技能对转向信号灯线路和元件进行检测分析。

学习目标

(1)能描述汽车信号系统组成、结构与功用。
(2)能够正确读识信号灯电路图。
(3)能够正确诊断与排除信号系统故障。
(4)能通过查阅维修手册等资料,解答客户关于发电机日常维护方面的问题。
(5)能够按照企业5S要求和安全生产规范进行操作。
(6)能够按照企业5S要求与小组成员协作,规范安全地完成各项工作。
(7)养成自主学习的习惯,并能在工作过程中加强环保意识。
建议学时:6学时。

知识准备

一、灯光信号

(1)转向信号灯:用于汽车转弯、变道时向周边机动车、非机动车和行人发出信号。

（2）危险报警灯：由转向信号灯提供危险或紧急信号。按下危险报警开关，所有转向信号灯同时闪烁。

（3）位灯，又称小灯、示廓灯等。前位灯示意车辆轮廓和存在，后位灯向后面的车辆或行人提供位置信息。

（4）制动灯：装在汽车后部，当汽车制动或减速时向后部车辆发出信号。

（5）倒车灯：用于夜间照明后面的路面情况及警示车辆和行人。

转向信号灯和危险警告灯电路识读

二、转向灯及危险警报灯电路

转向信号灯简称转向灯，在汽车起步、超车、掉头和停车时，左侧或右侧的转向信号灯会发出明暗交替的闪光信号，以示汽车改变行驶方向。汽车的转向信号灯大都采用橙色，转向信号灯的闪光频率应控制在 50～110 次/min 范围内，一般为 60～95 次/min。转向信号灯每侧至少两个（前、后转向信号灯），有的还有侧转向信号灯。转向信号灯由转向开关控制。

转向信号灯电路主要由转向信号灯、闪光器、转向灯开关等组成。转向信号灯的闪烁是由闪光器控制的。

许多汽车转向信号灯和示宽灯装在一起，采用双灯丝结构。功率高的是转向信号灯，以保证在示宽灯亮时，转向信号灯的闪烁仍然可以明显分辨。

灯光开关的安装位置

1. 转向灯开关

转向灯开关控制装置，包括转向灯挡位切换机构、电控信号采集机构和转向灯制动复位机构。

灯光组合开关由灯光控制开关、变光开关、雾灯开关、转向灯开关组成，如图 4-1 所示。

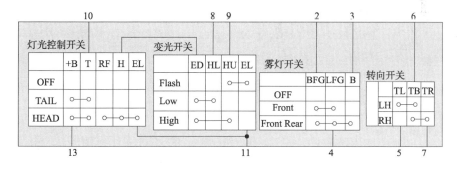

图 4-1 灯光组合开关

2. 闪光器

常见闪光器有三类：电容式、翼片式和晶体管式，如图 4-2 所示。

1）电容式闪光器

电容式闪光器主要由继电器和电容组成，如图 4-3 所示。在继电器的铁芯上绕有串联线圈 3 和并联线圈 4，利用电容器充放电时电流方向相反和延时的特性，控制继电器串联线圈 3 和并联线圈 4 所产生的电磁力的大小和方向，进而控制动断触点 2 的开闭状态，使转向信号灯因通过电流大小交替变化而闪烁。

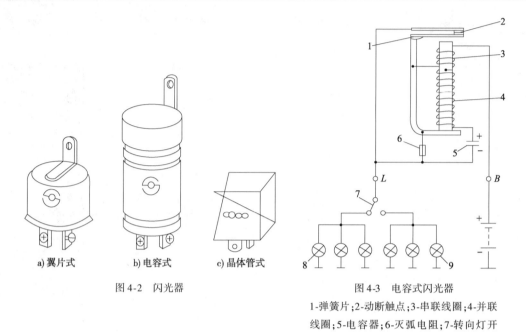

翼片式闪光器结构

图 4-2 闪光器
a) 翼片式 b) 电容式 c) 晶体管式

图 4-3 电容式闪光器
1-弹簧片;2-动断触点;3-串联线圈;4-并联线圈;5-电容器;6-灭弧电阻;7-转向灯开关;8-转向信号灯;9-转向指示灯

电容式闪光器具有监控功能,当一侧转向灯有一只或一只以上转向灯泡烧断或接触不良时,闪光器就使该侧转向灯接通时只亮不闪,以示该侧转向灯电路异常。

2) 翼片式闪光器

翼片式闪光器是通过其热胀条通、断电时的热胀冷缩,使翼片产生变形动作控制触点开闭,使转向信号灯闪烁。翼片式闪光器又分为直热式和旁热式两种,如图 4-4 及图 4-5 所示。

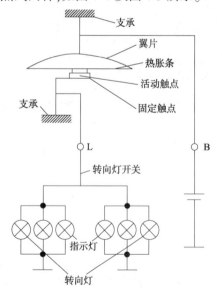

图 4-4 直热翼片式闪光器

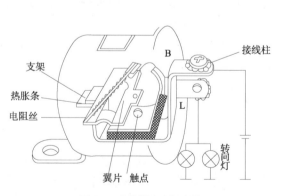

图 4-5 旁热翼片式闪光器

3）晶体管闪光器

晶体管式闪光器有带继电器晶体管式闪光器（有触点）、无触点闪光器、集成电路闪光器等。

（1）带继电器的晶体管闪光器。带继电器的晶体管闪光器的工作原理如图4-6所示，它主要由晶体管开关电路和小型继电器组成。

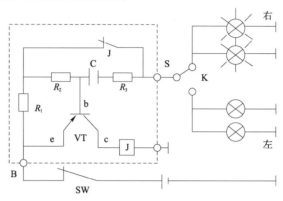

图4-6 带继电器的晶体管闪光器

当汽车打开右转向信号灯时，电流由蓄电池正极→电源开关SW→接线柱B→电阻R_1→继电器的动断触点J→接线柱S→转向灯开关K→右转向信号灯→搭铁→蓄电池负极，形成回路，右转向信号灯亮。当电流通过电阻R_1时，在电阻R_1上产生电压降，晶体管VT因正向偏压而导通，集电极电流通过继电器线圈J，使继电器的动断触点立即打开，右转向信号灯随之熄灭。

晶体管导通的同时，其基极电流向电容器C充电。电流由蓄电池正极→电源开关SW→接线柱B→晶体管的发射极e→基极b→电容器C→电阻R_3→接线柱S→转向灯开关K→右转向灯→搭铁→蓄电池负极，形成回路。随着电容器电荷的积累，充电电流逐渐减小，晶体管的集电极电流也随之减小，当电流减小，线圈中产生的电磁力不足以维持衔铁的吸合而释放时，继电器触点又重新闭合，转向灯又再次发亮。这时电容器C通过电阻R_2、继电器触点J、电阻R_3放电。放电电流在R_2上产生的电压降为晶体管提供反向偏压，加速晶体管的截止。当放电电流接近零时，R_1上的电压降为晶体管VT提供正向偏压使其导通。这样，电容器不断地充电和放电，晶体管也就不断地导通与截止，控制继电器触点反复地打开、闭合，使转向信号灯闪烁。

（2）无触点闪光器。无触点闪光器的电路如图4-7所示。当转向灯开关打开时，晶体管VT_1的基极电流由两路提供，一路经电阻R_2，另一路经电阻R_1和电容器C，晶体管VT_1导通，复合晶体管VT_2、VT_3处于截止状态，由于VT_1的导通电流很小，仅60mA左右，故转向灯不亮。与此同时，电源对电容器C充电，随着电容器C两端电压的升高，充电电流逐渐减小，晶体管VT_1由导通变为截止。这时A点的电位升高，当其电位达到1.4V时，晶体管VT_2导通，晶体管VT_3也随之导通，于是转向灯发亮。此时，电容器C经过电阻R_1、R_2放电，电容器C放完电后，接着电源又对电容器C充电，晶体管VT_1导通，VT_2、VT截止，转向灯熄灭，如此反复，使转向灯闪烁。

（3）集成电路闪光器。图4-8所示为集成电路闪光器的工作原理图。U243B型集成块是一块低功率、高精度的汽车电子闪光器专用集成电路。U243B的标称电压为12V，实际工作电压范围为 9~18V，采用双列 8 脚直插塑料封装。内部电路主要由输入检测器 SR、电压检测器 D、振荡器 Z 及功率输出级 SC 四部分组成。

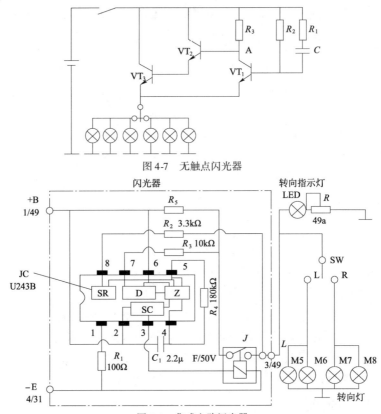

图 4-7　无触点闪光器

图 4-8　集成电路闪光器

输入检测器用来检测转向信号灯开关是否接通。振荡器由一个电压比较器和外接的电阻 R_4 和电容器 C_1 构成。内部电路比较器的一端提供了一个参考电压，其值由电压检测器控制，比较器的另一端则由外接的电阻 R_4 和电容器 C_1 提供一个变化的电压，从而形成电路的振荡。振荡器工作时，输出级的矩形波便控制继电器线圈的电路并使继电器触点反复打开和闭合。于是转向信号灯和转向指示灯闪烁，频率为 80 次/min。

如果一只转向灯烧坏，则流过取样电阻 R_S 的电流减小，其电压降减小，经电压检测器识别后，便控制振荡器电压比较器的参考电压，从而改变振荡频率，使转向指示灯的闪光频率加快一倍，以提示驾驶人及时检修。当打开危险警报开关时，汽车的前、后、左、右转向信号灯同时闪烁作为危险警报信号。

三、转向信号灯电路分析

1. 大众汽车转向灯电路分析

图 4-9 所示为大众汽车转向灯电路。

1）左转向灯回路

转向灯开关向左打，如图 4-10 所示。电流走向为：蓄电池正极→点火开关→危险警告灯开关动断触点 15、49→闪光继电器 B、L→转向灯开关→左侧转向灯→搭铁→蓄电池负极。

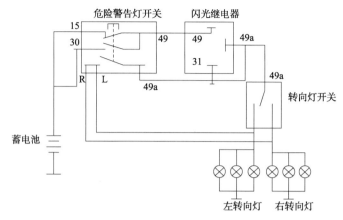

图4-9　大众汽车转向灯控制电路

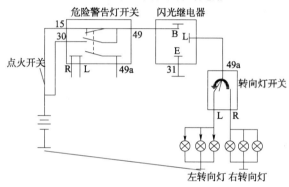

图4-10　左转向控制电路

2)右侧转向灯回路

转向灯开关向右打,如图4-11所示。电流走向为:蓄电池正极→点火开关→危险警告灯开关动断触点15、49→闪光继电器B、L→转向灯开关→右侧转向灯→搭铁→蓄电池负极。

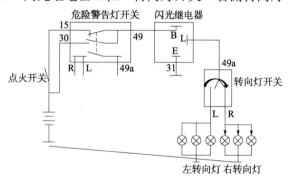

图4-11　右转向灯控制电路

3)危险警告灯回路

按下危险警告灯开关,如图4-12所示。电流走向为:蓄电池正极→危险警告灯开关30、49→闪电继电器B、L→危险警告灯开关→49a、R、L→左右转向灯→搭铁→蓄电池负极。

2. 迈腾汽车转向灯电路分析

迈腾汽车转向信号灯工作原理如图4-13～图4-15所示。

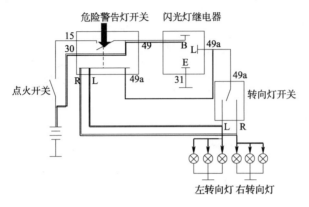

图 4-12　危险警告灯控制电路

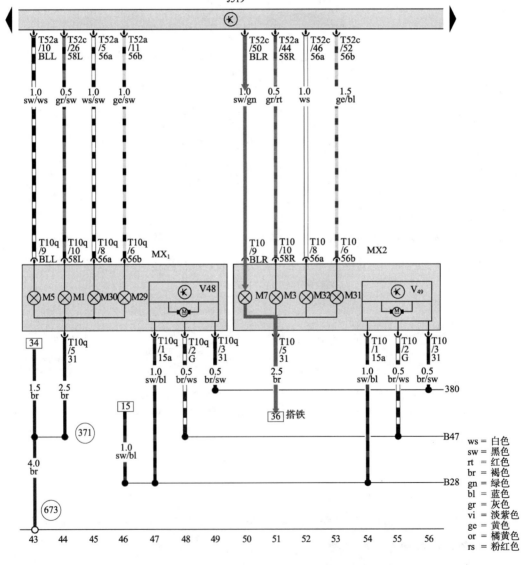

图 4-13　迈腾汽车转向灯控制电路 1

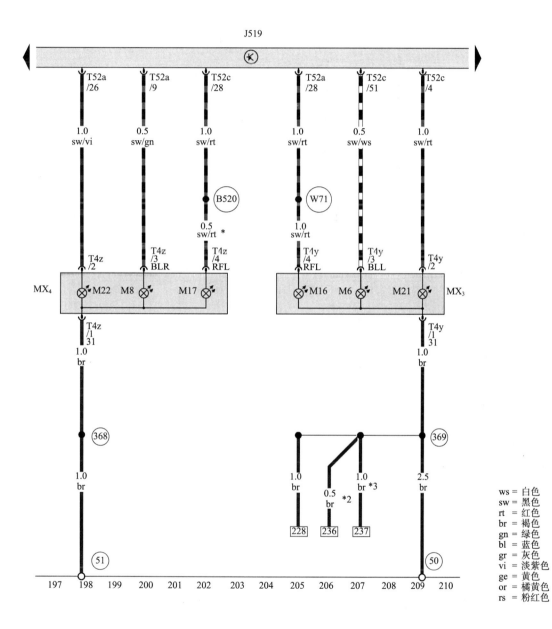

图 4-14　迈腾汽车转向灯控制电路 2

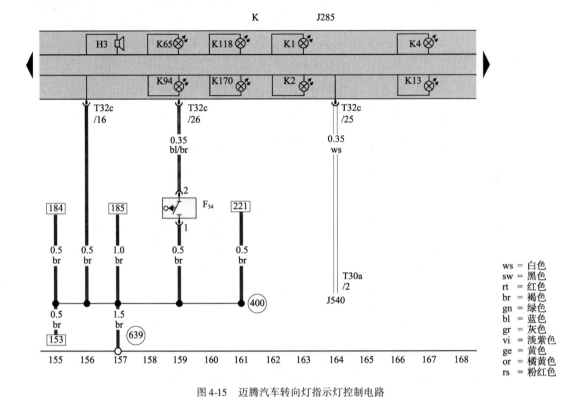

图 4-15　迈腾汽车转向灯指示灯控制电路

转向信号灯工作原理：当操作转向信号灯开关时，J527 接收到 E2 的信号，J527 通过数据总线把信号给 J519，J519 通过控制晶体管的导通、截止来控制转向信号灯灯泡的亮灭。图 4-16 所示为控制原理图。

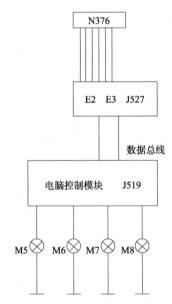

图 4-16　迈腾汽车转向灯控制电路原理图

N376-点火钥匙防拔出锁；E2-车灯开关；E3-转向信号灯开关；J519-车载电网控制单元；J527-转向柱电子装置控制单元；M5-左前转向信号灯灯泡；M6-左后转向信号灯灯泡；M7-右前转向信号灯灯泡；M8-右后转向信号灯灯泡

 操作指引

1. 组织方式

(1) 场地设施:举升机一台,装有废气抽排系统和消防设施的场地。
(2) 设备设施:自动挡迈腾轿车。
(3) 工量具:常用工具一套、诊断仪、万用表等。
(4) 耗材:熔断丝、转向灯开关、转向灯、继电器等。

2. 操作要求

(1) 穿着干净整齐的工作服。
(2) 遵守场地安全规定,注意用电安全。
(3) 正确使用万用表、诊断仪等工量具。
(4) 在检测线路时,严禁用力拉扯线束。

任务实施

1. 大众汽车转向灯线路检测

1) 转向开关端子检测

电路图如图4-9所示。

(1) 将两根与万用表连接好的诊断引线分别插在49a与L端子,将万用表打至导通挡,将左转向开关打开时应导通,关闭时应不导通。

大众汽车转向灯线路检测

(2) 将两根与万用表连接好的诊断引线分别插在49a与R端子,将右转向开关打开时应导通,关闭时应不导通。

2) 危险报警灯开关转向灯端子判断

(1) 连接蓄电池负极,打开点火开关至"ON"挡,用万用表20V直流电压挡,测量开关30端子与搭铁31端子电压为12.2V,则30端子为电源输入端子。

(2) 断开蓄电池负极,危险报警灯开关处于关闭状态,将万用表转为导通挡,测量开关15端子与49端子导通,打开危险报警灯开关不导通,则49端子为电源输出端子。

3) 转向灯开关端子判断

(1) 将万用表打至导通挡,再将万用表两表针插入转向灯开关49a和L端子孔内。当打左转向时导通,关闭左转向时不导通,则49a为开关输入端子,L为左转向输出端子。

(2) 将万用表两表针插入转向灯开关49a和R端子孔内,当打右转向时导通,关闭右转向时不导通。则49a为开关输入端子,R为右转向输出端子。

2. 大众汽车危险报警灯开关端子的判断

(1) 连接蓄电池负极,打开点火开关至"ON"挡,用万用表20V直流电压挡,测量开关30端子与搭铁31端子电压为12.2V,则30端子为电源输入端子。

(2) 断开蓄电池负极,打开危险报警灯开关,将万用表转为导通挡,测

检测危险警报灯开关

量开关30端子与49端子导通,则49端子为电源输出端子。

(3)检测开关49a端子与R、L端子导通。则49a端子为信号输入端子;R、L端子为信号输出端子。

3. 大众汽车信号系统常见故障

(1)故障现象:转向信号灯不工作。

(2)故障确认:打开点火开关,接通转向信号灯开关,转向灯都不亮。

(3)故障原因:

①熔断器熔断、电源线路断路或灯系中有短路。

②闪光继电器损坏。

③转向信号灯开关损坏。

(4)故障诊断方法。

①检查熔断器是否熔断。若熔断,一般是灯系中有搭铁故障,可在断路的熔断器两端串上一只试灯,再把转向信号灯开关的输入线拆下。

若此时熔断器上串联的试灯亮着,则为熔断器至转向信号灯开关这段中有搭铁故障,用断路法,在这段线路中找出搭铁部位。

若试灯熄灭,则接好拆下的导线,拨动转向信号灯开关,拨到一侧试灯变暗,说明此侧正常,拨到另一侧试灯亮度不变,说明该侧搭铁故障,进一步找出搭铁部位,排除故障。

②若上述检查中熔断器未断,一般是线路中有断路故障。但应注意,有时某边转向信号灯线路搭铁,闪光继电器烧坏,看上去像是断路故障,实际是搭铁故障。故应首先短接闪光继电器的两个接线柱,接通转向信号灯开关,此时如转向灯亮,为闪光继电器损坏所致,应更换。

若出现一边转向信号灯亮,而另一边不但不亮,而且当短接上述两接线柱时,出现强火花,这表明不亮的那边转向灯线路中某处搭铁,以致烧坏闪光继电器,必须先排除搭铁故障,再换上新的继电器。

③若在短接闪光器两接线柱、接通转向信号灯开关时,转向信号灯仍全不亮,可接通危险报警灯开关,若转向信号灯全亮,则说明转向开关或转向开关到闪光器接线有故障。

4. 迈腾汽车转向信号灯故障诊断案例

电路控制原理如图4-16所示。

1)故障现象

操作E2开关,M5不亮,其他灯泡工作正常。

2)根据故障现象分析

转向控制单元已经把转向信号通过数据总线传给J519,说明转向控制单元与数据总线工作,故障可能在:

(1)M5及其相关线路故障。

(2)J519及其相关线路故障。

(3)J519局部故障。

3) 诊断过程

(1) 使用万用表电压挡测量 2 号脚对 3 号脚,判断灯泡侧是否有 12V 供电(通过测量 2 号脚对 3 号脚,可以判断灯泡是否存在故障,如经检测有 12V 供电,而此时灯泡不亮,则说明灯泡的供电及搭铁正常,灯泡损坏)。如果测得 2 号脚对 3 号脚没有电压,不能判断是灯泡故障,需进一步检测判断。

(2) 使用万用表电压挡测量 2 号脚搭铁电压,如检测为 12V,则灯泡供电正常,故障可能是灯泡及其线路故障。继续测量 3 号脚搭铁电压如为 12V,则灯泡供电正常。最后再测 4 号脚搭铁电压如为 0V,说明 3 号脚到 4 号脚线路存在断路。

如果测量 2 号脚、3 号脚搭铁电压都为 0V,则灯泡供电异常,故障可能存在于:

①M5 及其相关线路故障。

②J519 供电及其相关线路。

③J519 局部故障。

(3) 使用万用表电压挡测量 1 号脚搭铁电压,如为 12V,则说明 J519 的 1 号脚供电正常,故障可能在 1 号脚到 2 号脚之间的线路。

测量 1 号脚搭铁电压,如为 0V,则说明 J519 输出端异常,故障可能为 J519 局部故障。测量 1 号脚搭铁电压,如为 12V,说明 J519 工作正常,需进一步测量。

(4) 使用万用表电压挡测量 2 号脚搭铁电压,如为 0V,则说明 1 号脚到 2 号脚断路。测量 2 号脚搭铁电压,如为 12V,再测量 2 号脚对 3 号脚电压,如为 12V,则说明灯泡损坏。更换灯泡。测量 2 号脚搭铁电压,如为 12V,则说明灯泡供电正常,故障可能在灯泡及其线路。再测量 3 号脚搭铁电压,如为 12V,则说明灯泡供电正常。最后测量 4 号脚搭铁电压,如为 0V,则说明 3 号脚到 4 号脚断路。

其他信号灯故障检测与诊断,参考转向信号灯故障检测与诊断思路进行,这里就不一一列举。

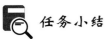
任务小结

(1) 普通转向信号灯电路主要由转向信号灯、闪光器、转向灯开关等组成。转向信号灯的闪烁是由闪光器控制的。迈腾汽车转向信号灯通过 J527 接收转向开关信号,J527 通过数据总线把信号给 J519,J519 通过控制晶体管的导通、截止来控制转向信号灯灯泡的亮灭。

(2) 常见闪光器有电容式、翼片式、晶体管式三类。翼片式和带继电器的晶体管式闪光器结构简单、体积小、闪光频率稳定、监控作用明显、工作时伴有响声,使用较为广泛。

(3) 转向灯检测主要工作有:

①转向开关端子检测。

②危险报警灯开关转向灯端子判断。

③危险报警灯开关端子的判断。

④迈腾汽车转向信号灯故障诊断。

学习任务五　汽车仪表系统故障诊断与修复

 **任务描述**

一位客户反映他所驾驶的迈腾轿车,打开汽车点火开关或起动车辆时,怠速状态下组合仪表工作正常,当转速上升至3000r/min时组合仪表不工作。现在请你对客户轿车的仪表系统进行检修。

 学习目标

(1)能通过查阅相关维修技术资料等方式获取汽车仪表系统的结构和功能。
(2)能进行汽车仪表的故障原因分析。
(3)能进行汽车仪表系统的检修。
(4)能进行汽车仪表系统的故障诊断。
(5)具备信息查询和维修手册使用的基本能力。
(6)能够按照企业5S要求和安全生产规范进行操作。
(7)能与同学密切合作,规范安全地完成学习活动。
(8)养成自主学习的习惯、培养规范操作的工作作风及环保意识。
建议学时:6学时。

 知识准备

为适应汽车安全、节能、舒适等性能的要求,汽车电子控制装置必须能准确、迅速地处理各种复杂的信息,并通过组合仪表以数字、文字或图形的形式显示出来,向驾驶人发出汽车各种工作状态的信号和故障报警信号,而且信息还要精确、可靠。现代汽车广泛采用电子仪表,以迈腾轿车为例,该车采用计算机控制数字显示的电子仪表。

汽车仪表能使驾驶人随时了解汽车的行驶情况和发动机的工作状况,以便正确使用汽车,提高行车安全,及时发现和排除可能出现的故障。

仪表系统是驾驶人了解汽车工作状况的"眼睛",对确保汽车行车安全、及时排除故障和避免发动机出现严重故障起着重要的作用,因此,要求各个仪表结构简单、工作可靠、显示数据清晰、准确、指示值受电源的电压波动和环境温度影响小,除此之外,仪表的抗振、耐冲击性能也要好。

一、电子仪表板的组成

迈腾电子仪表板包括几组由计算机控制的独立液晶显示器或指示器,用来显示车速、油耗、发动机转速、燃油存量、机油压力、冷却液温度、累计行驶里程及平均油耗等信息,同时还有一套指示灯系统,用来指示机油压力、冷却液温度、制动蹄片磨损等异常情况,如图5-1所示。

电子仪表板的显示系统一般有三种显示方式:数字显示、模拟显示和指示灯亮灭显示。车速表和发动机转速表常用数字显示和曲线图显示,燃油表可用数字显示,也可用模拟显示。为更准确地显示信息,计算机系统对数字显示信号每秒修正两次,对曲线图显示信号,每秒修正16次,对驾驶人信息中心显示的各种信号,每秒修正一次。

电子仪表板的亮度调整通常有两种方式:一种是由电子仪表中的光电池进行自动调整;另一种是像普通仪表照明一样,用灯光开关电路中的变阻器进行调整。

大多数电子仪表板都有自诊断功能,进行自诊断时,按下仪表板上的选择钮。当点火开关转到ACC挡或RUN挡时,仪表板便开始一次自检,检验时通常是整个仪表板发亮。与此同时,各显示器的每段字符段都发亮。在自检过程中,电子仪表板上用来监测各系统的ISO标准符号,一般都闪烁。检验完成时,所有仪表都显示当时的读数。若发现故障,便显示一个提醒驾驶人的代码。

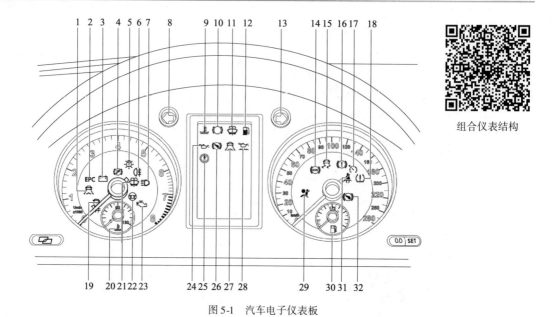

组合仪表结构

图 5-1 汽车电子仪表板

1-车前测距监控系统指示灯;2-发动机故障指示灯;3-发电机指示灯;4-驻车指示灯;5-随动转向故障指示灯;6-后雾灯指示灯;7-远光指示灯;8-左侧转向指示灯;9-冷却液温度指示灯;10-制动摩擦片指示灯;11-车窗清洗液位指示灯;12-燃油存量指示灯;13-右侧转向指示灯;14-ABS指示灯;15-ESP指示灯;16-制动系统指示灯;17-定速巡航指示灯;18-胎压指示灯;19-ASR功能关闭指示灯;20-冷却液温度指示灯;21-车窗清洗液位指示灯;22-转向指示灯;23-排气警示灯;24-发动机机油压力指示灯;25-双离合变速器过热指示灯;26-行车制动指示灯;27-车前测距监控系统指示灯;28-发动机机油液位指示灯;29-安全气囊指示灯;30-燃油存量指示灯;31-安全带指示灯;32-行车制动指示灯

二、电子仪表的电控系统组成

电子仪表的电控系统原理如图 5-2 所示。电控系统接收不同传感器的模拟信号或数字信号,通过接口电路、中央处理器、输出驱动电路,最后控制电子仪表的显示器。对于控制电子仪表的计算机,有的车型采用车身计算机来控制电子仪表,而有些车型采用单独的计算机来控制电子仪表。

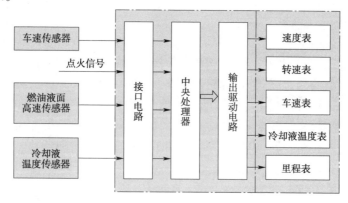

图 5-2 电子仪表的电控系统原理图

为了简化电路、降低成本、节省空间,电子仪表的电控系统中,采用了多路传输技术。例如当汽车发动机起动后,发动机转速、冷却液温度、燃油液面高度等多种信号同时传输给计算机处理。在同时刻,在所有输入的大量信号中,计算机系统只能处理一个信号;在所有需要输出的大量信号中,计算机系统只能输出一个信号到相应的显示器中。采用了多路传输技术后,多路开关选择器把输送给计算机系统的大量信号分开,有序地选择信号源,输送给计算机系统。而多路开关分配器把计算机系统处理后的所有信号分开,有序地把信号输送给相应的显示器,如图5-3所示。

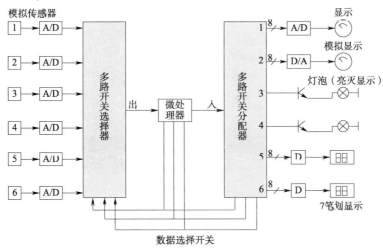

图 5-3　多路信号转换开关原理示意图

多路信号转换开关的基本原理为:根据各项信息的快慢,如冷却液温度信号变化慢,而发动机转速信号变化快,计算出不同信号源开关接通时刻,即确定对某一信号源在一段时间内选送信息的次数,再根据项目数据的多少,编出相应的控制电路,以实现上述控制功能。比如冷却液温度过高信号以报警灯灯泡点亮的方式显示,里程信号为了更加直观,电脑经计算处理后以数字笔画的方式进行显示,发动机转速信号较快经处理后以 A/D 方式显示。

操作指引

1. 组织方式

(1) 场地设施:举升机一台,装有废气抽排系统和消防设施的场地。
(2) 设备设施:自动挡迈腾轿车。
(3) 工量具:常用工具一套、故障诊断仪 5052A、万用表等。

2. 操作要求

(1) 穿着干净整齐的工作服。
(2) 遵守场地安全规定,注意用电安全。
(3) 正确使用万用表、诊断仪等工量具。
(4) 在对仪表板进行拆装与检测时,严禁用力拉扯线束。

任务实施

(1) 用 VAS 5052A 读取发动机和仪表都无故障,如图 5-4 所示。

汽车仪表系统故障诊断

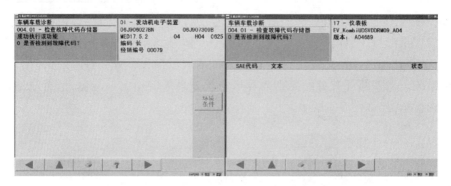

图 5-4 用 VAS 5052A 读取发动机和仪表

（2）检查组合仪表的供电和搭铁都没有问题，更换新组合仪表故障依旧，如图 5-5、图 5-6 所示。

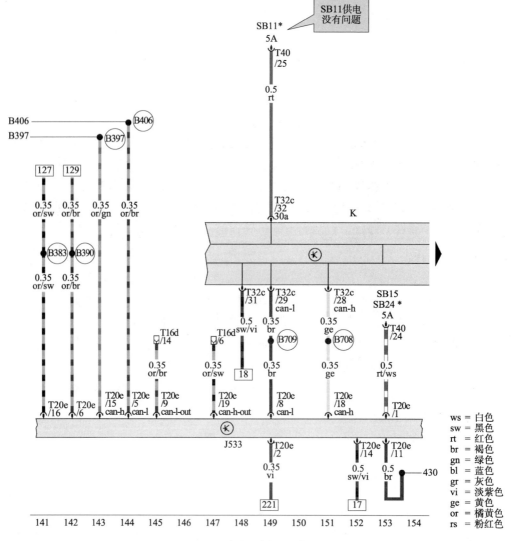

图 5-5 检查组合仪表的供电

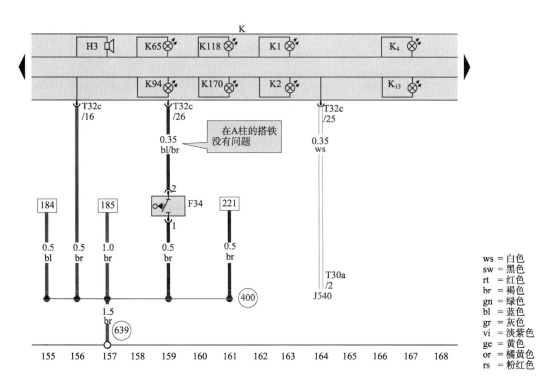

图 5-6　检查组合仪表的搭铁

（3）考虑到故障现象与发动机转速有关，连接 VAS 5052A 当发动机转速逐渐升至 3000r/min 左右故障再现时，读取车辆各电控系统基本运行状态。当读取发动机电控系统发电机充电电压时，发电电压随转速逐渐升高甚至达到 16V 以上，初步判断为发电机电压调节器故障造成组合仪表工作不正常，如图 5-7 所示。

（4）更换发电机。

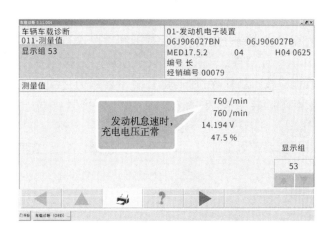

图　5-7

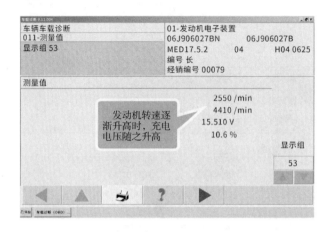

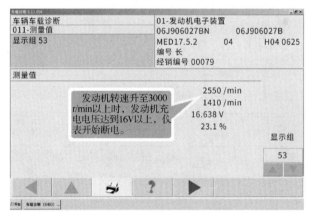

图 5-7 检查发电机充电电压

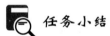 任务小结

在维修汽车电子仪表时,需注意以下几点:

(1)汽车电子化仪表比较精密,对检验技能要求较高,检验时应依照各汽车实用维修手册中的有关规定进行操作。

(2)拆卸电子仪表板时应先断开电源,然后按拆卸次序进行拆卸,应特别注意拆卸时不可敲打、振动,以防破坏电子元器件。

(3)拆装电子仪表板应按拆装次序进行,拆装时不要用力过猛,以防原来精良的元器件由于用力过猛而破坏。在拆装仪表板总成之前,脱开连接器或端子时,应先脱开蓄电池端子。

(4)发动机运行时不要将蓄电池断开,由于这会引起瞬时的反电动势,导致仪表破坏。

学习任务六　电动车窗不升降故障诊断与修复

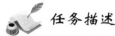任务描述

客户李先生反映自己的一汽大众迈腾 B7L 轿车行驶里程 50000km,打开点火开关,操作电动车窗时,发现驾驶人侧后部电动车窗玻璃无法正常升降,电动车窗系统无法正常工作。

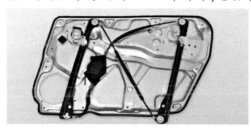

打开点火开关时,无法正常升降车窗玻璃,一般故障出现在电动车窗系统本身。若判断故障在电动车窗系统,则需要对电动车窗系统进行检修。

学习目标

(1)能正确讲述电动车窗的功能。
(2)能正确讲述电动车窗的组成和各部件功用。
(3)能正确描述电动车窗的工作原理。
(4)能正确识读和分析电动车窗的电路图。
(5)能正确拆装、检修电动车窗系统各部件。
(6)能对电动车窗进行初始化设定。
(7)能分析诊断和排除电动车窗系统常见故障。
(8)具备信息查询和手册使用的基本能力。
(9)能够按照企业5S要求和安全生产规范进行操作。
(10)能与同学密切合作,规范安全地完成学习活动。
(11)养成自主学习的习惯,培养规范操作的工作作风及环保意识。
建议学时:6学时。

知识准备

一、电动车窗系统的组成

电动车窗系统主要由车窗升降调节器、电动车窗电动机、电动车窗总开关(由电动车窗

开关和锁窗开关组成)、电动车窗分开关、点火开关、门控开关等组成,如图6-1所示。

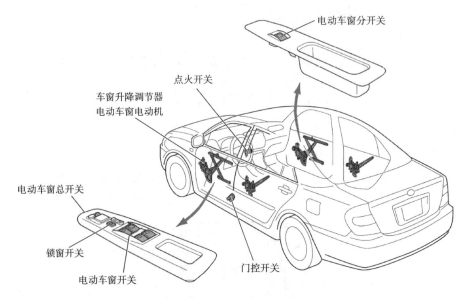

图6-1 电动车窗系统的组成

所有电动车窗都装有两套控制开关:一套装在仪表板或驾驶人侧的车门上,为电动车窗总开关,它由驾驶人控制每个车窗升降;另一套分别装在其他车窗中部,为电动车窗分开关,可由乘客进行操纵。锁窗开关使车窗的开、关无效,但驾驶人侧的车窗除外。

电动车窗系统各部件的安装位置如图6-2所示。

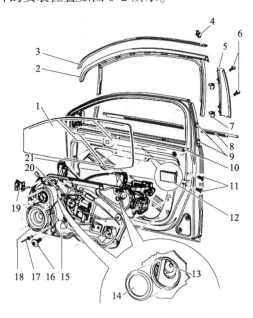

图6-2 电动车窗各部件的安装位置

1-车窗玻璃;2-车窗导向槽;3-装饰条;4-夹子;5-挡板;6-螺钉;7-自锁螺母;8-外侧车窗槽密封条;9-夹层;10-内侧车窗槽密封条;11-16-螺栓;12-缓冲块;13-螺栓;14-盖罩;15-总成支架;17-铆钉;18-扬声器;19-插头连接;20-线束夹紧件;21-车窗升降器

二、电动车窗系统的类型

电动车窗升降调节器常见的类型有绳索式(图6-3)、交叉臂式(图6-4)等。电动车窗一般使用双向永磁式电动机,每个车窗一般装一个,通过开关控制电流方向,使车窗升降。

电动车窗结构与工作过程

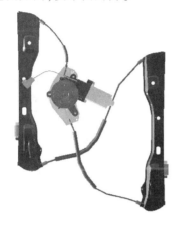

图6-3 绳索式电动车窗

图6-4 交叉臂式电动车窗

三、电动车窗的工作原理

按下或抬起电动车窗开关,电动机正向或反向转动,通过传动机构将动力传给车窗升降调节器,绳索沿相反方向拉动,使车窗玻璃升起或降低,如图6-5、图6-6所示。传感器由用于控制防夹功能的限位开关和速度传感器组成。

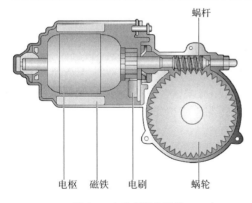

图6-5 电动车窗电动机

图6-6 电动车窗工作原理

📖 *操作指引*

1. 组织方式

(1)场地设施:举升机4台。
(2)设备设施:迈腾1.8T汽车4辆。

(3)工量具:迈腾汽车拆卸工具(4套)、数字万用表(4个)、VAS5051(4个)等。

2. 操作要求

(1)穿着干净整齐的工作服。

(2)遵守场地安全规定,注意用电安全。

(3)正确使用拆装工具、数字万用表、测量仪器等工具。

任务实施

1. 一汽大众迈腾 B7L 电动车窗初始化

电动车窗初始化是指断开并重新连接蓄电池后,电动车窗升降器的自动上升和自动下降功能失效,同时车窗防夹功能失效,需要特别注意以防止造成人员的夹伤及其他伤害。因此,在车辆进行相关维修后交付客户前必须重新设置车窗升降器的自动升降及防夹功能。设置后不得再断开蓄电池,否则需要重新进行设置。

大众迈腾 B7L 电动车窗初始化

如下所述设置电动车窗升降器(以驾驶人侧前部车窗升降器为例):

(1)打开点火开关。

(2)完全关闭所有车窗和车门。

(3)向上拉起车窗升降器按钮,并保持至少 1s。

(4)松开按钮,然后再次向上拉起。

这样自动升降功能就恢复正常了。以上操作可以单独恢复一个或同时恢复多个车窗升降器的设置。

(5)关闭点火开关。

2. 车窗控制总开关的检查与更换

图 6-7 所示为驾驶人侧前部车窗升降器控制电路图。

拔下 10 芯插头连接器导线连接器 T10t,分别用示波器测量驾驶人侧前部车窗升降器按钮端子 5(E710)、驾驶人侧后部车窗升降器按钮端子(E712)6、副驾驶人侧后部车窗升降器按钮(E714)端子 8、副驾驶人侧车窗升降器按钮(E715)端子 7 上的电压,应均为 12V;并测量其端子与搭铁(端子 4)间的导通性,应导通正常。

若不符合规定,更换车窗主开关。

3. 车窗控制分开关的检查与更换

以副驾驶人侧前部车窗升降器按钮为例,对车窗控制分开关进行检查,其他电动车窗分开关可使用同样的方法进行检查。图 6-8 所示为副驾驶人侧前部车窗升降器控制电路图。

拔下 4 芯插头连接器导线连接器 T4av,用示波器测量副驾驶人侧前部车窗升降器按钮(E716)端子 4 上的电压,应为 12V;并测量其端子与搭铁(端子 1)间的导通性,应导通正常。

若不符合规定,则更换分开关总成。

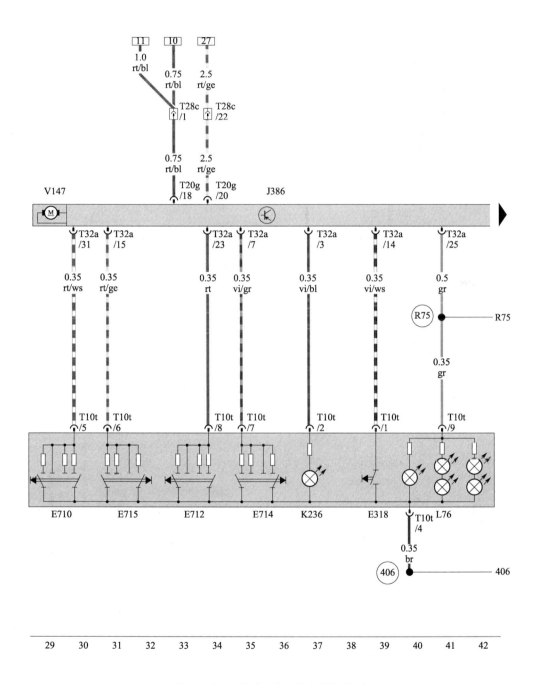

图 6-7 驾驶人侧前部车窗升降器控制电路

E318-儿童安全锁按钮;E710-驾驶人侧前部车窗升降器按钮;E712-驾驶人侧后部车窗升降器按钮;E714-副驾驶人侧后部车窗升降器按钮;E715-副驾驶人侧车窗升降器按钮;J386-驾驶人侧车门控制单元;K236-儿童安全锁激活指示灯;L76-按钮照明灯泡;T10t-10 芯插头连接;T20g-20 芯插头连接;T28c-28 芯插头连接;T32a-32 芯插头连接;V147-驾驶人侧电动车窗电动机

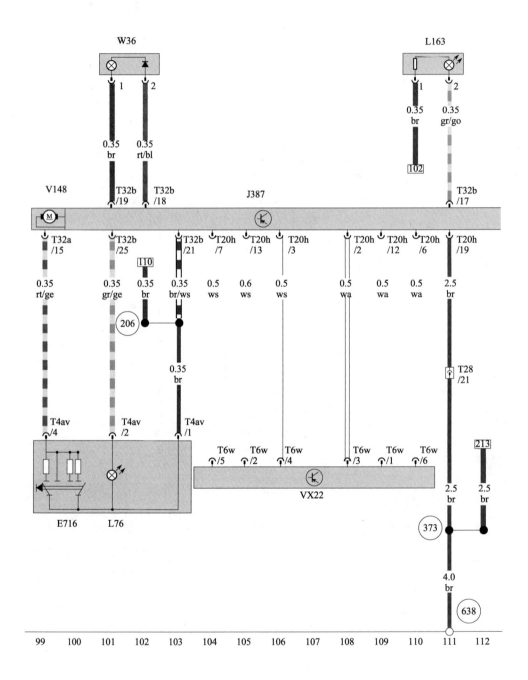

图 6-8　副驾驶人侧前部车窗升降器控制电路

E176-副驾驶人侧前部车窗升降器按钮；J387-副驾驶人侧车门控制单元；L76-按钮照明灯泡；L165-副驾驶人车门操纵台照明灯泡；T4av-4 芯插头连接；T6w-6 芯插头连接；T20h-20 芯插头连接；T28-28 芯插头连接；T32a-32 芯插头连接；T32b-32 芯插头连接；VX22-副驾驶人车门关闭单元；V148-副驾驶人侧电动车窗电动机；W36-副驾驶人侧车门警告灯

4. 车窗升降器电动机的检查与更换

1) 拆卸

(1) 拆卸前车门饰板。

(2) 用胶带固定车窗玻璃。

(3) 脱开插头连接。

(4) 拧出螺栓。

(5) 从总成支架上拆下车窗升降器电动机和控制单元。

车窗升降器电机的检查与更换

2) 安装

(1) 装上车窗升降器电动机,并上下略微拉动车窗玻璃,使得电动机和拉线卷筒之间更好地啮合。

(2) 安装车窗升降器电动机的螺栓,拧紧力矩为 3.5N·m。

(3) 用汽车诊断、测量和信息系统 VAS5051 对新的车窗玻璃升降器电动机进行编码。

(4) 编码后使车窗玻璃升降器自动向上运行到限位位置,然后再一次拉住开关 2s。这样,车窗玻璃升降器电动机完成了上部限位位置的识别。

(5) 后续的安装以倒序进行。

3) 电动车窗电动机的检测

拆下电动车窗电动机连接器,将蓄电池正极和负极直接连接电动机的两端子,电动机应能转动;当蓄电池反向连接电动机两端子时,电动机应反向运转。若不符合要求,则更换电动车窗电动机。

5. 汽车左后电动车窗失灵

1) 故障现象

一辆行驶里程约 50000km 的 2011 年一汽大众迈腾 B7L 轿车,车主反映该车驾驶人侧后车窗玻璃无法升降。

2) 故障诊断与排除

接车后试车,接通点火开关,分别操作驾驶人侧车门和驾驶人侧后车门上的车窗开关控制驾驶人侧后车窗玻璃升降,均无反应,且驾驶人侧后车门上的车窗开关背景灯也不会点亮,其他 3 个车窗玻璃均能正常升降。进一步试车发现,用遥控钥匙闭锁时,驾驶人侧后车门无法闭锁,其他车门均能正常闭锁。

故障码、故障码含义及故障原因见表6-1。

故障码、故障码含义及故障原因   表6-1

故障码	含 义	故 障 原 因		
01333	驾驶人侧后车门控制单元(J926)无信号/通信	J926 供电及搭铁线路故障	J926 通信线路(LIN 线)故障	J926 损坏

检查步骤如下:

(1) 检查 J926 供电熔断丝,均正常。

（2）拆下驾驶人侧后车门内饰板检查，J926 导线连接器无松脱。

（3）脱开导线连接器，测量其端子上的电压，均为 12V。

（4）测量其端子与搭铁间的导通性，导通正常。

诊断至此，说明 J926 供电及搭铁线路均正常。接着检查驾驶人侧车门控制单元（J386）与 J926 间的 LIN 线路，该段 LIN 线间有 2 个导线连接器，分别在左侧 A 柱和左侧 B 柱上。拆开左侧 A 柱下方的驾驶人侧车门线束时发现 1 根紫色/白色导线断路，而这根导线正是 J386 与 J926 的 LIN 线。

更换驾驶人侧车门线束后试车，驾驶人侧后车窗玻璃升降正常，且驾驶人侧后车门闭锁正常，故障排除。

 任务小结

（1）电动车窗系统主要由车窗升降调节器、电动车窗电动机、电动车窗总开关（由电动车窗开关和锁窗开关组成）、电动车窗分开关、点火开关、门控开关等组成。

（2）电动车窗升降器的类型：绳索式、交叉臂式。

（3）电动车窗具有手动开关、单触式自动开关、车窗锁止、防夹保护等功能。

（4）电动车窗使用双向永磁式电动机，每个车窗装一个，通过开关控制电流方向，使车窗升降。

（5）电动车窗的初始化设定：打开点火开关；完全关闭所有车窗和车门；向上拉起车窗升降器按钮，并保持至少 1s；松开按钮，然后再次向上拉起；关闭点火开关。

学习任务七　中央门锁失灵故障诊断与修复

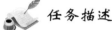

客户李先生反映自己的一汽大众迈腾 B7L 轿车行驶里程 30000km,按动驾驶人侧车门上的锁按钮锁闭车门后,按钮开关内的连锁指示灯不亮,中央门锁系统无法正常工作。

按动驾驶人侧车门上的锁按钮锁闭车门后,无法正常连锁,一般故障出现在中央门锁系统本身。若判断故障在中央门锁系统,则需要对中央门锁系统进行检修。

(1)能正确讲述中央门锁系统、无线遥控门锁系统的功能。
(2)能正确描述中央门锁系统、无线遥控门锁系统的组成及各部分作用。
(3)能正确描述中央门锁系统、无线遥控门锁系统的工作原理。
(4)能正确识读和分析中央门锁系统、无线遥控门锁系统电路图。
(5)正确检修中央门锁系统、无线遥控门锁系统。
(6)会用故障诊断仪检测中央门锁系统、无线遥控门锁系统。
(7)会设定汽车遥控器和钥匙匹配操作。
(8)会分析诊断和排除中央门锁系统、无线遥控门锁系统常见故障。
(9)具备信息查询和手册使用的基本能力。
(10)能够按照企业5S要求和安全生产规范进行操作。
(11)能与同学密切合作,规范安全地完成学习活动。
(12)养成自主学习的习惯、培养规范操作的工作作风及环保意识。
建议学时:6 学时。

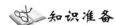

一、中央门锁系统的组成

汽车中央门锁系统包括门锁控制开关、钥匙控制开关、门锁总成、门锁控制单元、钥匙未锁警告开关、门控开关等。中央门锁系统各部件的安装位置如图 7-1 所示。

·105·

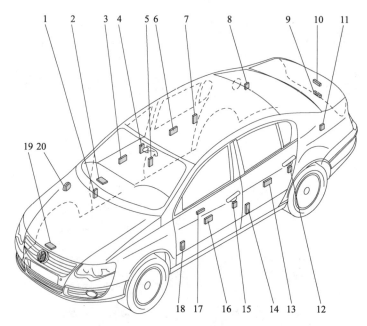

图 7-1 中央门锁系统的组成

1-插头连接;2-舒适系统中央控制单元;3-副驾驶人侧车门控制单元;4-副驾驶人侧车门锁;5-插头连接;6-右后车门控制单元;7-右后车门锁;8-加油口盖锁止电动机;9-行李舱盖把手解锁键;10-行李舱盖锁;11-行李舱盖插头连接;12-左后车门锁;13-左后车门控制单元;14-插头连接;15-驾驶人侧车门锁;16-驾驶人侧车门控制单元;17-驾驶人车门车窗升降器的中央开关;18-接线板;19-发动机罩的接触开关;20-报警喇叭

二、中央门锁系统的功能

中央门锁系统的功能如下:

(1)中央控制。当驾驶人锁止或开锁车门时,其他车门能同时锁止或开锁。

(2)单独控制。为了方便,除中央控制外,乘员仍可以利用车门的机械式弹簧锁开闭车门。

(3)速度控制。当车速达到一定数值时,能自动将所有车门锁止。

(4)两级开锁功能。在钥匙联动开锁功能中,一级开锁操作,只能以机械方法开钥匙所插入的车门。两级开锁操作,则能同时打开其他车门。一般来说,所有车门可以通过左前或右前侧车门上的钥匙来同时打开和关闭。

(5)安全功能。为了防止有人用棒或类似物从车门玻璃和车窗框之间的缝隙操作门锁控制开关来开启车门,可用门钥匙或发射机(无线门锁遥控器)设置门锁安全功能并且使门锁控制开关的开锁操作无效。

(6)电动车窗延时断电功能。驾驶人和乘客的车门都关上,点火开关断开后,电动车窗仍可以进行升降操作60s。

(7)自动功能。当用钥匙或遥控器将车门打开或锁上时,电动车窗玻璃会自动升降。

(8)无钥匙进入功能。当轿车钥匙在有效工作范围内,只需将手对准车门拉手传感器或按压行李舱盖上的按钮,无钥匙进入系统即认可该钥匙的遥控功能,从而不动用钥匙即可实现开启或关闭功能。

三、门锁执行机构的工作原理

1. 信号输入原理

当按下遥控器上的开锁或锁止按钮时,它将信号变成无线电波信号发送到车门控制单元。车门控制单元接收来自遥控器发出的信号,并将信号送到门锁控制 ECU。门锁控制 ECU 收到信号时控制门锁电动机,使车门锁止或开锁。

2. 执行机构原理

门锁执行机构的组成如图 7-2 所示。

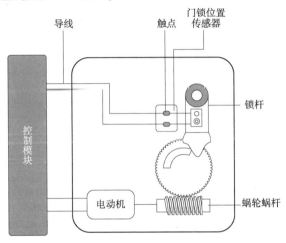

图 7-2　门锁执行机构的组成

(1)门锁打开状态如图 7-3 所示。

(2)门锁锁止状态如图 7-4 所示。

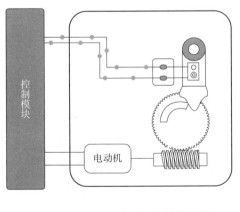

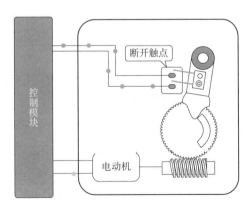

图 7-3　门锁打开状态

图 7-4　门锁锁止状态

操作指引

1. 组织方式

(1) 场地设施：举升机4台。
(2) 设备设施：迈腾1.8T汽车4辆。
(3) 工量具：迈腾汽车拆卸工具(4套)、数字万用表(4个)、VAS5051B(4个)等。

2. 操作要求

(1) 穿着干净整齐的工作服。
(2) 遵守场地安全规定，注意用电安全。
(3) 正确使用拆装工具、数字万用表、测量仪器等工具。

 任务实施

1. 一汽大众迈腾B7L汽车遥控钥匙与遥控器匹配

如果用户遗失了遥控钥匙，为了安全起见，必须将其他所有合法钥匙完成配钥匙的程序，这样才能将丢失的遥控钥匙变为非法，不能起动发动机。如因钥匙不能正常工作，导致不能正常解锁/闭锁，也可通过对遥控钥匙的匹配来解决问题。

通过车辆诊断、测量和信息系统VAS5051B匹配遥控钥匙与遥控器，具体方法如下：
(1) 在车辆诊断、测量和信息系统VAS5051B中选择"引导型故障查询"。
(2) 通过"跳转"键选择"功能/部件选择"，然后依次选择以下单项：
①车身。
②车身 – 装配工件(维修组01、50…77)。
③01 – 具有自诊断功能的系统。
④46 – 舒适系统。
⑤46 – 功能 – 舒适系统的中央控制单元。
⑥J393 – 匹配钥匙与遥控器。

2. 遥控钥匙电池的拆装

1) 遥控钥匙的拆卸
(1) 按压遥控钥匙3上的侧面按键2，然后取出应急钥匙4。
(2) 将盖罩1沿箭头方向从遥控钥匙3中用力拔出。
(3) 用拆卸楔将遥控钥匙上部件从遥控钥匙中撬出，如箭头方向。
(4) 用小螺丝刀2略微撬出电池，将电池沿箭头方向从固定夹中取出。

遥控钥匙电池的拆装

2) 遥控钥匙的安装
(1) 安装电池时需注意极性和安装位置。
(2) 将电池正极朝下，沿箭头方向倾斜地插入遥控钥匙的固定夹中，轻按电池，使其卡入遥控钥匙。将遥控钥匙上部件卡入遥控钥匙,然后将盖罩推到遥控钥匙上。将应急钥匙插入遥控钥匙。

3. 一汽大众迈腾 B7L 轿车用遥控器不能上锁故障诊断

1)故障现象

一辆 2011 年产一汽大众迈腾 B7L 轿车,行驶里程 30000km。用户反映按动驾驶人侧车门上的锁按钮锁闭车门后,按钮开关内的连锁指示灯不亮。

大众迈腾 B7L 轿车用遥控器不能上锁故障

2)故障诊断与排除

正常车辆,用该按钮锁车后,开关上会亮起黄色的锁止指示灯。

操作车门上的锁按钮,各门锁有动作声音,且驾驶人侧车门也随之处于锁闭状态,但连锁指示灯不亮。利用 VAS6150A 诊断仪进行自诊断检查,驾驶人侧车门控制单元无故障码。锁按钮电路图如图 7-5 所示。

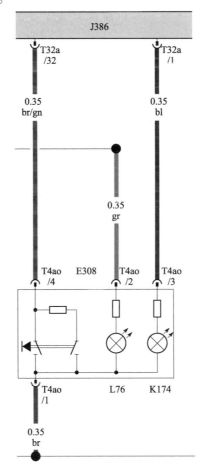

图 7-5　锁按钮电路图

J386-驾驶人侧车门控制单元;E308-驾驶人侧车门内上锁按钮;K174-驾驶人侧车门内连锁指示灯;L76-按钮照明灯泡

测量开关与车门控制单元之间的连接线路,未见异常。更换开关总成及车门控制单元后故障依旧。

再次利用诊断仪检查全车电控系统,发现前排乘客侧车门有"中控锁开关不可靠信号"故障码,如图7-6所示。

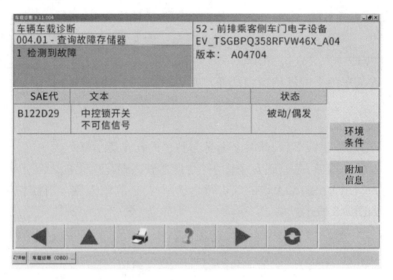

图7-6 故障码

检查右前门控制单元数据流,在利用上锁按钮锁车后,门锁状态数据如图7-7所示。

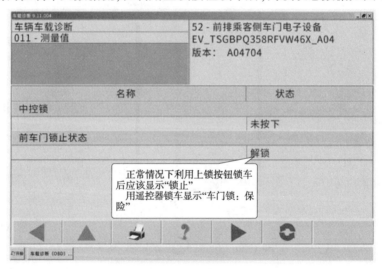

图7-7 数据流

3)故障总结

一汽大众迈腾B7L轿车,车门上锁按钮中"连锁指示灯"亮起,表示所有门锁都"锁止"状态,如图7-8所示。

舒适系统控制单元通过舒适系统CAN总线收到上锁按钮的锁门信号后,舒适系统控制单元如果检测到所有门锁都处于"锁止"状态,就会指令驾驶人侧车门控制单元点亮"连锁指示灯"K174。K174无法点亮的原因就是右前门控制单元检测到的门锁处于"解锁"状态。

中央门锁失灵故障诊断与修复 学习任务七

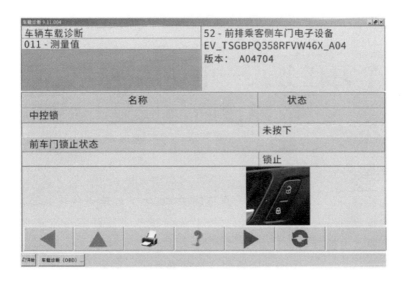

图 7-8 车门上锁数据流

 任务小结

(1) 中央门锁系统主要由门锁控制开关、钥匙控制开关、门锁总成、门锁控制 ECU(或集成继电器)、钥匙未锁警告开关、门控开关等组成。

(2) 中央控制功能:当驾驶人锁止或开锁车门时,其他车门能同时锁止或开锁。

(3) 单独控制功能:为了方便,除中央控制外,乘员仍可以利用车门的机械式弹簧锁开闭车门。

(4) 速度控制功能:当车速达到一定数值时,能自动将所有车门锁止。

(5) 自动功能:当用钥匙或遥控器将车门打开或锁上时,电动车窗玻璃会自动升降。

(6) 无钥匙进入功能:当轿车钥匙在有效工作范围内,只需将手对准车门拉手传感器或按压行李舱盖上的按钮,无钥匙进入系统即认可盖钥匙的遥控功能,从而不动用钥匙即可实现开启或关闭。

学习任务八　电动后视镜失灵故障诊断与修复

任务描述

车主李先生反映,他所驾驶的一汽大众迈腾轿车,按下外后视镜镜片角度调节开关时,左外后视镜镜片角度调节功能不正常,但右外后视镜镜片角度调节功能正常。现在请你对客户轿车的后视镜进行检修。

汽车后视镜俗称倒车镜,是汽车必备的安全装置之一。驾驶人在行车过程中,通过后视镜来获取汽车后方和侧面等外部信息。现代汽车大都采用电动后视镜,由电气控制系统来操纵。

现在需要你对汽车后视镜进行进一步检测。

学习目标

(1)能描述电动后视镜的组成和各部分功用。
(2)能正确描述电动后视镜系统的工作原理、使用及系统的控制方法。
(3)能正确识读和分析电动后视镜的电路图。
(4)能正确拆装电动后视镜系统各部件。
(5)能检测判断电动后视镜系统各部件性能。
(6)能分析诊断和排除电动后视镜系统常见故障。
(7)具备信息查询和手册使用的基本能力。
(8)能够按照企业5S要求和安全生产规范进行操作。
(9)能与同学密切合作,规范安全地完成学习活动。
(10)养成自主学习的习惯、培养规范操作的工作作风及环保意识。

建议学时:4学时。

知识准备

一、迈腾电动后视镜的组成与结构

汽车的电动后视镜一般由镜片、驱动电动机、控制电路及操纵开关等组成。在每个后视镜镜片的背后都有两个双向永磁电动机,可操纵其上下及左右运动。通常上下方向的倾斜运动由一个永磁电动机控制,左右方向倾斜运动由另一个永磁电动机控制。通过改变电动机的电流方向,即可完成后视镜的位置调整。一汽大众迈腾轿车电动后视镜的结构如图8-1所示。

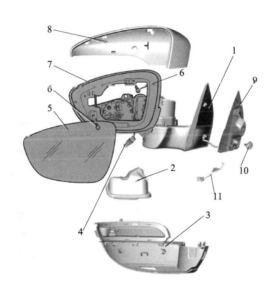

后视镜组成

图8-1 迈腾轿车电动后视镜的结构

1-后视镜支架;2-环境照明灯;3-装配件;4-环境照明灯灯泡;5-后视镜玻璃;6-螺栓;7-挡板;8-后视镜壳体;9-隔音垫;10-螺栓;11-插头连接

为了使汽车通过尽可能狭小的路段,有的电动后视镜还带有伸缩功能,由伸缩开关控制伸缩电动机工作,使两个后视镜整体回转伸出或缩回。

有些电动后视镜带有记忆功能,驾驶人操作存储和复位开关可将后视镜的调整位置存储起来,在需要的时候恢复到原来调整的位置。

二、电动后视镜的工作原理

图8-2所示为汽车电动后视镜的控制电路。其控制系统可调整后视镜的左/右和上/下位置,同时还可对后视镜进行缩回和伸出控制。现以驾驶人侧车外电动后视镜为例介绍其工作原理。

电动后视镜工作过程

1. 后视镜内折控制

当要向内折后视镜时,按下 E263 开关,驾驶人侧车门控制单元 J386 接收到开关接通后的搭铁导通信号,J386 控制后视镜缩回。

2. 后视镜调整控制

当要控制驾驶人侧车外电动后视镜时,将左/右后视镜选择开关 E48 拨至驾驶人侧位置,将方向开关 E43 拨至上、下、左、右方向调整时,驾驶人侧车门控制单元 J386 接收到不同方向导通时搭铁信号,同时根据不同方向调整开关接通时电路附加电阻的变化,由 J386 向后视镜调整电动机通电并调整后视镜片的角度。

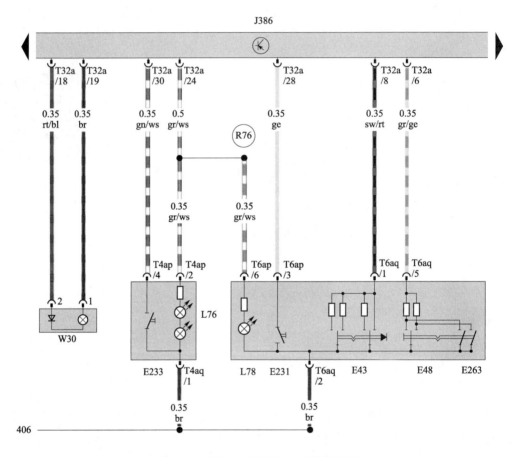

图 8-2　迈腾汽车主驾驶侧电动后视镜电路图

J386-驾驶人侧车门控制单元;T32a-32 芯连接插头;T6aq-6 芯连接插头;L78-后视镜调节开关照明灯泡;L76-后视镜按钮照明灯泡;E43-后视镜调节开关;E48-后视镜调节转换开关;E231-车外后视镜加热按钮;E263-后视镜内折开关

操作指引

1. 组织方式

(1) 场地设施:举升机一台。

(2) 设备设施:自动挡迈腾轿车一辆。

(3) 工量具:常用拆装工具、电动后视镜专用拆卸工具、预置式扭力扳手、数字万用表等。

(4) 耗材:线束。

2. 操作要求

（1）穿着干净整齐的工作服。

（2）遵守场地安全规定，注意用电安全。

（3）正确使用拆装工具、数字万用表、测量仪器等工具。

 任务实施

1. 电动后视镜的拆装

1）电动后视镜的拆卸

以迈腾1.8T汽车为例，说明电动后视镜的拆卸方法。

（1）所需的工具（图8-3）。

①拆卸楔：3409。

②扭矩扳手：V. A. G 1783。

③拆卸楔：T10383。

拆卸车外后视镜

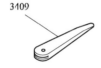 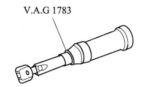 

图8-3 拆卸工具

（2）拆卸步骤。

①关闭点火开关并拔出钥匙。

②用拆卸楔3409将盖板1从下往上脱出（图8-4）。

③旋出螺栓9，将夹子3、4旋转90°，用楔子T10383取下夹子2、5、6、7、10，按压夹子的侧面脱开夹子1、8（图8-5），拆下车门内饰板。

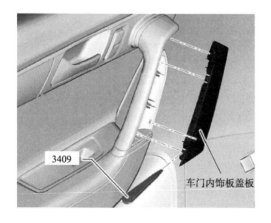

图8-4 拆卸车门内饰板盖板

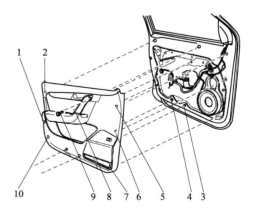

图8-5 拆卸车门内饰板

1、2、3、4、5、6、7、8、10—夹子；9—螺栓

④拆卸前部高音扬声器。

⑤如图8-6a)所示,脱开导线1的线束卡2,并从车窗控制单元上拔下车外后视镜的插头。

⑥如图8-6b)所示,拧松后视镜固定螺栓3,取下后视镜,并将导线4从车门开口中穿出。

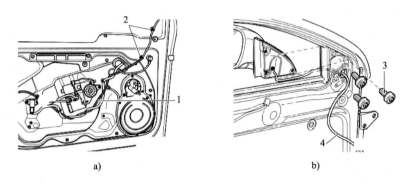

图8-6 拆卸车外后视镜
1-导线;2-线束卡;3-固定螺栓;4-导线

2)后视镜的安装

与拆卸过程相反。

2. 电动后视镜主要部件的检修

由于不同车型的电动后视镜组件结构不相同,所以在维修时应该针对不同的车型,确定相应的维修方法。

1)车外后视镜开关的检测

拆下车外后视镜开关。车外后视镜开关由后视镜选择开关1和后视镜方向开关2组成,如图8-7所示。按表8-1所示拨动后视镜开关,按图8-8所示用万用表测试所列开关接线端子之间是否导通。如果有一项不满足要求,应更换后视镜开关。

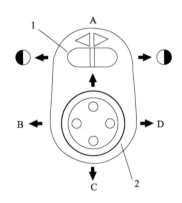 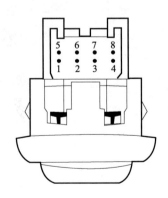

图8-7 车外后视镜开关
1-后视镜选择开关;2-后视镜方向开关

图8-8 车外后视镜开关端子排列

车外后视镜开关线路导通情况的检测　　　　　　　　表 8-1

选择开关 1 的位置	方向开关 2 的位置	导通的开关端子号	选择开关 1 的位置	方向开关 2 的位置	导通的开关端子号
◐（左侧）	A（上）	1 和 5、2 和 7	◐（右侧）	A（上）	1 和 5、2 和 3
◐（左侧）	B（左）	1 和 5、2 和 4	◐（右侧）	B（左）	1 和 5、2 和 8
◐（左侧）	C（下）	1 和 7、2 和 5	◐（右侧）	C（下）	1 和 3、2 和 5
◐（左侧）	D（右）	1 和 4、2 和 5	◐（右侧）	D（右）	1 和 8、2 和 5

2）电动后视镜电动机的检修

（1）电动机内部通断检测。拆卸车外后视镜总成，如图 8-9 所示，用万用表测量端子 A 和 B、A 和 D、B 和 D 之间的电阻，如果电阻值超过 200Ω，则应更换后视镜总成。

（2）电动机通电检测。按图 8-10 所示，将 12V 蓄电池的正极（+）和负极（-）引线连接至连接器端子。观察后视镜的移动方向，如果与表 8-2 所示不符，则应更换后视镜总成。

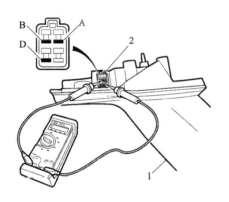

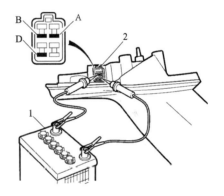

图 8-9　电动机内部通断检测
1-后视镜总成；2-连接器

图 8-10　电动机通电检测
1-蓄电池；2-连接器

电动后视镜通电的检测　　　　　　　　表 8-2

左侧后视镜移动方向	端子 A	端子 B	端子 D	右侧后视镜移动方向	端子 A	端子 B	端子 D
向内	+	-		内向	-	+	
向外	-	+		向外	+	-	
上升		+	-	上升		+	-
下降		-	+	下降		-	+

3. 电动后视镜常见故障诊断

（1）两个电动后视镜均不工作。故障原因为熔断丝熔断、搭铁不良、后视镜开关损坏、电动机损坏等。

（2）一侧电动后视镜不能动。故障原因为搭铁不良、后视镜开关损坏、电动机损坏等。

（3）一侧电动后视镜上下方向不能动。故障原因为搭铁不良、上下调整电动机损坏。

（4）一侧电动后视镜左右方向不能动。故障原因为搭铁不良、左右调整电动机损坏。

当所有故障诊断和修理完成后，应检查系统是否正常工作。

任务小结

（1）汽车的电动后视镜一般由镜片、驱动电动机、控制电路及操纵开关等组成。

（2）自动防炫目内后视镜一般采用液晶式，利用液晶通电改变透光率（变色），可以起到减低反射率的效果。

（3）后视镜按照安装位置不同可以分为内后视镜、外后视镜和下视镜三种。

（4）电动后视镜常见故障诊断：

①两个电动后视镜均不工作。故障原因为熔断丝熔断、搭铁不良、后视镜开关损坏、电动机损坏等。

②一侧电动后视镜不能动。故障原因为搭铁不良、后视镜开关损坏、电动机损坏等。

③一侧电动后视镜上下方向不能动。故障原因为搭铁不良、上下调整电动机损坏。

④一侧电动后视镜左右方向不能动。故障原因为搭铁不良、左右调整电动机损坏。

学习任务九 电动座椅不能调节故障诊断与修复

任务描述

一位客户反映他所驾驶的一汽大众迈腾轿车,打开点火开关,操作电动座椅开关时,发现驾驶人及乘员电动座椅前后、上下、倾斜等方向均不能调节。

汽车座椅为驾驶人提供便于操作、舒适而又安全的驾驶位置,为乘员提供不易疲劳且舒适而又安全的乘坐位置。座椅调节的目的就是使驾驶人和乘员乘坐舒适。通过调节还可以变动坐姿,减少乘员长时间乘车的疲劳。

现代汽车普遍采用电动座椅,驾驶人通过操纵电动座椅开关按钮,可以将座椅调整到最佳的位置上,使驾驶人获得最好视野,便于操纵转向盘、踏板、变速杆等,还可以获得最舒适的乘坐角度。汽车乘客也能通过操纵电动座椅开关按钮,调整乘坐姿势,使乘坐更加舒适。

现在请你对客户轿车的电动座椅进行检修。

学习目标

(1)能够掌握电动座椅的组成和各部分功用。
(2)能够正确描述电动座椅的工作原理、使用及系统的控制方法。
(3)能够正确识读和分析电动座椅系统的电路图。
(4)能够正确拆装电动座椅系统各部件。
(5)能够检测判断电动座椅系统各部件性能。
(6)能够分析诊断和排除电动座椅系统常见故障。
(7)具备信息查询和手册使用的基本能力。
(8)能够按照企业5S要求和安全生产规范进行操作。
(9)能与同学密切合作,规范安全地完成学习活动。
(10)养成自主学习的习惯、培养操作规范的工作作风及环保意识。

建议学时:6学时。

知识准备

一、电动座椅的组成

电动座椅一般由双向电动机、传动机构和电动座椅开关等组成,如图9-1所示。双向电动机产生动力,传动机构可以把动力传至座椅,通过控制开关实现座椅不同位置的调节。

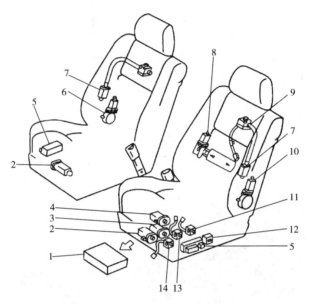

汽车电动座椅功能

图9-1 电动座椅的组成

1-电动座椅ECU;2-滑动电动机;3-前垂直电动机;4-后垂直电动机;5-电动座椅开关;6-倾斜电动机;7-头枕电动机;8-腰垫电动机;9-位置传感器(头枕);10-倾斜电动机和位置传感器;11-位置传感器(后垂直);12-腰垫开关;13-位置传感器(前垂直);14-位置传感器(滑动)

1. 电动机

大多数电动座椅使用永磁式双向直流电动机,它通过控制开关来改变流经电动机内部的电流方向,从而实现转动方向的改变。为防止电动机过载,大多数永磁式电动机内装有断路器。

2. 传动机构

电动机的旋转运动,通过传动机构改变座椅的空间位置。

1)高度调整机构

高度调整机构由蜗杆、蜗轮、心轴等组成,如图9-2所示。调整时蜗杆轴在电动机的驱动下,带动蜗轮转动,从而保证心轴旋进或旋出,实现座椅的上升与下降。

2)纵向调整机构

纵向调整机构由蜗杆、蜗轮、齿条、导轨等组成,如图9-3所示。齿条装在导轨上。调整时,电动机转矩经蜗杆传至两侧的蜗轮上,经导轨上的齿条,带动座椅前后移动。

电动座椅不能调节故障诊断与修复 学习任务九

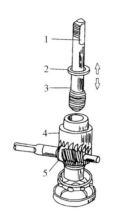 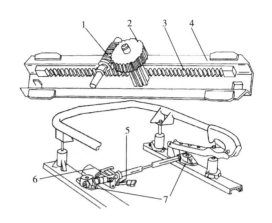

图9-2 高度调整机构
1-铣平面;2-止推垫片;
3-心轴;4-蜗轮;5-蜗杆

图9-3 纵向调整机构
1-蜗杆;2-蜗轮;3-齿条;4-导轨;5-反馈信号电位计;
6-调整电动机;7-支承及导向元件

二、电动座椅的控制

图9-4所示为汽车电动座椅的控制电路。其控制系统可调整座椅纵向前后、座椅高度、座椅倾斜度及座椅椅背倾斜度。现以驾驶人侧电动座椅为例介绍其工作原理。

1. 座椅纵向前后移动

通过操纵E470上的前后控制开关B,向前移动,T10al/6线束上开关B,与M2取电线T6dc/6接通,电源走向为"M2"经由T6dc/6到达"E470开关B"经由T4dc/1到达V28电动机,再由T4dc/2、T10al/5到达"E470开关B",通过4号连接点经由140连接至77左侧B柱下搭铁点,电路接通,座椅向前移动。

向后移动,则T10al/5线束上的开关B与M2取电线T6dc/6接通,电流走向与前移正好相反,座椅向后移动。

2. 座椅高度调节

通过操纵E470上的前后控制开关C,升高座椅,T10al/7线束上开关C,与M2取电线T6dc/6接通,电源走向为"M2"经由T6dc/6到达"E470开关B"经由T10al/7、T4dd/1到达V138电动机,再由T4dd/2、T10al/4到达"E470开关C",通过4号连接点经由140连接至77左侧B柱下搭铁点,电路接通,座椅向上升高。

降低座椅,则T10al/4线束上的开关C与M2取电线T6dc/6接通,电流走向与升高正好相反,座椅向下降低。

座椅倾斜度及座椅椅背倾斜度的调节方法及控制过程与前后移动、座椅升高降低类似,故不再赘述。

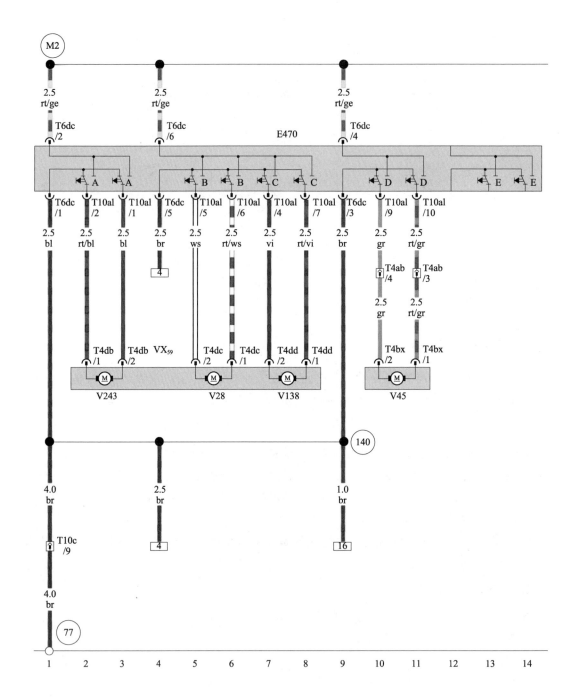

图 9-4 电动座椅控制电路图

E470-驾驶人座椅调整操纵单元；T4ab、T4bx、T4db、T4dc、T4dd-4 芯连接插头；T6dc-6 芯连接插头；T10al、T10c-10 芯连接插头；V28-座椅纵向调节电动机；V45-座椅靠背调节开关；VX59-座椅座托架；V138-座椅高度调节电动机；V243-座椅倾斜度调节电动机；77-左侧 B 柱下搭铁点；140-座椅线束中搭铁连接 2；M2-正极连接 2

三、带存储记忆功能的电动座椅

大众迈腾汽车部分车型中配备的有存储记忆功能的电动座椅是在普通电动座椅的基础上增加了一套具有存储记忆功能的电子控制系统。电子控制系统中可以存储不同驾驶人或乘客的座椅位置,驾驶人或乘客可以通过按钮调出自己的座椅位置,使得座椅的调整更加方便快捷。

有存储功能的电动座椅控制系统有两套控制装置,一套是手动的,包括电动座椅控制开关和一组座椅位置调整电动机等,驾驶人或乘客可以根据自身需要通过相应的座椅开关来调整,它的控制方式和普通电动座椅完全相同。另一套是自动的,包括座椅位置传感器(电位计)、存储和复位开关、ECU 及与手动控制系统共用的一组调整电动机。

1. 座椅位置传感器

要实现座椅位置的存储与恢复,则必须有座椅位置传感器。电动座椅位置传感器主要有滑动电位器式和霍尔式两种形式。

滑动电位器式位置传感器如图9-5所示,主要由座椅电动机驱动的齿轮和螺杆、电阻丝以及能在螺杆上滑动的滑块组成。当电动机驱动座椅的同时,也驱动齿轮带动螺杆,驱动滑块在电阻器上滑动,相当于一个可变电阻,通过电阻器阻值的变化将座椅位置信号转变成电压信号输入 ECU。

霍尔式位置传感器如图9-6所示,主要由永久磁铁和霍尔集成电路组成。永久磁铁安装在电动机驱动的轴上,由于转轴上永久磁铁的转动引起霍尔元件中磁通量的变化,从而霍尔元件产生霍尔电压,再经霍尔集成电路进行放大并处理,然后取出旋转的脉冲信号输入 ECU。

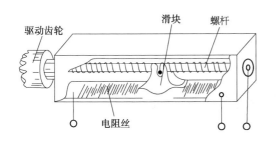
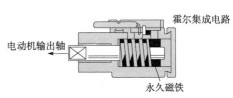

图9-5 滑动电位器式位置传感器　　　　图9-6 霍尔式位置传感器

2. 有记忆功能的电动座椅基本工作原理

有存储功能的电动座椅控制电路如图9-7所示,其动作方式有座椅前后滑动调节、座椅前部的上下调节、座椅后部的上下调节、靠背的倾斜调节、头枕的上下调节及腰垫的前后调节等。当座椅位置调好后,按下存储和复位开关,电动座椅 ECU J_{136} 就把各位置传感器的信号储存起来,以备下次恢复座椅位置时再用。当下次使用时,只要一按位置储存和复位开关,电动座椅 ECU 便驱动座椅电动机,将座椅调整到原来位置。

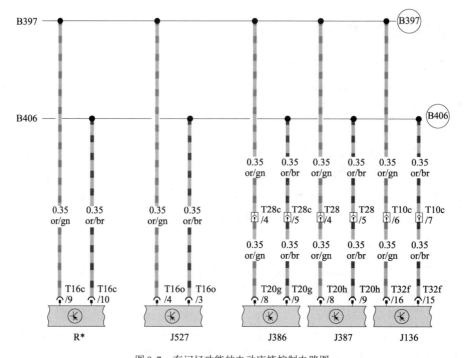

图9-7　有记忆功能的电动座椅控制电路图

B397-舒适系统；CAN 总线高线；B406-舒适系统；CAN 总线低线；J136-带记忆功能的座椅调节装置

四、带座椅加热功能的电动座椅

众多品牌车型的座椅加热系统可以对驾驶人和乘客的座椅进行加热，使乘坐更加舒适。下面介绍加热速度可调节式电动座椅。

部分迈腾轿车的电动座椅带有加热器，加热器开关的安装位置如图9-8所示。此座椅加热器的加热速度可以调节。加热速度主要分三档，每档会亮起加热速度指示灯。驾驶人和副驾驶人座椅的加热器和加热控制开关相同，分列于仪表板两侧。下面以驾驶人侧的座椅加热器为例，分析其工作过程。

图9-8　迈腾轿车加热器开关的安装位置

(1) 当加热器开关断开时，加热系统不工作。

(2) 当加热器开关处于不同加热速度位置时，如图9-9电流经由J774的控制经线束

T8ac/5 和 T4bv/1 到达 Z_6、Z_7，再经由 T4bv/4 及 96 搭铁连接 1 通过 77 左侧 B 柱搭铁点回到负极，座椅及座椅靠背便会在不同的加热电流下并联加热升温。电流大小受 J_{774} 的控制。

（3）当座椅温度升高到规定值时，G_{59} 传感器发出信号，J_{774} 切断上述电流，使加热电阻丝 Z_6、Z_7 断电，停止座椅加热。

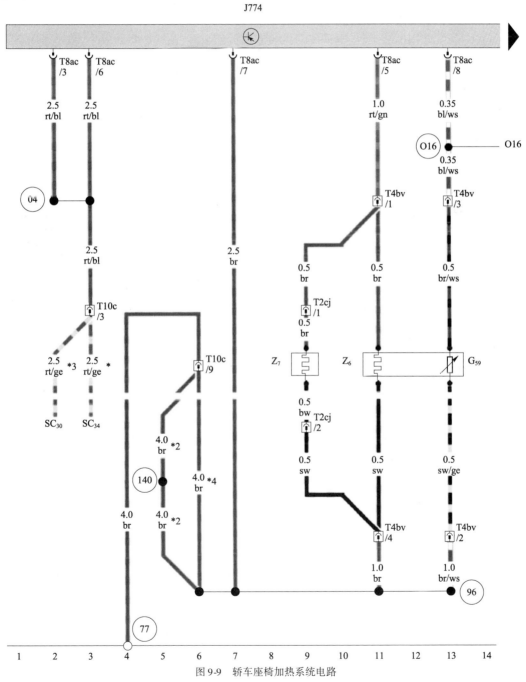

图 9-9 轿车座椅加热系统电路

G_{59}-座椅温度传感器；Z_6-座椅加热器；Z_7-椅背加热器；J_{774}-可加热座椅控制单元；96-搭铁连接 1；140-搭铁连接 2；77-左侧 B 柱下搭铁点

操作指引

1. 组织方式

(1) 场地设施:举升机一台。
(2) 设备设施:自动挡迈腾轿车一辆。
(3) 工量具:常用拆装工具、电动座椅拆装专用拆卸工具、预置式扭力扳手、数字万用表等。
(4) 耗材:线束。

2. 操作要求

(1) 穿着干净整齐的工作服。
(2) 遵守场地安全规定,注意用电安全。
(3) 正确使用拆装工具、数字万用表、测量仪器等工具。

 任务实施

1. 电动座椅的拆装

1) 电动座椅的拆卸

以迈腾 1.8T 汽车为例,说明电动座椅的拆卸方法。

(1) 所需的工具(图 9-10)。
① 发动机变速器支架:VAS 6095。
② 座椅维修支架:VAS 6136。
③ 扭矩扳手:V. A. G 1332。
④ 扭力扳手:V. A. G 1783。
⑤ 装配工具:3399。
⑥ 拆卸楔:3409。

电动座椅的拆装

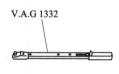
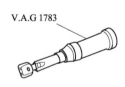
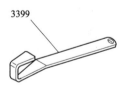

图 9-10 拆卸工具

(2) 拆卸步骤。
① 通过调节装置将座椅调至最靠前最高的位置。
② 向下按压夹紧销 1 并拆下膨胀夹 2,打开饰板内侧的夹子 3、4、5,从饰板支架上取下饰板并脱开线束(图 9-11)。

③带记忆功能的座椅需松开锁止件,如图 9-12 所示,将记忆单元从饰板中取出才能继续进行电动座椅控制单元的拆卸。

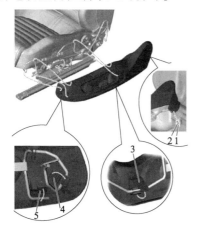 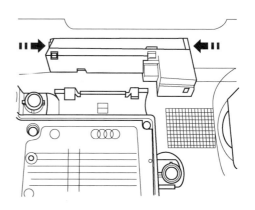

图 9-11 拆卸座椅饰板示意图
1-夹紧销;2-膨胀夹;3、4、5-夹子

图 9-12 拆卸座椅记忆单元示意图

④在饰板外侧用拆卸楔 3409 从支架中撬出开关操纵机构 2 和 3,在饰板内侧旋出螺栓 4,从饰板中取出座椅调节装置的开关单元 5,旋出螺栓 6,从饰板中取出腰部调节装置的开关 7,如图 9-13 所示。

⑤在当前座椅位置状态下,旋出螺栓 3、4,再调节座椅至最靠后最低的位置,旋出螺栓 1、2,从汽车底板固定架中松脱座椅,如图 9-14 所示。

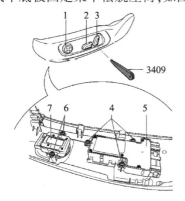 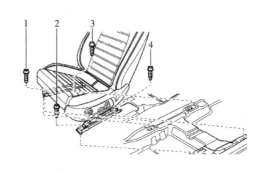

图 9-13 拆卸座椅开关单元示意图
1-座椅调节开关;2、3-开关操纵机构;4、6-螺栓;5-开关单元;7-腰部调节装置开关单元

图 9-14 拆卸前座椅总成示意图
1、2、3、4-螺栓

⑥将拆下的前座椅倒扣在干净的垫板上,旋出座椅右侧的 1 号和 5 号螺栓,松开传动杆 3,旋松左后侧 2 号螺栓,左前 4 号螺栓,松开座椅纵向调节装置 6 的线束插头并将其从座椅骨架上松开,如图 9-15 所示。

⑦将拆下的前座椅固定在座椅修理台上,旋出螺栓 1、2,从座椅骨架上松开倾斜度调节装置 4,脱开线束插头 3,拆下倾斜度调节装置,如图 9-16 所示。

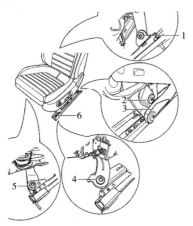
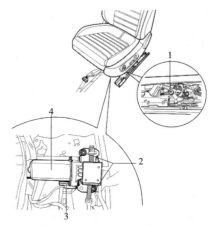

图9-15 拆卸前座椅纵向调节装置示意图
1、2、4、5-螺栓；3-传动杆；6-纵向调节装置

图9-16 拆卸前座椅倾斜度调节装置示意图
1、2-螺栓；3-线束插头；4-倾斜度调节装置

2) 电动座椅的安装

与拆卸过程相反。

2. 电动座椅主要部件的检修

由于不同车型的电动座椅组件结构不相同，所以在维修时应该针对不同的车型，确定相应的维修方法。

1) 电动座椅控制开关的检修

电动座椅控制开关包括驾驶人侧座椅开关和乘客侧座椅开关，如图9-17所示。按表9-1所示拨动电动座椅控制开关上的开关，按图9-17所示测试开关接线各端子之间是否导通。如果有一项不满足要求，应更换电动座椅控制开关。

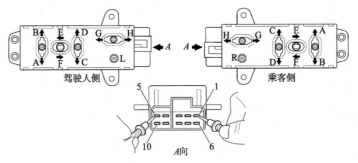

图9-17 电动座椅控制开关及端子排列

电动座椅控制开关线路导通情况的检测　　　　表9-1

开关位置	开关端子	开关完好时万用表指示	开关位置	开关端子	开关完好时万用表指示
位置A	10和5	导通	位置E	6和5	导通
位置B	7和5	导通	位置F	3和5	导通
位置C	9和5	导通	位置G	2和5	导通
位置D	8和5	导通	位置H	4和5	导通
开关位置于中间位置	1和2、3、4、6、7、8、9、或10	导通			

2)电动座椅调节电动机的检修

对电动座椅调节电动机的检测应先将其从座椅上拆下来才能进行,其检修方法如下:

(1)当将电动座椅调节电动机处于某一种调节状态时,检测各端子与电源之间的连接情况应符合要求。分别用导线将电动机连接器的相应两个端子与蓄电池的正、负极相连,检查电动机工作情况。必须注意的是:当电动机通电后不转,或有异常响声,均应立即停止检测。

(2)如检测到某个调节电动机不运转或运转不平稳,则拔下该电动机上的两芯连接器,直接将蓄电池正、负极用导线与该电动机连接,进行通电检测。如此时电动机运转无问题,则为调节电动机两芯插座之间的导线可能有断路、搭铁或接触不良现象。

(3)如单独对电动机通电后仍不运转或运转不正常,说明该电动机有故障,则应更换新件。

3. 电动座椅常见故障诊断

电动座椅常见故障原因分析见表9-2。

电动座椅常见故障原因分析　　　　　　　　　　　表9-2

故障现象	故障原因	解决办法
所有电动座椅都不能动	电动座椅电路断路器损坏(或熔断丝失效)	检修
	搭铁不良或搭铁线路断路	检测、维修
一个电动座椅都不能动	该电动座椅的输入电源线路断路或接触不良	检修
	该电动座椅的搭铁不良或线路断路	检修
	开关失效	更换新件
电动座椅前、后端不能垂直升降或整个座椅不能垂直升降	前垂直调节电动机、后垂直调节电动机的连接线路故障	检查线路接头是否接触牢固
	前垂直调节电动机、后垂直调节电动机故障	检测电动机
	控制开关失效	更换控制开关
	传动装置失效	检修传动装置
	调整不当	重新调整
电动座椅不能前移或后移	水平电动机的连接线路故障	检查线路接头是否接触牢固
	水平电动机故障	检查电动机
	前进、后退开关故障	在前进、后退挡位切换的情况下检测开关输出端是否有电压
	传动装置失效	检修传动装置

任务小结

(1)电动座椅一般由双向电动机、传动机构和电动座椅开关等组成。

(2)要实现座椅位置的存储与恢复,则必须有座椅位置传感器。电动座椅位置传感器主要有滑动电位器式和霍尔式两种形式。

(3)电动座椅的永磁式双向直流电动机通过控制开关来改变流经电动机内部的电流方向,从而实现转动方向的改变。

学习任务十 刮水器无间歇挡故障诊断与修复

任务描述

客户到店维修反映,他所驾驶的一汽大众迈腾轿车,将刮水器置于间歇挡时,刮水器不动作,而其他挡位则工作正常。现在请你对客户轿车的刮水器进行检修。

刮水器的作用是清扫风窗玻璃上的雨水、雪或尘土,保证汽车在雨天或雪天时,驾驶人有良好的视线,确保行驶安全。

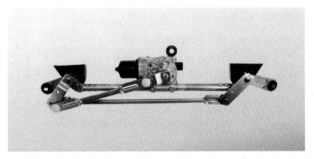

目前在汽车上广泛采用电动刮水器,刮水器开关一般具有高速、低速及间歇三个工作挡位,除了变速之外,还有自动回位的功能。

大多数汽车的风窗玻璃上装有两个刮水片,有些汽车后窗也装有一个刮水片,甚至有些高级轿车的前照灯上也装有刮水片。

学习目标

(1)掌握电动刮水器的组成和各部分功用。
(2)能正确描述电动刮水器系统的工作原理、使用及系统的控制方法。
(3)能正确识读和分析电动刮水器的电路图。
(4)会正确拆装电动刮水器系统各部件。
(5)会检测判断电动刮水器系统各部件性能。
(6)会分析诊断和排除电动刮水器系统常见故障。
(7)具备信息查询和手册使用的基本能力。
(8)能够按照企业5S要求和安全生产规范进行操作。
(9)能与同学密切合作,规范安全地完成学习活动。
(10)养成自主学习的习惯,培养规范操作的工作作风及环保意识。
建议学时:**6学时**。

一、电动刮水器的组成与结构

电动刮水器在车上的位置如图 10-1 所示,电动刮水器操作开关如图 10-2 所示。

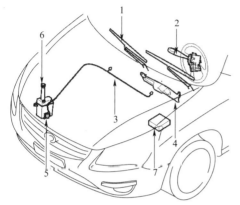

图 10-1 电动刮水器在车上的位置
1-风窗玻璃刮水臂、刮水片;2-刮水器、喷水器开关;3-风窗玻璃喷水器软管;4-风窗玻璃刮水器电动机、连杆;5-喷水电动机;6-喷水器储液箱;7-刮水器继电器

图 10-2 迈腾电动刮水器操作开关
1X-刮水器单次工作挡;OFF-停止挡;INT-间歇挡;LOW-低速挡;HIGH-高速挡

电动刮水器的结构

汽车的电动刮水器一般由直流电动机、蜗轮箱、曲柄、连杆、摆杆、摆臂和刮水片等组成。一般电动机和蜗轮箱结合成一体组成刮水器电动机总成。曲柄、连杆和摆杆等杆件可以把蜗轮的旋转运动转变为摆臂的往复摆动,使摆臂上的刮水片实现刮水动作。电动刮水器的结构如图 10-3 所示。

二、电动刮水器的工作原理

图 10-4 所示为轿车电动刮水器控制电路图,其控制系统可实现对刮水器高速运转、低速运转、间歇运转(间歇时间可调整)、喷水联动及刮雾联动等的控制。现介绍其工作原理。

1. 刮水器高速运转控制

刮水器需高速运转时,将刮水器开关转至 HI(高速挡),电流通路为:点火开关 ON 时电源→前刮水器熔断丝 22→J_{400} 电动机 V 接头→电动机控制单元 J_{400}→646 前围板上搭铁点 2 前刮水器电动机起动,此时刮水器电动机电流的大小受 J_{519} 控制,

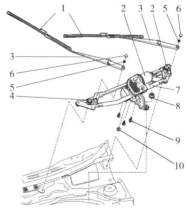

图 10-3 一汽大众迈腾轿车电动刮水器的结构
1-无骨刮水片;2-车窗玻璃刮水电动机;3-刮水臂;4-刮水器框架紧固螺栓;5-刮水臂紧固螺母;6-盖罩;7-带连杆的刮水器框架;8-刮水器框架车身紧固螺母;9-刮水器电动机紧固螺母;10-电动机曲柄紧固螺母

电流最大,转速最快,驱动风窗上的刮水片快速摆刮。

2. 刮水器低速运转控制

刮水器需低速运转时,将刮水器开关转至 LO(低速挡),电流通路与高速相同,唯一不同就是电流大小受到了 J_{519} 的控制,如图 10-4 所示。

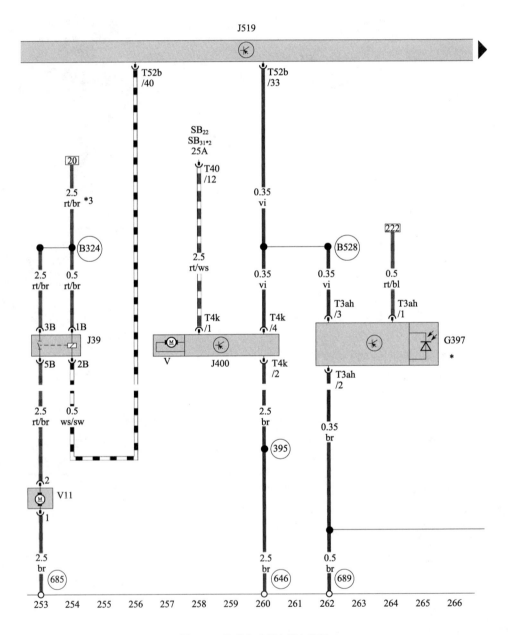

图 10-4 汽车电动刮水器电路图

G397-雨量传感器;J400-刮水器电动机控制单元;V-刮水器电动机;646-前围板上搭铁点 2;B528-LIN 总线线束 1;J519-车载电网控制单元;SB_{22}-熔断丝 22;SB_{31}-熔断丝 31(只用于 6 缸发动机)

操作指引

1. 组织方式

(1) 场地设施:举升机一台。
(2) 设备设施:自动挡迈腾轿车一辆。
(3) 工量具:常用拆装工具、刮水器专用拆卸工具、预置式扭力扳手、数字万用表等。
(4) 耗材:线束。

2. 操作要求

(1) 穿着干净整齐的工作服。
(2) 遵守场地安全规定,注意用电安全。
(3) 正确使用拆装工具、数字万用表、测量仪器等工具。

任务实施

1. 刮水器的拆装

1) 电动刮水器的拆卸

以迈腾1.8T汽车为例,说明电动刮水器的拆卸方法。

(1) 所需的工具(图10-5)。

① 拆卸楔:3409。
② 扭力扳手:V.A.G 1783。
③ 拆卸楔:T10383。

刮水器拆装

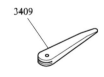 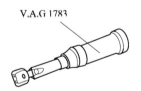 

图10-5 拆卸工具

(2) 拆卸步骤。

① 关闭电动刮水器APS功能。
② 将刮水器运行至终端停止位置,并关闭点火开关。
③ 断开蓄电池。
④ 用螺丝刀撬下刮水臂紧固螺母盖罩,拧松紧固螺母,拆下刮水臂。
⑤ 拆卸排水槽盖板。
⑥ 解锁并脱开插头连接2,从刮水器支撑板中脱开导线支架3,取下发动机线束固定卡,旋出紧固螺母和垫片4,旋出螺母1,取下带连杆的刮水器框架和刮水器电动机,如图10-6所示。

⑦用撬杆从电动机曲柄中撬下连杆1的球头,如图10-7所示。

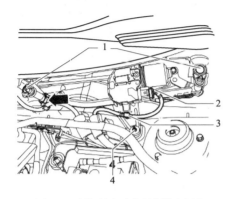

图10-6 拆卸风窗玻璃刮水器示意图
1-螺母;2-插头连接;3-导线支架;4-垫片

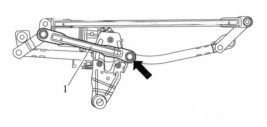

图10-7 拆卸刮水器电动机示意图
1-连杆

⑧拧下六角螺母,从刮水器电动机上拔下电动机曲柄2,旋出紧固螺母并取下固定板3,最后从刮水器框架内取出刮水器电动机和控制单元,如图10-8所示。

2)电动刮水器的安装
与拆卸过程相反。

(1)调节车窗玻璃刮水片终端停止位置,关闭APS功能,刮水器电动机运行到终端位置,然后关闭点火开关,调节车窗玻璃刮水片终端停止位置。

(2)驾驶侧橡胶尖端与风窗玻璃下边缘之间的距离 A 为39mm,副驾驶侧橡胶尖端与排水槽盖板上边缘之间的距离 B 为14mm,用

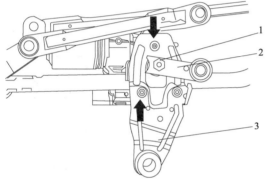

图10-8 分离刮水器电动机示意图
1-六角螺母;2-电动机曲柄;3-固定板

扭力扳手紧固螺母,如图10-9所示。

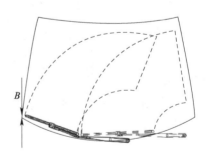

图10-9 刮水片终端停止位置示意图

2. 电动刮水器常见故障诊断

电动刮水器常见故障原因与排除见表10-1。

电动刮水器常见故障原因与排除 表 10-1

故障现象	故障原因	故障排除方法
刮水器电动机不转	(1)刮水器电动机电源电路断路； (2)继电器及开关接触不良； (3)电动机电刷与换向器接触不良； (4)电动机电枢桡组卡死或烧坏； (5)传动机构损坏	(1)检查刮水器电动机电源是否断路； (2)检查继电器及开关是否工作正常； (3)检修或更换； (4)检修或更换； (5)检修或更换
刮水器无低速、高速及间歇挡	(1)熔断丝熔断或继电器损坏； (2)刮水器开关损坏； (3)刮水器电路故障； (4)刮水器电动机失效	(1)检查熔断丝及继电器是否正常； (2)检查刮水器开关工作是否正常； (3)检查插接器及相关电路是否正常； (4)检查刮水器电动机是否正常
刮水器无自动停位功能	(1)刮水器开关的停位触头损坏； (2)减速器蜗轮输出轴背面的自动停位导电片和减速器盖板上的导电触头损坏	(1)检查刮水器开关的停位触头,若损坏则更换； (2)检修或更换
刮水动作迟缓	(1)蓄电池亏电或开关接触不良； (2)刮水片与风窗玻璃接触面过脏； (3)电动机轴承或传动机械润滑不良； (4)电动机电刷接触不良； (5)电枢绕组短路或搭铁	(1)检修或更换； (2)清理赃物； (3)检查并加注润滑油； (4)更换电刷和弹簧； (5)检修或更换
刮水片振动	(1)风窗玻璃过脏； (2)刮水片损坏； (3)刮水片的倾角不对； (4)传动机构故障	(1)清洗风窗玻璃； (2)更换刮水片； (3)重新调整倾角； (4)检修或更换

任务小结

(1)汽车的电动刮水器一般由直流电动机、蜗轮箱、曲柄、连杆、摆杆、摆臂和刮水片等组成。

(2)汽车电动刮水器故障时,主要掌握如何根据故障现象来确定故障原因和故障部位。

学习任务十一　汽车防盗系统故障诊断与排除

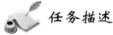 **任务描述**

一辆 2011 年产一汽大众迈腾 B7L 轿车,发动机能起动,但起动后会立即熄火,反复起动多次均是如此。

从故障现象分析,由于发动机能顺利起动,因此初步判断为发动机起动后熄火与该车的防盗系统有关,所以需要对该车的防盗系统检修。

 **学习目标**

(1)能描述汽车防盗系统的功能、组成和各部分功用。

(2)能描述汽车防盗系统的工作原理。

(3)能描述汽车防盗系统的类型。

(4)能描述汽车防盗系统的解除与设定方法。

(5)能进行防盗锁止系统控制单元、ELV 控制单元、防盗报警装置及点火钥匙的匹配及激活。

(6)能够按照企业 5S 要求和安全生产规范进行操作。

(7)能正确识读和分析汽车防盗系统电路图。

(8)能诊断与排除汽车防盗系统的故障。

(9)能与同学密切合作,规范安全地完成学习活动。

(10)养成自主学习的习惯、培养规范操作的工作作风及环保意识。

建议学时:**6 学时**。

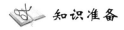知识准备

一、汽车防盗报警系统基本类型

汽车防盗报警系统可分为机械式和电子式两种,机械式防盗报警系统是用纯机械的方式对油路、变速杆、转向盘、制动器等进行控制,如变速杆锁锁住变速杆使其不能移动;转向盘锁(又称拐杖锁)挂在转向盘和离合器踏板之间使转向盘不能转动。这些方法,虽然费用低,但是使用不便,安全性差,已经逐渐被淘汰。

当前汽车主要采用电子式防盗报警系统,按系统中是否使用微机控制,电子防盗报警系统可分为普通电子防盗报警系统和微机控制防盗报警系统。目前,中低档汽车上多采用振动触发的普通电子防盗报警系统,中高档汽车多采用微机控制的电子钥匙式发动机防盗报警系统。

当电子式防盗报警系统起动后,如有非法移动车辆、划破玻璃、破坏点火开关锁芯、拆卸轮胎和音响、打开车门、打开燃油箱加注口盖、打开行李舱门等,防盗报警系统立刻报警。

电子式防盗报警系统按功能分为三类:

(1)防止非法进入车辆的防盗报警系统。防盗报警系统启用后,通过监视是否有移动物体进入车内达到防盗。主要为红外线监视系统,布置在车辆内部周围的一组红外传感器构成一道无形帘幕,以监视防盗报警系统启用后是否有移动物体进入车内。该系统安全性高,可靠性强,但由于需要布置多个红外线发射接收装置,成本较高。

(2)防止破坏或非法搬运车辆的防盗报警系统。系统启用后,通过超声波传感器、振动传感器或倾斜传感器监测是否有人破坏或搬动车辆。该系统需增加相应的遥控系统和报警系统,因此成本高,使用不便,而且由于传感器灵敏度难以准确设定,易误报警和漏报警,安全性差,报警信号对环境也构成污染。

(3)防止车辆被非法开走的防盗报警系统。此类防盗报警系统多采用带密码锁的遥控系统,通过校验密码,确定是否容许接通起动机、点火电路等,从而防止车辆被非法开走。其安全性较差、使用不便。

现代防盗报警系统多采用电子应答的方法来判断使用的钥匙是否合法,并以此确定是否容许发动机 ECU 工作。水平较高的防盗报警系统还具备遥控器报警、遥控起动等功能。

二、防盗报警系统的一般组成

防盗报警系统一般由各种开关、ECU 和报警装置等组成,如图 11-1 所示。

1. ECU

ECU 包括防盗 ECU 和车身 ECU,当 ECU 接收到各开关的信号和检测到汽车被盗情况时,报警装置发出报警信号,系统控制框图如图 11-2 所示。

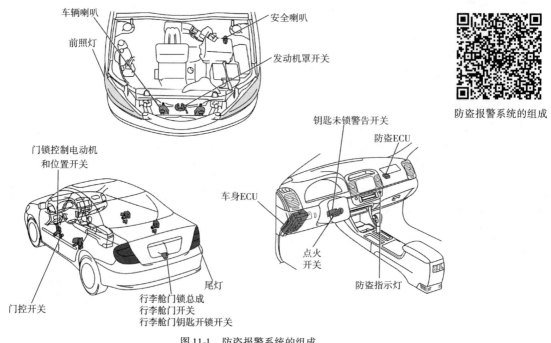

图 11-1 防盗报警系统的组成

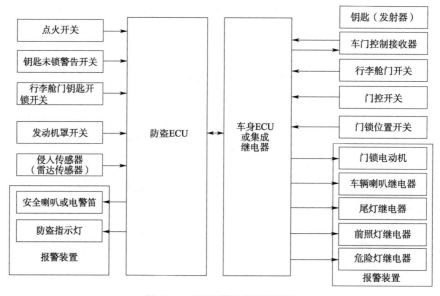

图 11-2 防盗报警系统控制框图

2. 报警装置

报警装置包括安全喇叭、车辆喇叭、前照灯和尾灯、防盗指示灯等。其中防盗指示灯用来指示系统是否处于警戒状态。当系统处于有警戒状态时,指示灯闪烁,通知汽车周围的人,此车装有防盗报警系统。

3. 各种开关

各种开关包括门控开关、发动机罩开关、行李舱门开关、点火开关、钥匙未锁警告开关、门锁位置开关、行李舱门钥匙开锁开关等。其中门控开关、发动机罩开关和行李舱门开关用于检测各车门、发动机罩、行李舱门的开/闭状态。钥匙未锁警告开关用来检测钥匙是否插进了点火锁芯中。门锁位置开关和行李舱门钥匙开锁开关用来开关检测各门的锁止/开锁状态。

三、防盗报警系统基本工作原理及功能

1. 防盗报警系统基本工作原理

当启动防盗报警系统后,只有通过遥控器发出的开锁信号被ECU接收到或用车钥匙插入锁孔开关,才能使防盗ECU解除警戒状态,此时可正常开门。否则,防盗ECU根据各种开关信号及ECU反馈信号判定为非法开启,于是接通喇叭线路和各种报警装置进行报警。

上述防盗方法简单,防止开门的手段只有门锁、遥控器和开关,而没有办法防止盗贼将车开走。为此,防盗报警系统增加了防盗功能,主要有增强中控门锁功能和增强车辆锁止功能。

2. 增强中控门锁功能

1)测量门锁钥匙电阻

如图11-3所示,车辆的每把钥匙均设有一定电阻,并存储在防盗ECU中。用正常的点火钥匙插入锁体时,芯片与电阻检测触头接触。当锁体转到起动挡时,钥匙芯片的电阻值输送到电子钥匙解码器。若钥匙芯片的电阻值与电子钥匙解码器中存储的电阻值一致,则起动机和发动机电控系统工作。当防盗报警系统启动后,所有车门被锁住,此时若用齿形相同但阻值不同的钥匙开启车门或起动发动机,则防盗报警系统判定为非法进入,并进行防盗报警,同时切断起动继电器控制线圈的搭铁回路,使起动机不能工作或向发动机ECU通信,控制喷油器不喷油。该方法防盗效果好,但缺点是拆下蓄电池电缆后,需向防盗ECU重新输入钥匙中设定的电阻值,因此需要维修人员了解重新设定技术,也给防盗报警系统留下了漏洞。

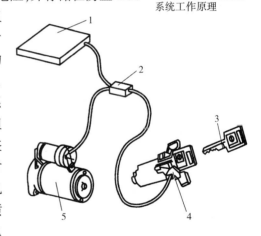

图11-3 增强功能的防盗报警系统
1-发动机ECU;2-电子钥匙解码器;3-芯片;4-电子检测接头;5-起动机

2)加装密码锁

车用密码锁的功能与钥匙、遥控器处于同一地位,即用其中任何一种方法都可以打开车门,这样,加装密码锁后,车主就无须为保管好钥匙或遥控器以免丢失而头疼。密码锁有十位键,而密码则一般取五位数。也就是说,密码共有十万种组合。已设定的密码也可以由车主任意改变,所以车主不必担心密码被窃取。一旦密码被盗,车辆无须重新解码即可使用。

3)遥控器增加保险功能

即使复制不了钥匙,破译不了密码,对于窃贼来说只要能复制遥控器就可以轻松打开车

门。普通遥控器的复制对于专业人士来说并不是难事,只要用一台示波器测出遥控器发出的无线电信号频率即可。

为防止遥控器被复制,有些车采用一种新的遥控器,它与防盗 ECU 配合,由固定程序设定频率,即每次车主重新锁门后,遥控器与接收器均按事先设定的程序同时改变另一频率,这样遥控器便无法复制。

4)意外振动报警器

在车辆内部加装一个振动传感器,防盗报警系统启动后,若汽车受到意外移动、碰撞,使传感器反馈信号大于设定值时,有阻吓功能的灯光、喇叭同时工作,并提醒车主注意。

3. 增强汽车锁止功能

1)使起动机无法工作

使用这种方法的汽车上,采用防盗 ECU 控制起动继电器线圈的搭铁电路,从而控制起动机是否工作。若通过正常途径解除防盗警戒,则起动机、喇叭和灯光处于正常工作状态。若未解除防盗警戒,即使短接钥匙孔后部的起动线,也无法起动发动机。

2)使发动机无法工作

防盗 ECU 不仅控制起动机线路,也可切断燃油泵继电器控制线路,使发动机处于不供油状态。同时还可控制自动变速器继电器控制线路,使自动变速器液压油路控制电磁阀无法工作,达到即使起动发动机,也无法使变速器运转的目的。同时还可切断 ECU 中的某些搭铁线路,使点火系不工作或喷油器处于切断位置,从而使发动机无法工作。

3)使发动机 ECU 处于非工作状态

防盗警戒解除后,防盗 ECU 将某一特定频率的信号送至发动机 ECU,发动机 ECU 正常工作。若未解除防盗警戒或直接切断防盗 ECU 电源,则该信号不存在,发动机 ECU 停止工作。

四、一汽大众迈腾轿车防盗系统

1. 第三代防盗报警系统

一汽大众迈腾轿车第三代防盗报警系统如图 11-4 所示,系统由带脉冲转发器的钥匙、识读线圈(在点火开关上)、防盗 ECU(又称防盗控制单元,装在转向管柱左边支架上)和防盗指示灯组成。此外发动机 ECU 也有防盗的作用。

1)带脉冲转发器的钥匙

每把钥匙都有棒状转发器,内含有运算芯片和一个细小电磁线圈。该系统工作期间,其线圈与点火锁芯中的识读线圈以感应方式进行通信,以便在转发器运算芯片与防盗报警控制单元(ECU)之间传输各种信息。

2)识读线圈

识读线圈又称收发线圈,安装在点火锁芯

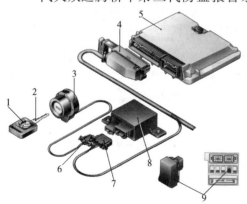

图 11-4 一汽大众迈腾轿车第三代防盗报警系统的组成
1-脉冲转发器;2-汽车钥匙;3-识读线圈;4、6、7-连接器;5-发动机控制单元;8-防盗 ECU;9-防盗指示灯

上,通过导线与防盗 ECU 相连,作为防盗 ECU 的负载,担负着防盗 ECU 与脉冲转发器之间信号及能量的传输任务。

3)防盗 ECU(或防盗控制单元)

防盗 ECU(或防盗控制单元)是一个包括微处理器的电子控制器,在点火开关接通时,防盗 ECU 用于系统密码运算、比较,并控制整个系统的通信,包括与脉冲转发器、发动机 ECU 的通信,同时还可以与诊断仪进行通信。

4)基本工作原理

汽车防盗报警系统安装匹配后,防盗 ECU 便存储了该车发动机 ECU 的识别密码以及 3 把钥匙中脉冲转发器的识别密码,同时每个脉冲转发器也存储了相应的防盗 ECU 的有关信息。将钥匙插入点火锁芯并接通点火开关时,防盗 ECU 首先通过锁芯上的识读线圈将一随机数据传输给钥匙中的脉冲转发器,经特定运算后,脉冲转发器将结果反馈给防盗 ECU,防盗 ECU 将其与 ECU 中存储的识别密码相比较,若密码吻合,系统即认定该钥匙为合法钥匙。防盗 ECU 还要对发动机 ECU 进行识别。只有钥匙(脉冲转发器)、发动机 ECU 的密码都吻合时,防盗 ECU 才容许发动机 ECU 工作。

防盗 ECU 通过一根串行通信线将经过编码的工作指令传到发动机 ECU,发动机 ECU 根据防盗 ECU 的数据来决定是否起动汽车。同时,诊断仪可通过串行通信接口(K 线)对系统进行故障诊断、编码等操作。在识别密码的过程(2s)中,防盗指示灯会保持点亮状态。如果有任何错误发生,发动机 ECU 将停止工作,同时指示灯会以一定频率闪亮。

2. 第四代防盗锁止系统

一汽大众迈腾 B7L 车配备了具有在线连接功能的第四代防盗锁系统。第四代防盗锁止系统重要的组成部件是中央数据库,其中存储了系统中各个控制单元所有与防盗有关的数据。在无在线连接的情况下,无法匹配防盗锁止系统中的控制单元与数据库。

(1)第四代防盗锁系统与第三代防盗锁止系统的不同之处在于:

①通过传真查询防盗锁止系统组件密码或者暂时自动识别组件无法实现。

②防盗锁止系统中所有的组件必须在线匹配。

③所有的点火钥匙(包括后续订购的)在出厂前已经预编码,并只能与该辆车进行匹配。

④后续订购的点火钥匙必须输入各自的车辆识别号。

⑤在大众汽车车型中不能再匹配使用其他集团品牌的组件。

(2)防盗锁止系统的组成。防盗锁止系统由防盗锁止系统控制单元、ELV(电子转向柱锁止装置)控制单元、电子点火开关、发动机控制单元、点火钥匙等组成。

防盗锁止系统控制单元集成在舒适系统中央控制单元内,防盗锁止系统控制单元损坏时必须更换舒适系统中央控制单元。防盗锁止系统读取单元集成在电子点火开关内,并不能单独更换。

①防盗锁止系统控制单元的功能:通过在线连接把所有与防盗相关的数据都上传存储在中央数据库里;防盗锁止系统所有组件之间的通信;防盗锁止系统中的控制单元之间数据加密。

②在电子点火开关中(视装备而定)集成了下列部件:防盗锁止系统读取单元、按键照明灯灯泡、点火钥匙防拔出锁磁铁。

③ELV(电子转向柱锁止装置)控制单元内集成了转向柱锁止装置的执行元件,通过舒适系统中央控制单元内的防盗锁止系统控制单元锁止和解锁转向柱。

④点火钥匙是没有钥匙齿的,因为车辆不是通过钥匙旋转起动,而是通过滑移起动的。在点火钥匙内集成了识别钥匙的读取线圈和应急钥匙。当无法用无线遥控器打开驾驶人车门时,用应急钥匙可以机械地打开车门。应急钥匙插在点火钥匙内,并且可以通过按压侧面的按键分两级脱开卡止位。

3. 一汽大众迈腾 B7L 防盗报警装置组成

一汽大众迈腾 B7L 防盗报警装置由舒适系统中央控制单元、驾驶人侧车门接触开关、副驾驶人侧车门接触开关、发动机罩接触开关、左后车门接触开关、右后车门接触开关、发动机罩接触开关、驾驶人侧车门控制单元、副驾驶人侧车门控制单元、中央门锁和防盗报警装置天线、报警喇叭等组成,如图 11-5 所示。

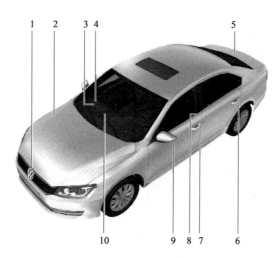

图 11-5 一汽大众迈腾 B7L 防盗报警装置

1-发动机罩接触开关;2-报警喇叭;3-舒适系统中央控制单元;4-副驾驶人侧车门控制单元;5-副驾驶人侧车门接触开关;6-左后车门接触开关;7-驾驶人侧车门接触开关;8-中央门锁 SAFE 功能指示灯;9-驾驶人侧车门控制单元;10-中央门锁和防盗报警装置天线

4. 一汽大众迈腾 B7L 防盗报警系统电路图

一汽大众迈腾 B7L 防盗报警系统电路图如图 11-6 所示。

操作指引

1. 组织方式

(1)场地设施:举升机一台。

(2)设备设施:大众汽车一辆。

(3)工量具:汽车拆卸工具一套、数字万用表、专用诊断仪等。

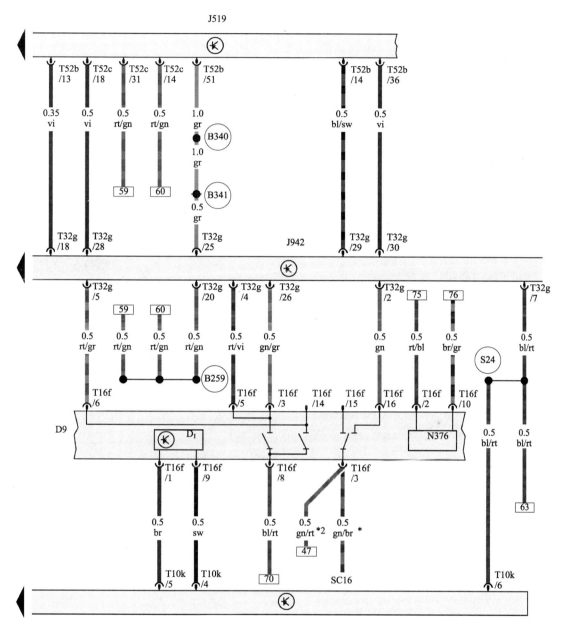

图 11-6　一汽大众迈腾 B7L 防盗报警系统电路图

D1-防盗锁止系统读取单元；D9-电子点火开关；J519-车载电网控制单元；J764-电子转向柱锁止装置控制单元；J942-发动机起动控制系统的控制单元；N376-点火钥匙拔出锁止电磁铁；SC16-熔断丝架 C 上的熔断丝 16；T10k-10 芯插头连接；T16f-16 芯插头连接；T32g-32 芯插头连接；T52b-52 芯插头连接；T52c-52 芯插头连接

2. 操作要求

(1) 穿着干净整齐的工作服。

(2) 遵守场地安全规定，注意用电安全。

(3) 正确使用拆装工具、数字万用表、专用诊断仪等工具。

任务实施

一汽迈腾 B7L 防盗报警系统检修

1. 匹配防盗锁止系统控制单元

（1）连接车辆诊断测试仪。

（2）选择车辆诊断测试仪中的运行模式"引导型故障查询"或"引导型功能"。通过"跳转"键选择"功能/部件选择"并按照下列顺序选择菜单项。

①底盘。

②电气系统。

③01 - 具有自诊断功能的系统。

④防盗锁止系统。

⑤功能。

⑥匹配防盗锁止系统。

拆卸和安装电子点火开关

2. 拆卸、安装以及检测电子点火开关

如果更换了电子点火开关，不需要进行编码、基本设置或匹配。拆卸和安装电子点火开关所需要的专用工具钳子 VAS 6339 如图 11-7 所示。

（1）拆卸电子点火开关。

①关闭点火开关和所有用电器，并脱开位于 0（预锁止位置）位中的点火钥匙。

②拆卸驾驶人侧挡板、杂物箱、盖板和挡板；拆卸组合仪表挡板。

③压下挡板 1 的盖子 3，以便可以触及挡板 1 的卡止件 2，如图 11-8 所示。

④通过这两侧的凹槽，使专用工具钳子 VAS 6339 向外压挡板的卡止件，取下挡板，如图 11-9 所示。

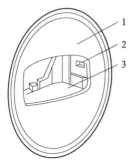

图 11-7 专用工具钳子 VAS 6339

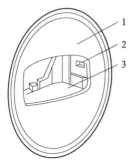

图 11-8 组合仪表挡板
1-挡板；2-卡止件；3-盖子

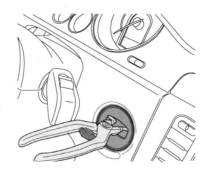

图 11-9 组合仪表挡板拆卸

⑤拧出螺栓1,如图11-10所示。

⑥解锁两侧卡止件,并沿箭头方向从驾驶人侧挡板2中取出电子点火开关1,如图11-11所示。

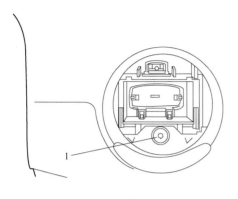
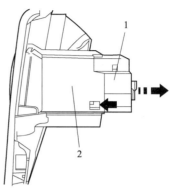

图11-10　螺栓拆卸　　　　　　图11-11　电子点火开关拆卸
1-螺栓　　　　　　　　　　　1-电子点火开关;2-挡板

(2)安装电子点火开关。安装大体以倒序进行。

(3)检测电子点火开关。

①连接车辆诊断测试仪。

②选择车辆诊断测试仪中的运行模式"引导型故障查询"或"引导型功能"。通过"跳转"键选择"功能/部件选择"并按照下列顺序选择菜单项:

a.底盘。

b.电气系统。

c.01 – 具有自诊断功能的系统。

d.防盗锁止系统。

e.防盗锁止系统电气部件。

f. D9 电子点火开关。

3. 匹配点火钥匙及匹配过程中需要注意的事项

如果用户遗失了钥匙,为了安全起见,必须将其他所有合法钥匙完成配钥匙的程序,这样才能将丢失的钥匙变为非法,不能起动发动机。如因钥匙不能正常工作,导致不能正常解锁/闭锁,也可通过对钥匙的匹配来解决问题。

(1)匹配点火钥匙。

①连接车辆诊断测试仪。

②选择车辆诊断测试仪中的运行模式"引导型故障查询"或"引导型功能"。通过"跳转"键选择"功能/部件选择"并按照下列顺序选择菜单项。

a.底盘。

b.电气系统。

c.01 – 具有自诊断功能的系统。

d.防盗锁止系统。

e. 功能。

f. 匹配钥匙。

(2)钥匙匹配过程中需要注意的事项。

①匹配全部钥匙操作的 10 个步骤不能超过 30s。如果只是插入钥匙而没有打开点火开关,那么这把钥匙匹配无效。

②如果系统在读识钥匙的过程中发现错误,如将已匹配的钥匙再进行匹配等,则警告灯以每秒两次的频率闪亮,读钥匙过程自动中断。

③每次匹配的过程顺利完成后,警告灯以每秒两次的频率闪亮,然后熄灭 0.5s,再点亮 0.5s,最后熄灭。

任务小结

(1)系统由各种开关、ECU 和报警装置等组成。

(2)防盗报警系统增加了防盗功能,主要有增强中控门锁功能和增强车辆锁止功能。

(3)增强中控门锁功能:测量门锁钥匙电阻、加装密码锁、遥控器增加保险功能、意外振动报警器。

(4)增强汽车锁止功能:使起动机无法工作、使发动机无法工作、使发动机 ECU 处于非工作状态。

(5)防盗报警系统的设定:关闭所有车门,关闭发动机罩和行李舱门,从点火开关锁芯中拔出点火钥匙;用钥匙锁住左侧或右侧前门;用门锁遥控器锁住所有车门;保持所有后门锁住及一扇前门锁住,不用钥匙锁住另一扇前门。

(6)解除防盗报警功能:用钥匙打开左侧或右侧前门;用无线遥控器打开所有车门;将点火钥匙插入点火锁芯,并将其转至 ACC 或 ON 位置时;用钥匙打开行李舱门。

学习任务十二 安全气囊系统故障诊断与排除

 **任务描述**

一位客户反映他所驾驶的一汽迈腾 B7L 轿车,发生交通事故后,车内正副驾驶人侧安全气囊都引爆,但经过更换双安全气囊及安全气囊控制单元后,仪表板上的安全气囊警告灯仍常亮,所以需要对安全气囊系统检修。

 学习目标

(1)能描述汽车电控安全带系统的功能、组成和工作原理。
(2)能描述汽车安全气囊系统的功能、组成、各部分功用和工作原理。
(3)能描述汽车安全气囊系统的分类。
(4)能描述汽车安全气囊系统的控制过程、动作过程和有效作用范围。
(5)具备信息查询和使用维修手册的基本能力。
(6)能够按照企业5S要求和安全生产规范进行操作。
(7)能正确识读和分析汽车安全气囊系统电路图。
(8)能诊断与排除汽车安全气囊系统的故障。
(9)能与同学密切合作,规范安全地完成学习活动。
(10)养成自主学习的习惯,培养规范操作的工作作风及环保意识。
建议学时:6 学时。

 知识准备

汽车安全、节能、环保已成为当今汽车工业乃至整个人类社会面临的三大焦点问题,汽车安全问题更是首当其冲。汽车安全有主动安全与被动安全之分。主动安全是指事故发生前的预防。被动安全是指在撞车的时候保护车辆的乘员。重要的是两者均要使车舱的损坏降到最小,以及使在车舱之内由乘员的惯性所引起的二次碰撞所造成的损伤最小化。

当汽车发生事故时,对乘员的伤害是在瞬间发生的。例如,以车速 50km/h 进行正面撞车时,其发生时间只有 1/10S 左右。为了在这样短暂的时间中防止对乘员的伤害,必须设置安全装备,目前主要有安全带、防撞式车身和安全气囊系统(Supplemental Restraint System, SRS),如图 12-1 所示。

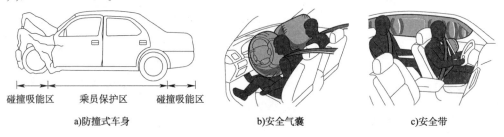

a)防撞式车身　　　　　b)安全气囊　　　　　c)安全带

图 12-1　安全装备

对防撞式车身来说,通过车身前面或后面部分的变形来吸收并分散碰撞的撞击力,从而减少传输到乘员的作用力。而座椅安全带是主要约束乘员的措施,系好座椅安全带将防止在撞车期间乘员被抛出车外,也同时使车舱内发生的二次碰撞造成的损伤最小化。除了座椅安全带提供的保护外,SRS 可进一步对乘员进行防护,当发生严重的前面或侧面撞击时,SRS 气囊膨胀,与座椅安全带一起防止或减少伤害。

安全带和安全气囊系统作为被动安全性的主要组成部分,由于使用方便,效果显著,造价不高,得到了迅速的发展和普及。实验和实践证明,汽车装用安全气囊后,汽车发生碰撞事故对驾乘人员的伤害程度大大减小。据统计,在汽车发生碰撞时,安全气囊可使乘员头部受伤率减少 25%,面部受伤率减少 80% 左右。

安全带与安全气囊是现代汽车的两大被动安全装置,但安全带是车辆上保护乘员安全的最重要、最有效、最经济、最普及的安全防护装置。

在任何形式的碰撞事故中,安全带都能将乘员身体可靠地"固定"在原位上,起着全方位的、无条件的安全保护作用;在碰撞事故的适应性方面,安全带远胜于安全气囊,主要表现在以下四个方面:

第一,由于绝大多数轿车安全气囊是针对前碰撞设计的。所以当车辆发生其他形式的碰撞(如侧向碰撞、追尾碰撞、复合碰撞、小车头部钻入大车底部、车辆翻转等)时,安全气囊不起作用,而无论何时安全带均起作用。

第二,安全气囊是一次性的,在车辆发生连续多次大型前碰撞时,安全气囊只能保护一次,其余碰撞的保护只能由安全带来代劳。

第三,根据国外统计数据表明,仅有 10% 的前碰撞事故才能使安全气囊充气。但大部分前碰撞事故是在驾驶人采取了制动措施而又来不及停车的情况下发生的,因此车辆的速度不高,安全气囊起作用的机会远低于安全带。

第四,重大道路交通事故,往往造成乘员从车内甩出或车辆严重翻转时,安全气囊不起作用,但如果乘员事先系好安全带,就有可能避免重大伤亡的发生。

一、汽车电控安全带系统的结构、组成及工作原理

汽车安全带是一种保护乘员的被动安全装置。一旦汽车发生碰撞时,汽车安全带就将

乘员固定在座椅上,限制乘员向前冲或阻止乘员被抛离座椅,使乘员免受车内的二次碰撞,从而减轻乘员伤害的程度达到保护乘员的目的。

电控安全带系统是在安全气囊系统的基础上,增设了防护传感器和左右座椅安全带收紧器。电控安全带系统由碰撞防护传感器、中央碰撞传感器、前碰撞传感器、电控单元(ECU)和安全带收紧器组成,其中安全带收紧器为执行器。安全带在车辆上的安装位置如图 12-2 所示。座椅安全带的结构如图 12-3 所示,主要由织带、带锁扣、安装附件、限力器以及收紧器等组成。

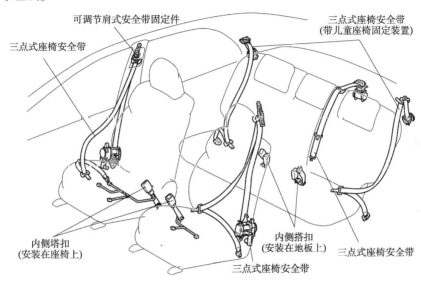

图 12-2 安全带在车辆上的安装位置

1. 安全带收紧器

安全气囊和带有收紧器的座椅安全带给驾驶人和前排乘客提供最大防护。在严重的正面碰撞期间,座椅安全带收紧器立即起作用,通过快速的收紧,使安全带在乘员往前移动之前就回缩一定的长度,这样就可减少乘员向前的移动量。

座椅安全带收紧器是一次性的零件。当座椅安全带收紧器工作时,可能听到操作噪声并放出烟雾状气体,这些气体是无害的。

安全带收紧器由收缩装置轴、收紧器轴、卷筒、钢索、驱动板、活塞、汽缸、点火器等组成,如图 12-4 所示。收紧器轴直接安装在收缩装置轴上(用于卷座椅安全带)并且装入卷筒内部。在正常情况下,收紧器的轴与

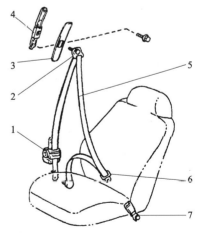

图 12-3 安全带系统的组成
1-收紧器;2-固定件;3-盖;4-固定器调节装置;
5-织带;6-带锁扣(锁舌);7-带锁扣(锁扣)

卷筒之间有间隙,彼此之间并不接触。卷筒上有弹簧,当旋绕卷筒的钢索抽出时,卷筒通过产生的力向内收缩。驱动板与卷筒一起转动。钢索旋绕在圆筒上,一头固定在驱动板上,另一头通过活塞固定在汽缸上。

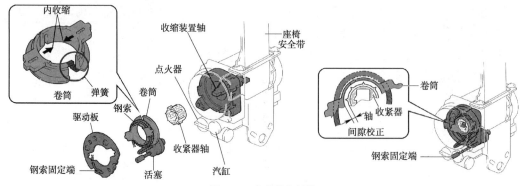

图 12-4 安全带收紧器

当发生的碰撞超过规定值时,来自安全气囊前碰撞传感器的信号使点火器点火,然后产生高压气体。高压气体推动汽缸中的活塞,钢索收缩,使卷筒向中心方向收缩,并压在收紧器轴上与它变成一体。固定驱动板的共用销被剪切掉,使卷筒、驱动板和收紧器轴成为一体,并向盘绕方向旋转,然后收缩座椅安全带来约束乘员,其工作过程如图 12-5 所示。

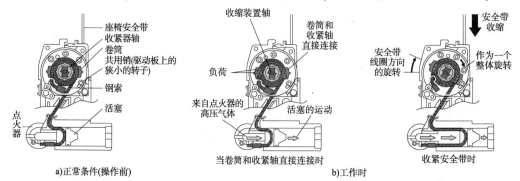

图 12-5 火药式安全带收紧器工作过程

2. 安全带限力器

安全带限力器、安全带收紧器与座椅安全带搭配使用,可使驾驶人和前排乘客受到最大的保护。当汽车发生严重碰撞而使安全带收紧器收紧时,若安全带施加在乘员身上的张力达到预定值时,安全带限力器动作,从而控制施加在乘员胸部的安全带张力。安全带限力器的结构如图 12-6 所示,主要由力限制板、卷筒和收缩装置轴等组成。

火药式安全带收紧器工作过程

当车辆发生严重的正面碰撞时,由于乘员进一步向前移动而使安全带所受的力超过预定值时,力限制板开始变形,卷筒立即旋转,使得绕在其上的安全带得以向外拉出。与此同时,力限制板继续随卷筒的旋转而绕收缩装置轴变形,成为安全带继续拉出的阻力。当卷筒转过 1.3 圈左右时,随着力限制板两端接触,力限制板完成绕收缩装置轴的转动,卷筒也不能再进一步转动,安全带限力器完成其工作。

3. 气体发生器

气体发生器包括金属容器中的点火器和气体发生器颗粒,如图 12-7 所示。当碰撞传感器发出信号,电流便施加到点火器上,点火器点燃并在极短的时间内热量传输到气体发生器颗粒上并放出高压气体。

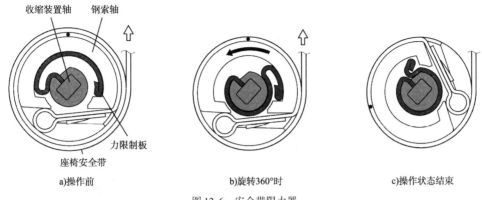

a) 操作前 b) 旋转360°时 c) 操作状态结束

图 12-6 安全带限力器

注意：即使弱电流，点火器也会被点燃。

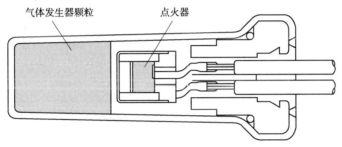

图 12-7 气体发生器

4. 汽车电控安全带系统的工作原理

安全带收紧器为座椅安全带控制系统的执行机构，防护传感器设在 ECU 内部，用于接通安全带收紧器的电源电路。电控安全带系统和 SRS 组成的安全防护系统控制电路如图 12-8 所示。

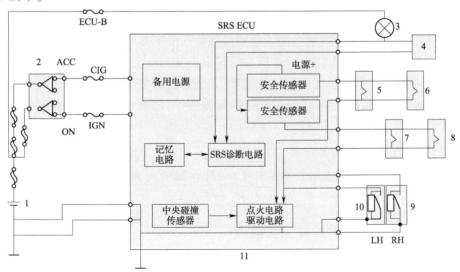

图 12-8 安全带控制系统和 SRS 组成的安全防护系统控制电路图

1-蓄电池；2-点火开关；3-SRS 警告灯；4-诊断座；5-左安全带收紧器；6-右安全带收紧器；7-驾驶人侧气囊点火器；8-乘员侧气囊点火器；9-左碰撞传感器；10-右碰撞传感器；11-SRS ECU

当汽车遭受碰撞且减速度达到前碰撞传感器和防护传感器的设定值时,安全带控制系统的防护传感器将安全带点火器的电源电路接通。前碰撞传感器信号输入 SRS ECU 后,SRS ECU 将立即发出控制指令接通安全带收紧器点火器的电路,电热丝通电红热并引爆引药,引药释放大量热量使充气剂受热分解并释放出大量无毒气体进入收紧器导管。活塞在膨胀气体的推力作用下带动钢索迅速移动。与此同时,钢索通过棘轮机构带动安全带卷筒转动将安全带收紧,并在碰撞后 8ms 内将安全带收紧 10~15cm,使驾驶人和乘员身体向前移动距离缩短,防止面部、胸部与转向盘、风窗玻璃或仪表台发生碰撞而受到伤害。

当汽车行驶速度较低(低于 30km/h)时,控制单元判断为不必引爆安全气囊,仅引爆座椅安全带收紧器的点火器。当汽车行驶速度较高(超过 30km/h)时,碰撞产生的减速度和惯性力较大,传感器将此信号输入 SRS ECU,SRS ECU 向安全带收紧器点火器发出点火指令的同时,还要向气囊点火器发出点火指令,引燃安全气囊点火器。因为安全气囊要在碰撞约 40ms 后,才能充分充气到体积最大,所以在座椅安全带收紧后,驾驶席侧安全气囊和乘员侧气囊才同时爆开,吸收碰撞产生的动能,从而达到保护驾驶人和乘员的目的。

二、安全气囊系统种类

1. 按传感器类型分类

按传感器的类型不同可分为机械式和电子式两种。机械式安全气囊系统不需用电源,全部零件组装在转向盘装饰盖板下面,检测碰撞动作和引爆点火剂都是利用机械动作来完成的。电子式安全气囊系统有两种布置方式,早期的电子式传感器安装在汽车的前端部,气囊引爆装置安装在转向盘上,前端的传感器需要引线连接。现在开发出的整体式安全气囊,把电子式传感器后移,和点火引爆装置作为一个整体安装在转向盘内,可以取消线束,消除了由于线路短路或断路导致气囊失效的故障。

2. 按照安装位置不同分类

根据安装位置不同,安全气囊分为正面碰撞防护安全气囊系统、侧面碰撞防护安全气囊系统、后排碰撞防护安全气囊系统、顶部碰撞防护安全气囊系统和膝部碰撞防护安全气囊系统等,如图 12-9 所示。实际交通事故统计表明,正面碰撞防护安全气囊和三点式安全带配合使用,对正面碰撞事故中的乘员具有更好的保护效果,因此正面碰撞防护安全气囊使用最广。

3. 按照安全气囊安装数量分类

按照安全气囊安装数量分为单气囊系统(只装在驾驶人侧)、双气囊系统(驾驶人侧和前乘客侧各有一个)和多气囊系统(前排、后排、侧面等)。

三、安全气囊系统的组成与工作原理

安全气囊系统分布在汽车的不同位置,各型汽车所采用部件的结构和数量有所不同,但其基本组成和工作原理都大致相同。汽车安全气囊系统主要由传感器、电控单元(ECU)、安全气囊警告灯、安全气囊组件等组成,如图 12-10 所示。

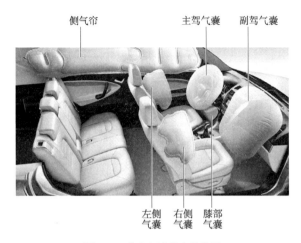

图 12-9 安全气囊的安装位置

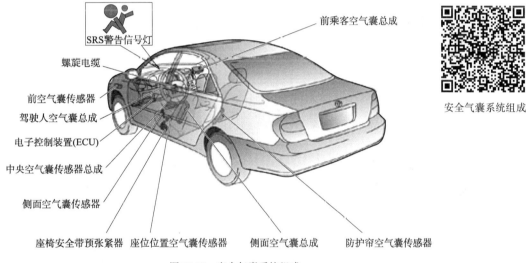

图 12-10 安全气囊系统组成

1. 安全气囊传感器

安全气囊传感器的功用是检测、判断汽车发生事故后的碰撞信号,以便及时启动安全气囊,并提供足够的电能或机械能点燃气体发生器。

安全气囊传感器包括前碰撞传感器、中央碰撞传感器和安全传感器。

1) 前碰撞传感器

前碰撞传感器用来检测汽车遭受碰撞的激烈程度,大多设置 2~4 个,一般安装在车身前部翼子板内侧、前照灯支架下面及散热器支架侧等处。对装有侧向安全气囊系统的汽车,在左右侧也装有碰撞传感器。

前碰撞传感器相当于一个控制开关,按结构可分为机械式和电子式两种,机械式又有滚球式、偏心锤式和滚轴式等类型。

图 12-11 所示为丰田轿车所采用的偏心锤式传感器的外形,图 12-12 所示偏心锤式传感器的结构,主要由外壳、偏心转子、偏心重块、固定触点和旋转触点等部分组成。在传感器

本体外侧有一个电阻R,其作用是对系统进行自检时,检测安全气囊ECU与碰撞传感器之间的线路是否有断路或短路。

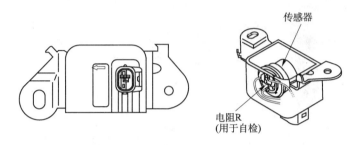

图12-11 偏心锤式传感器外形

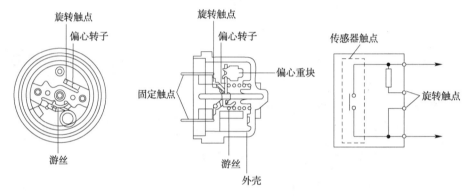

图12-12 偏心锤式传感器的结构

偏心锤式传感器的工作原理如图12-13所示。在正常情况下,偏心转子和偏心重块在螺旋弹簧力的作用下,紧靠在与外壳相连的止动器上。此时固定触点和旋转触点并未接合。当发生正面碰撞,如果碰撞的减速度超过预定值时,由于偏心重块惯性的作用,使偏心重块连同偏心转子和旋转触点作为整体一起转动,使固定触点和旋转触点接触,碰撞传感器输出电信号。

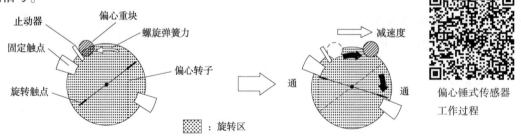

图12-13 偏心锤式传感器的工作过程

2)中央碰撞传感器

中央碰撞传感器安装在车身前部中央位置,还有部分车型安装在安全气囊ECU内部。

中央碰撞传感器根据应变电阻片的不同分为电子式和机械式两种。电子式中央碰撞传感器是一个半导体压力传感器,它将传感元件、信号适配器和滤波器等集成在一块集成电路(IC)上,具有可靠性高、功能强等优点。如图12-14所示,传感器有一悬臂梁,悬臂梁的质量就是惯性质量,当传感器承受冲击时,悬臂梁会发生弯曲。这一弯曲变形可由其上的应变电阻片测出,并转换成电信号,经集成电路整理放大后输出。这个输出信号随减速率线性变化。

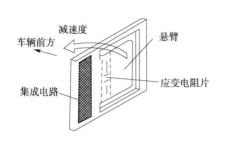

图 12-14　中央碰撞传感器

3) 安全传感器

安全传感器又称触发传感器或保护传感器。安全传感器用来防止在非碰撞的情况下引起气囊的误动作,信号供给安全气囊电控单元以判断是否真发生碰撞。安全传感器一般安装在安全气囊 ECU 内部,通常有两个。

如图 12-15 所示是以配重动能为基础而闭合触点的机械式和以汞为导体的汞开关式传感器。在汞开关式传感器中,当汽车发生碰撞时,减速度将使汞产生惯性力。惯性力在汞运动方向的分力将汞抛向传感器电极,从而将电路接通。

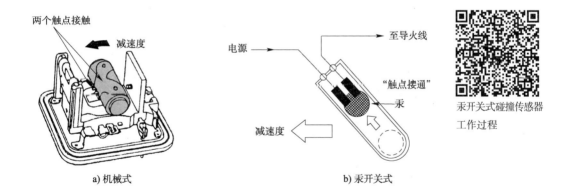

图 12-15　安全传感器

一般情况下,安全传感器动作所需要的惯性力或减速度要小些。在 SRS 中,只有当安全传感器与任意一个碰撞传感器同时接通时,SRS 电路才接通,气囊才可能充气。

2. 乘客检测传感器(座椅占用传感器)

为了避免前乘客气囊不必要爆炸造成浪费(如座椅上没有乘客时),可以通过开关或仪器将前乘客气囊关闭。有些汽车设计了乘客检测传感器来识别座椅是否被使用,如果座椅为空,则对应的气囊不会引爆。

乘客检测传感器如图 12-16 所示,它用两片电极夹住一块隔片。当乘客坐在座椅上时,电极片通过垫片的孔彼此接触,这样允许电流流动,于是就检测到有乘客。

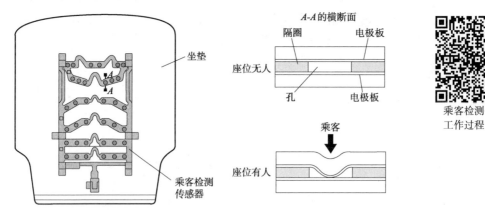

图 12-16　乘客检测传感器

3. 安全气囊组件

安全气囊组件主要由气囊、气体发生器和点火器组成。

1）气囊

如图 12-17 所示，气囊安装在充气装置上部，用塑料盖板护住。气囊在静止状态时，像降落伞未打开时一样折叠成包，安放在气体发生器上部与气囊饰盖之间。气囊一般由尼龙制成，上面有一些排气孔，充气结束后，排气孔立即排气使气囊变软，这样起到缓冲作用以减轻对驾乘人员的伤害。

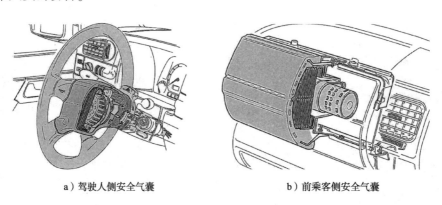

a）驾驶人侧安全气囊　　　　　　　b）前乘客侧安全气囊

图 12-17　安全气囊

驾驶人侧气囊安装在转向盘的中央，撞车时可保护驾驶人不被转向盘挤压而造成伤亡。前乘客侧气囊安装在前乘客座椅正前方，仪表板上的杂物箱和仪表板之间，撞车时可保护前乘客不会撞击前风窗玻璃而造成伤亡。

侧面安全气囊分为驾驶人侧和乘客侧安全气囊，分别安装在驾驶人座椅靠背的左侧和前乘客座椅靠背的右侧，以防翻车时驾驶人和前乘客与左右侧车窗玻璃相撞而造成伤亡。发生剧烈的侧面碰撞时，在汽车发生事故的那一侧会触发侧面安全气囊。

2）气体发生器

气体发生器又称充气器，其功用是在点火器引爆气体发生剂时，产生气体向气囊充气，使气囊张开。根据驾驶人侧或乘客侧的使用情况不同，气体发生器有罐状或筒状结构。

驾驶人侧罐状气体发生器结构如图12-18所示,由上盖、下盖、气体发生剂、过滤器等组成。在车辆正面发生严重碰撞时,减速力使气囊传感器导通,电流流入点火器使其产生高热,从而点燃点火器内的点火物质。火焰随即扩散到点火药粉和气体发生剂。气体发生剂是由氮化钠为原料制成的片状颗粒,气体发生剂受热后产生大量氮气,这些氮气经过滤器降温后进入气囊内,如图12-19所示。气囊迅速充气并急剧膨胀,冲破转向盘衬垫,缓冲了驾驶人的碰撞冲击。气囊在充气完成后,氮气

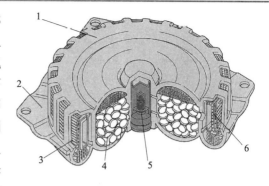

图12-18 气体发生器
1-上盖;2-充气孔;3-下盖;4-气体发生剂;5-点火器药筒;
6-过滤器

由释放孔迅速排泄,这不但可减少驾驶人对气囊的冲击力,而且可确保驾驶人有良好的视野。

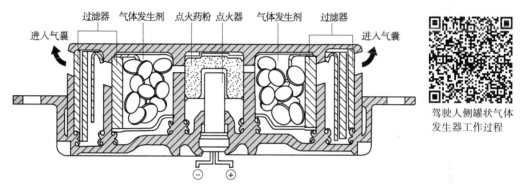

图12-19 驾驶人侧罐状气体发生器

乘客侧筒状气体发生器如图12-20所示,点火器点燃后,引燃抛射体,随后突破封闭盘并撞向动作活塞,引起引燃器点火。传播到增强剂和气体发生剂颗粒后,产生大量气体,并经气体释放孔流入气囊,使气囊膨胀。

气体发生器使用专用螺栓固定在气囊支架上,只有使用专用工具才能进行装配。气体发生器自安装之日起,应10年更换1次。

4. 电控单元(ECU)

安全气囊电控单元(SRS ECU)是SRS的控制中心,它由诊断电路、点火控制和驱动电路、中央碰撞传感器电路、安全传感器电路等组成,如图12-21所示。

1)诊断电路

此电路不断地诊断SRS系统是否有故障。当检测到故障时,SRS警告灯点亮或闪烁,对驾驶人进行警告。

2)点火控制和驱动电路

点火控制与驱动电路对中央碰撞传感器来的信号进行计算,如果计算值比预定值大,它就触发点火,使气囊充气。

前乘客侧筒状气体发生器工作过程

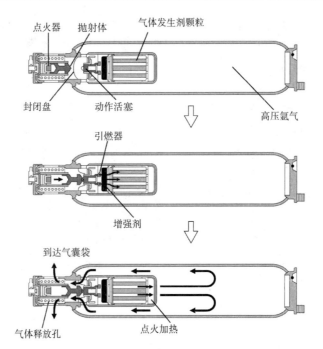

图 12-20　前乘客侧筒状气体发生器

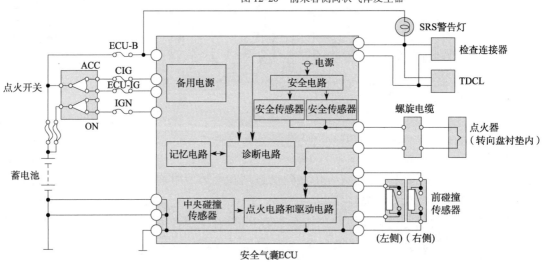

图 12-21　SRS ECU 电路原理图

3）备用电源

备用电源由备用电容器和直流-直流变压器组成。在碰撞期间一旦电源系统发生故障，备用电容器放电并向系统提供电力。当蓄电池电压下降到一定值时，直流-直流变压器用于提高电压。

4）存储电路

当诊断电路检测到故障时，故障被编成代码并储存在存储电路中。故障码可随时取出，以确定故障部位并进行快速的故障检修。按照车型的不同，存储电路可分为两种形式：一种是当电源中断时，存储内容即自动消失；另一种是即使供应电源中断，存储内容仍能保留。

5. SRS 警告灯

SRS 警告灯装在组合仪表上,用英文 AIR BAG 或图形表示,如图 12-22 所示。故障码的输出也可由 SRS 警告灯的闪烁来进行。在正常情况下,点火开关转到 ACC 或 ON 位置时,该灯亮约 6s,然后熄灭。

图 12-22 SRS 警告灯

6. 线束与保险机构

安全气囊系统工作可靠与否,直接关系到人身安全。为了便于检查排除故障隐患,设计制造的 SRS 线束和连接器与其他电气系统都有区别。安全气囊系统中的所有连接器大多为黄色,以便与其他系统的连接器相区别。为了保证气囊系统可靠工作,SRS 连接器采用了导电性能和耐久性能良好的镀金端子,并设计有防止安全气囊误爆机构、端子双重锁定机构、连接器双重锁定机构和电路连接诊断机构,安全气囊采用的各种特殊连接器如图 12-23 所示。系统中不同的连接器有不同的特殊机构,一个连接器可有多种不同的机构,见表 12-1。

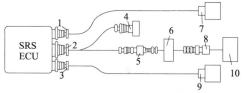

图 12-23 安全气囊采用的各种特殊连接器
1、2、3-ECU 连接器;4-SRS 电源连接器;5-中间线束连接器;6-螺旋电缆;7-右碰撞传感器连接器;8-安全气囊组件连接器;9-左碰撞传感器连接器;10-点火器

连接器采用的保险机构　　　　　　　　表 12-1

编号	名称	连接器代号
1	防止安全气囊误爆机构	2、5、8
2	端子双重锁定机构	1、2、3、4、5、7、8、9
3	连接器双重锁定机构	5、8
4	电路连接诊断机构	1、3、7、9

1) 防止 SRS 误爆机构

从 SRS ECU 至 SRS 气囊点火器之间的连接器,均采用防止误爆机构。防止误爆机构为一块短路簧片,当连接器插头与插座接在一起时,插头的绝缘体将短路簧片顶起,如图 12-24a)所示,短路簧片与点火器的两个端子分开,点火器中的电热丝电路处于正常连接状态。当连接器拔开或插座未完全结合时,短路簧片自动将靠近点火器一侧插座上的两个引线端子短接,如图 12-24b)所示,防止静电或误通电将点火器电路接通而造成气囊误膨胀开。

安全气囊防误爆机构

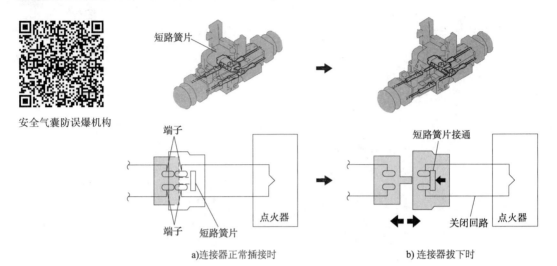

图 12-24　安全气囊防误爆机构

2) 端子双重锁定机构

在安全气囊系统的任一个连接器中,接线端子都设有双重锁定机构,用于防止接线端子产生滑动,如图 12-25 所示。连接器的插头和插座都是由壳体上的锁柄与分隔片两部分组成,锁柄为一次性锁定机构,防止端子沿导线轴线方向滑动;分隔片为二次锁定机构,防止端子沿导线径向移动。

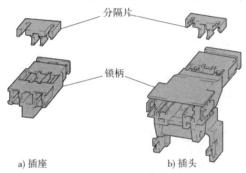

图 12-25　接线端子双重锁定机构

3) 连接器双重锁定机构

安全气囊系统在线束的重要连接部位,连接器采用了双重锁定机构,用于锁定连接器,防止连接器脱开。连接器双重锁定机构如图 12-26 所示。在连接器插头上,设有主锁和两个凸缘。在连接器插座上,设有锁柄能够转动的副锁。当主锁未锁定时,插头上的两个凸台就会阻止副锁锁定,如图 12-26a) 所示;当主锁完全锁定时,副锁锁柄方能转动并锁定,如 12-26b) 所示;当主锁与副锁双重锁定后,连接器插头与插座的连接状态如图 12-26c) 所示,从而防止连接器脱开。

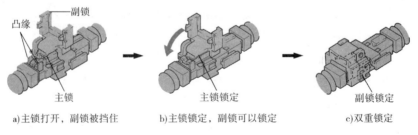

图 12-26　连接器双重锁定机构

4) 电路连接诊断机构

电路连接诊断机构用于检测连接器插头与插座是否可靠连接。前碰撞传感器连接器及其与 SRS ECU 连接的连接器采用了电路连接诊断机构,其结构如图 12-27 所示。连接器上有一个诊断销和两个诊断端子,前碰撞传感器触点为动合触点。

当传感器连接器处于半连接(未可靠连接)状态时,诊断端子与诊断销未接触,如图 12-27a)所示,此时电阻尚未与传感器触点构成并联电路,连接器引线"+"与"-"之间的电阻为无穷大。当 SRS ECU 监测到碰撞传感器的电阻无穷大时,即判定连接器连接不可靠,诊断检测电路就会控制 SRS 故障警告灯闪亮报警,同时将故障编成代码存储在存储器中。当传感器连接器可靠连接时,诊断端子与诊断销可靠接触,如图 12-27b)所示,此时电阻与碰撞传感器触点构成并联电路。因为碰撞传感器触点为动合触点,所以当 SRS ECU 检测到阻值为并联电阻的阻值时,即判定连接器可靠连接,传感器电路连接正常。

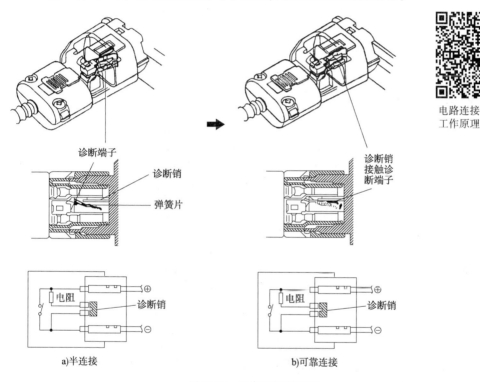

电路连接诊断机构工作原理

图 12-27 电路连接诊断机构

7. 螺旋电缆

安全气囊系统的所有线束都套装在黄色波纹管内,并与车颈线束连成一体,以便于区别。为了保证转向盘具有足够的转动角度而又不致损伤驾驶人侧气囊组件的连接线束,在转向盘与转向柱管之间采用了螺旋线束,即将线束安装在螺旋形弹簧内,再安放到弹簧壳体内,成为螺旋电缆,如图 12-28 所示。通常电喇叭线束也安装在螺旋电缆内。螺旋电缆安装在转向盘与转向柱管之间,安装时应注意其安装位置与方向,否则将会导致转向盘转动角度不足或转向沉重。

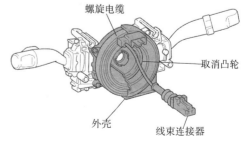

图 12-28 螺旋电缆

四、安全气囊系统的控制过程

安全气囊系统的工作原理如图12-29所示,当汽车前进受前方一定角度范围内的碰撞时,车体会受到强烈的撞击,车速急剧下降。安装在汽车前端的前碰撞传感器和安装在SRS ECU内部的中央碰撞传感器都会检测到汽车突然减速的信号,并将此信号输送给SRS ECU,以便判断是否发生碰撞。当汽车遭受碰撞且减速度达到设定值时,SRS ECU发出控制指令由驱动电路将气囊组件中的点火器的电路接通,点火器内的点火物质点燃并引燃气体发生剂,气体发生剂受热后放出大量气体并经过滤后进入安全气囊,气囊便冲开气囊组件上的装饰盖迅速展开,在驾驶人和乘客面部和胸部前形成弹性气垫。然后及时泄漏和收缩,将人体与车内构件之间的碰撞变为弹性碰撞,通过气囊产生变形和排气节流来吸收人体碰撞产生的动能,从而有效地保护人体。

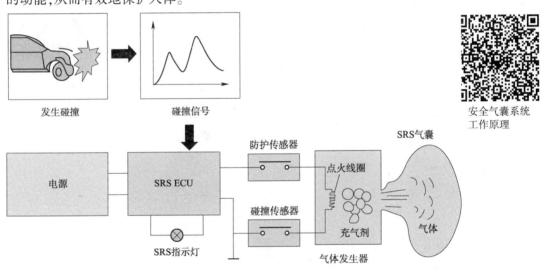

图12-29 安全气囊系统的工作原理

1. 安全气囊系统的动作过程

当汽车以50km/h车速与前面障碍物碰撞,安全气囊系统的动作过程如图12-30所示。

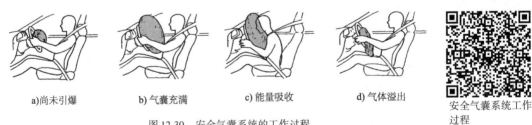

图12-30 安全气囊系统的工作过程

(1) 碰撞约10ms后,安全气囊系统达到引爆极限,点火器引爆气体发生剂并产生大量热量,使气体发生剂受热分解,驾驶人此时尚未动作,如图12-30a)所示。

(2) 碰撞约20ms后驾驶人开始移动,但还没有到达气囊。

(3)碰撞约40ms后,气囊完全充满涨起,体积达到最大,安全带被拉长,人的部分冲击能量已被吸收,如图12-30b)所示。

(4)碰撞约60ms后,驾驶人的头部已经开始沉向气囊。

(5)碰撞约80ms后,驾驶人的头部及身体上部都沉向气囊。气囊背后的排气孔打开,在气囊内部的气体压力和人体压力作用下排气,利用排气孔的节流作用吸收能量,如图12-30c)所示。

(6)碰撞约100ms后,车速已接近为0,这时对车内乘客来说,危险期已接近结束。

(7)碰撞约110ms后,驾驶人已经前移到最大距离,随后身体开始后移回到座椅靠背上。这时候,大部分气体已经从气囊中逸出,汽车前方视野恢复,如图12-30d)所示。

(8)碰撞约120ms后,碰撞危害全部解除,车速降至0。

2. 安全气囊的有效作用范围

安全气囊系统并非在所有碰撞情况下都能起作用。正面碰撞安全气囊系统在汽车正前方或斜前方±30°角(图12-31)范围内发生碰撞且其纵向减速度达到某一值时,气囊才能被引爆。在下列条件之一的情况下,安全气囊系统不会动作。

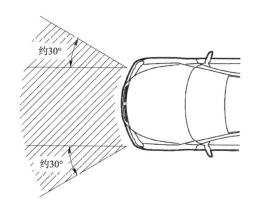

图12-31 正面碰撞安全气囊的有效作用范围

(1)汽车遭受侧面碰撞超过斜前方±30°角时。
(2)汽车遭受横向碰撞时。
(3)汽车遭受后方碰撞时。
(4)汽车发生绕纵向轴线侧翻时。
(5)纵向减速值未达到设定阈值。
(6)汽车正常行驶、正常制动和在路面不平的道路上行驶时。

侧面气囊只有在汽车遭受侧面±30°角撞击且横向加速度达到设定值时,才能引爆充气,且不会引爆正面气囊。

侧面安全气囊系统在下列情况下不会工作:①正面碰撞;②轻微的侧面碰撞;③尾部碰撞;④侧翻。

3. 安全气囊的触发条件

为了保证SRS系统工作可靠,防止误引爆,系统随时检测前碰撞传感器、中央碰撞传感

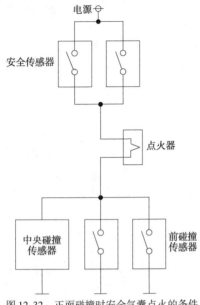

图 12-32　正面碰撞时安全气囊点火的条件

器和安全传感器。三者相互间的连接关系如图 12-32 所示,其中中央碰撞传感器与前碰撞传感器并联,安全传感器与前碰撞传感器串联。因此安全气囊的触发条件是:只有当 SRS 安全传感器、中央碰撞传感器或碰撞传感器同时被接通时,安全气囊控制系统才能使安全气囊充气。

五、安全气囊系统故障诊断的注意事项

在维修、检测安全气囊系统时,要严格按正确顺序进行操作,否则,会使安全气囊系统在检修过程中意外展开而造成严重事故,或致使安全气囊系统不能正常运作,因此,在排除故障之前,一定要注意以下几点。

(1)由于安全气囊系统的故障症状难以确诊,故障排除时最重要的信息来源就是故障码。因此在进行安全气囊系统故障排除时,务必要检查故障码。

(2)必须在将点火开关转到 LOCK 位置并拆下蓄电池搭铁线 90s 或更长一些时间才能开始检修。这是因为安全气囊系统配有备用电源,如果在拆下蓄电池搭铁线后 90s 之内进行检修,就有可能使安全气囊打开。

(3)即使只发生轻微碰撞而安全气囊未打开,也要对前安全气囊传感器和气囊组件进行检查。但绝对不可使用其他车辆上的安全气囊组件。如需更换,务必使用新零件。在检修过程中,如有可能对安全气囊传感器产生冲击,那么在修理之前应将安全气囊传感器拆下。

(4)安全传感器总成含有汞。更换之后,不要将换下的旧零件随意毁掉,当报废车辆或只更换安全气囊 ECU 本身时,应拆下气囊安全传感器并作为有害废弃物处置。

(5)决不要试图拆卸和修理前碰撞传感器、中央碰撞传感器总成或气囊组件以供重新使用。如果前碰撞传感器、中央碰撞传感器总成或气囊组件跌落过,或在壳体、托架或连接器上有裂纹、凹陷或其他缺陷,应更换新件。不要将前碰撞传感器、中央碰撞传感器总成或气囊组件直接暴露在热空气和火焰面前。

(6)诊断电路系统的故障时,必须使用高阻抗万用表。

(7)拆卸或搬运 SRS 气囊组件时,安全气囊饰盖一面应朝上,如图 12-33 所示。不得将 SRS 气囊组件重叠堆放,以防安全气囊误爆开造成严重事故。

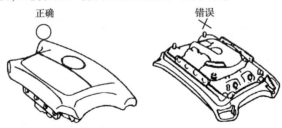

图 12-33　安全气囊饰盖朝上

（8）在报废整车或报废 SRS 气囊组件时,应在报废之前使用专用维修工具将安全气囊引爆。引爆工作应在远离电场干扰的地方进行,以免电场过强而导致安全气囊误引爆。

（9）汽车已发生过碰撞、安全气囊一旦引爆膨胀开后,SRS ECU 就不能继续使用。

（10）安装转向盘时,其安装位置必须正确,即必须安装在转向柱管上,并使螺旋弹簧位于中间位置,否则会造成螺旋线束脱落或发生故障。

（11）所有与安全气囊系统有关的检修工作,必须在安全气囊系统正确拆除后进行,安装安全气囊时不要试探任何连接处。如果在车上检修安全气囊系统,在气囊组件安全拆除前,不要坐在气囊附近。

（12）传感器的安装方向是气囊系统发挥正常功能的关键,应将其恢复到原来位置。配线作业要十分小心,在作业前必须使气囊组件安全拆除。

（13）检修完成后,不要急于将气囊组件接入电路,应先进行电气检查,确认无误时,再将气囊组件接入。

（14）在安全气囊系统零部件的外表面上有说明标牌,必须遵照这些注意事项。

（15）完成安全气囊系统的检查之后,必须对 SRS 警告灯进行检查。正常情况下,当点火开关转到 ON 或 ACC 位置时,SRS 警告灯亮 6s 左右后自动熄灭。

六、迈腾轿车安全气囊系统故障诊断

迈腾轿车安全气囊系统在汽车上的布置如图 12-34 所示,系统包括驾驶人侧安全气囊、副驾驶人侧安全气囊、副驾驶人侧头部安全气囊、副驾驶人侧前排侧面安全气囊、副驾驶人侧后排侧面安全气囊、驾驶人侧头部安全气囊、驾驶人侧后排侧面安全气囊、驾驶人侧前排侧面安全气囊、安全气囊系统控制模块等。系统电路图如图 12-35～12-39 所示。

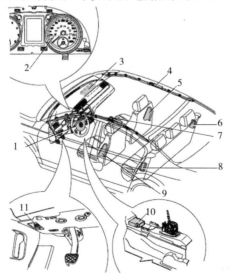

图 12-34 迈腾 SRS 系统布置

1-驾驶人侧安全气囊;2-安全气囊指示灯;3-副驾驶人侧安全气囊;4-副驾驶人侧头部安全气囊;5-副驾驶人侧前排侧面安全气囊;6-副驾驶人侧后排侧面安全气囊;7-驾驶人侧头部安全气囊;8-驾驶人侧后排侧面安全气囊;9-驾驶人侧前排侧面安全气囊;10-安全气囊控制单元 J234;11-诊断插头

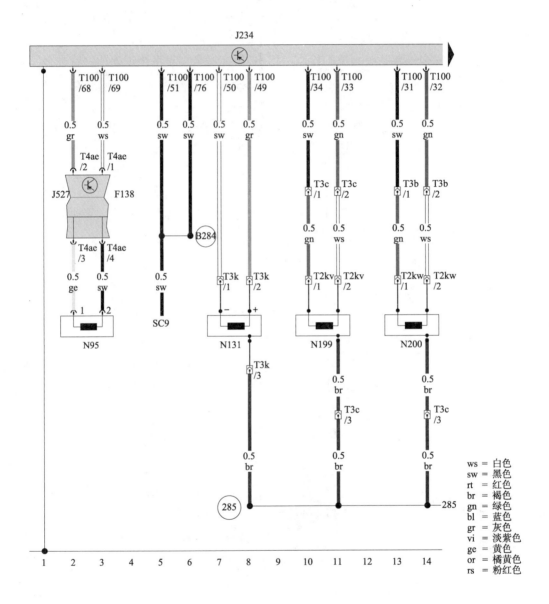

图 12-35　迈腾轿车 SRS 系统电路图 1

F138-安全气囊卷簧和带滑环的复位环；J234-安全气囊控制单元；J527-转向柱电子装置控制单元；N95-驾驶人侧安全气囊引爆装置；N131-副驾驶人侧安全气囊引爆装置；N199-驾驶人侧侧面安全气囊引爆装置；N200-副驾驶人侧侧面安全气囊引爆装置；SC9-熔断丝架 C 上的熔断丝；T2Kv-2 芯插头连接，驾驶员座椅内；T2Kw-2 芯插头连接，驾驶人座椅下方；T3a-3 芯插头连接，副驾驶人座椅下方；T3k-3 芯插头连接，手套箱之后；T4ae-4 芯插头连接；T100a-100 芯插头连接

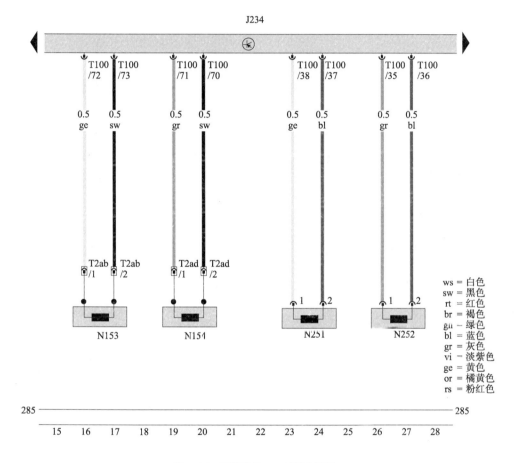

图 12-36 迈腾轿车 SRS 系统电路图 2

J234-安全气囊控制单元；N153-驾驶人侧安全带拉紧器引爆装置；N154-副驾驶人侧安全带拉紧器引爆装置；N251-驾驶人侧头部安全气囊引爆装置；N252-副驾驶人侧头部安全气囊引爆装置；T2aa-2 芯插头连接，黄色；T2ae-2 芯插头连接，黄色；T100a-100 芯插头连接

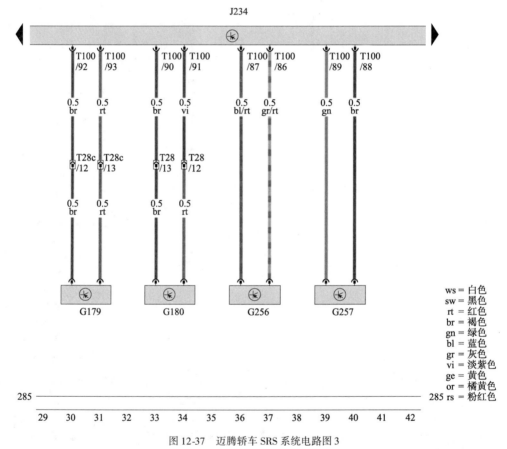

图 12-37　迈腾轿车 SRS 系统电路图 3

G179-驾驶人侧侧面安全气囊碰撞传感器；G180-副驾驶人侧侧面安全气囊碰撞传感器；G256-驾驶人后面侧面安全气囊碰撞传感器；G257-副驾驶人后面侧面安全气囊碰撞传感器；J234-安全气囊控制单元；T28-28 芯插头连接，连接站内，A 柱右侧；T28c-28 芯插头连接，连接站内，左侧 A 柱；T100a-100 芯插头连接

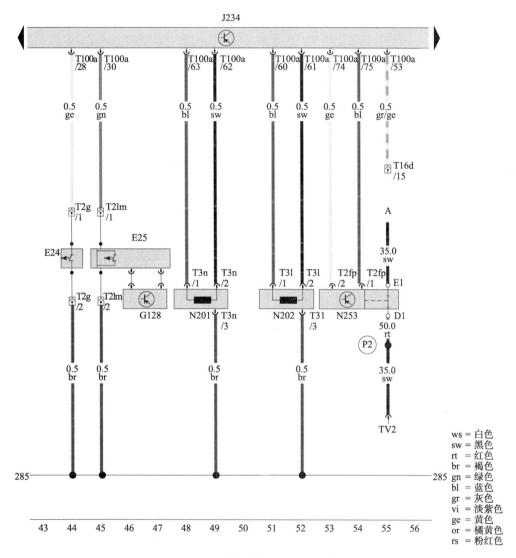

图 12-38　迈腾轿车 SRS 系统电路图 4

A-蓄电池；E1-车灯开关；E24-驾驶人侧安全带开关；E25-副驾驶人侧安全带开关；G128-副驾驶人侧座椅占用传感器；J234-安全气囊控制单元；N201-驾驶人侧后面侧面安全气囊引爆装置；N202-副驾驶人侧后面侧面安全气囊引爆装置；N253 蓄电池断路引爆装置；TV2-端子 30 导线分线器；T2-2 芯插头；T2fp-2 芯插头连接；T2g-2 芯插头连接，驾驶人座椅上；T2lm-2 芯插头连接，副驾驶人座椅上；T31-3 芯插头连接；T3n-3 芯插头连接；T16d-16 芯插头连接，诊断接口上；T100a-100 芯插头连接

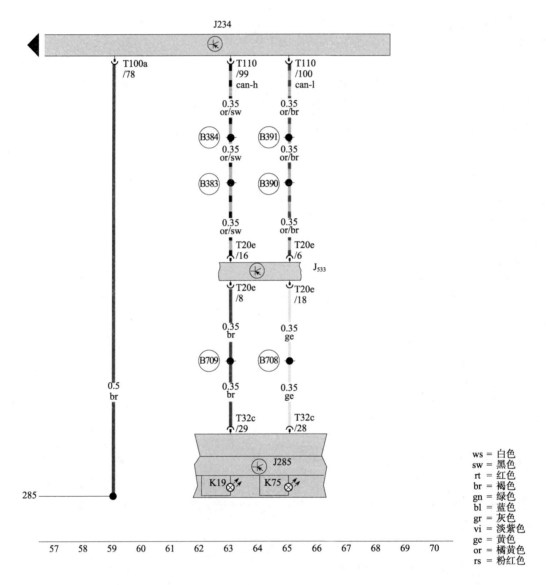

图 12-39 迈腾轿车 SRS 系统电路图 5

J234-安全气囊控制单元;J285-仪表板中的控制单元;J533-数据总线诊断接口;K19-安全带警告指示灯;K75-安全气囊警告指示灯;T20e-20 芯插头连接;T32c-32 芯插头连接;T100a-100 芯插头连接

操作指引

1. 组织方式

(1) 场地设施:举升机一台。

(2) 设备设施:迈腾轿车一辆。

(3) 工量具:迈腾汽车拆卸工具一套、数字万用表、专用诊断仪等。

(4) 安全气囊系统所需要的专用工具及维修设备:扭力扳手 V.A.G 1783,座椅修理台 VAS 6136,车辆诊断、测量和信息系统 VAS 5051 A,发动机和变速器托架等。

2. 操作要求

(1) 穿着干净整齐的工作服。

(2) 遵守场地安全规定,注意用电安全。

(3) 正确使用拆装工具、数字万用表、专用诊断仪等工具。

任务实施

1. 安全气囊碰撞传感器更换(以驾驶人侧正面碰撞传感器为例)

1) 拆卸(图 12-40)

(1) 断开车辆蓄电池负极电缆,并等待 3min。

(2) 拆卸驾驶人侧前部车门饰板。

(3) 松开插头锁扣,并将插头 2 沿箭头方向从驾驶人侧侧面安全气囊传感器 1 上拔下。

(4) 钻出盲铆钉 3。

(5) 钻出盲铆钉 4。

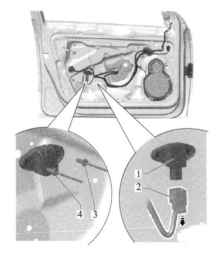

图 12-40 拆卸和安装驾驶人侧侧面安全气囊碰撞传感器

1-侧面安全气囊传感器;2-插头;3、4-盲铆钉

2)安装

安装大体以倒序进行。

2. 驾驶人正面安全气囊总成更换

1)拆卸

(1)打开点火开关。

(2)调节转向盘高度,使其位于最低位置。

(3)调节转向盘深度,将转向盘拉出至极限位置。

(4)将转向盘转到图 12-41 所示位置。

(5)将螺丝刀插入转向盘背面的孔中,直至限位位置(约 8mm)。

(6)沿箭头方向转动螺丝刀,松开转向盘右侧安全气囊单元锁止件。

拆卸和安装安全气囊

(7)将转向盘旋转 180°,并按照上面所描述的方法松开转向盘左侧安全气囊单元锁止件。

(8)将转向盘旋转 90°回到中间位置。

(9)关闭点火开关。

(10)断开车辆蓄电池负极电缆,并等待 3min。

(11)将安全气囊单元从转向盘上松开。

2)安装

(1)将安全气囊单元压入转向盘内。

(2)检查安全气囊单元是否在左右两侧卡入转向盘内。

(3)打开点火开关。

(4)连接车辆蓄电池负极电缆。

图 12-41 拆卸和安装驾驶人侧安全气囊单元

3. 副驾驶人侧安全气囊总成更换

1)拆卸

(1)断开车辆蓄电池负极电缆,并等待 3min。

(2)拆卸手套箱。

(3)如图 12-42 所示旋出两个螺栓 1。

(4)如图 12-42 所示旋出两个螺栓 2。

(5)将副驾驶人安全气囊从仪表板定位件中取出(注意不要过度拉伸安全气囊线束)。

(6)小心撬起锁止卡,如图 12-42 箭头所示。

(7)脱开副驾驶人安全气囊线束。

2)安装

安装大体以倒序进行,同时注意以下事项:

(1)螺栓 1 和螺栓 2 须使用防松剂 D197300A1。

(2)螺栓的拧紧力矩为 8N·m。

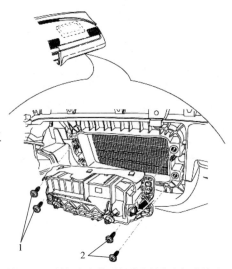

图 12-42 拆卸和安装副驾驶人侧安全气囊单元

1、2—螺栓

4. 驾驶人侧面安全气囊总成更换

1) 拆卸（图12-43）

（1）拆卸前排座椅。

（2）拆卸前排座椅靠背套和靠背套垫。

（3）将线束固定卡3从靠背框架中松开。

（4）旋出螺栓2。

（5）将侧面安全气囊1从靠背框架定位件中取出。

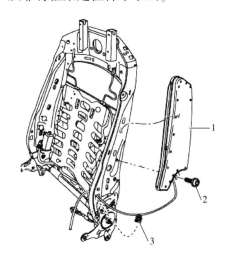

图12-43　拆卸和安装前排侧面安全气囊单元
1-侧面安全气囊；2-螺栓；3-丝束固定卡

2) 安装

安装大体以倒序进行。

5. 副驾驶人侧座椅占用传感器更换

1) 拆卸（图12-44）

（1）拆卸前排座椅。

（2）将座套的前部和通道侧成型件从座椅架上取出。

（3）将座套连同座椅软垫一起向上翻起。

（4）将副驾驶人侧座椅占用传感器1的线束从座椅架上脱出。

（5）将两个夹子2从座椅架上脱出，并取下副驾驶人侧座椅占用传感器1。

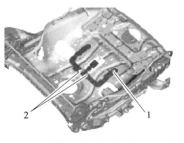

图12-44　拆卸和安装副驾驶人侧座椅占用传感器
1-座椅占用传感器；2-夹子

2) 安装

安装大体以倒序进行。

6. 安全气囊控制单元更换

1) 拆卸

（1）断开车辆蓄电池负极电缆，并等待3min。

(2) 拆卸左右两侧脚部空间饰板。

(3) 旋出 3 个螺母,如图 12-45 箭头所示。

(4) 从驾驶人侧脚部空间中取出控制单元 4。

(5) 沿箭头 B 方向推动固定件 1,沿箭头 A 方向按压锁止件 5,同时沿箭头方向向后翻转卡箍 3,将连接头 2 从控制单元 4 中压出。

2) 安装

安装大体以倒序进行,同时注意以下事项:

(1) 车内应无人逗留。

(2) 连接车辆蓄电池负极电缆。

(3) 如果更换了控制单元,则必须对其进行编码并匹配部件。

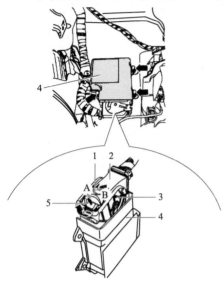

图 12-45 拆卸和安装安全气囊控制单元
1-固定件;2-连接头;3-卡箍;4-控制单元;5-锁止件

7. 迈腾轿车安全气囊系统故障维修案例

一辆行驶里程约 8 万 km 的一汽大众迈腾轿车。该车在行驶过程中安全气囊灯点亮。

(1) 故障检查:连接发动机检测仪 VAS5051,在发动机检测仪 VAS5051 起动示屏中选择"04 - 车辆自诊断",进入"车辆自诊断"操作模式,选择车辆系统"87 - LT 安全气囊/安全带锁紧装置",在"诊断功能选择"示屏中选择"02 - 查找故障储存",检测到安全气囊控制单元存储有故障码 01221(驾驶人侧侧面安全气囊碰撞传感器)和 01222(副驾驶人侧侧面安全气囊碰撞传感器);使用发动机检测仪 VAS5051 清除故障码,开始只能清除故障码 01221,断开蓄电池接线后重新接上,清除故障码 01222。路试,直线行驶 3~4km 后,仪表上安全气囊灯重新点亮,故障存储器再次存储故障码。将碰撞传感器直接跨接线至控制单元;故障未排除;更换安全气囊控制单元,故障依旧,说明故障在碰撞传感器。

(2) 故障排除:更换副驾驶人侧侧面安全气囊碰撞传感器,路试,故障排除。

(3) 故障分析:根据电路图初步分析可排除线束和控制单元故障;驾驶人侧侧面安全气囊碰撞传感器、副驾驶人侧侧面安全气囊碰撞传感器间的关系是相互检测。即:如果发生右侧碰撞时,驾驶人侧侧面安全气囊碰撞传感器、副驾驶人侧侧面安全气囊碰撞传感器同时得到从右向左的碰撞信号;如果只有一个碰撞传感器有碰撞信号,另一侧没有信号,如副驾驶人侧侧面安全气囊碰撞传感器检测到发生碰撞,但左侧无检测到碰撞信号,安全气囊控制单元就不能判断哪个传感器有故障,因此只能同时报错,即安全气囊灯点亮,此时应理解为"信号不可靠"。

任务小结

(1) 汽车安全气囊系统主要由传感器、电控单元(ECU)、安全气囊警告灯、安全气囊组件等组成。

(2) 安全气囊传感器的功用是检测、判断汽车发生事故后的碰撞信号,以便及时启动安全气囊,并提供足够的电能或机械能点燃气体发生器。

(3)安全气囊传感器包括前碰撞传感器、中央碰撞传感器和安全传感器。

(4)前碰撞传感器用来检测汽车遭受碰撞的激烈程度,一般安装在车身前部翼子板内侧、前照灯支架下面及散热器支架侧等处。

(5)中央碰撞传感器安装在车身前部中央位置,还有部分车型安装在安全气囊ECU内部。

(6)安全传感器又称触发传感器或保护传感器。安全传感器用来防止在非碰撞的情况下引起气囊的误动作,信号供给安全气囊电控单元以判断是否真发生碰撞。

(7)安全气囊组件主要由气囊、气体发生器和点火器组成。

(8)气体发生器又称充气器,其功用是在点火器引爆气体发生剂时,产生气体向气囊充气,使气囊张开。

(9)为了保证气囊系统可靠工作,SRS连接器采用了导电性能和耐久性能良好的镀金端子,并设计有防止安全气囊误爆机构、端子双重锁定机构、连接器双重锁定机构和电路连接诊断机构。

(10)正面碰撞安全气囊系统在汽车正前方或斜前方±30°角范围内发生碰撞且其纵向减速度达到某一值时,气囊才能被引爆。

(11)为了保证SRS系统工作可靠,防止误引爆,系统随时检测前碰撞传感器、中央碰撞传感器和安全传感器。

学习任务十三　汽车空调系统故障诊断与修复

 任务概述

　　随着人们对汽车舒适性要求的提高,汽车空调系统已成为汽车上的标配系统,在天气炎热或寒冷的时候,以及雨雾天气中发挥着重要的作用。但汽车空调系统在长时间不使用后,会由于制冷剂的泄漏或其他故障而不能进行有效制冷或取暖,必须定期进行维护,并在出现故障后及时进行维修,这是保证空调系统有效运行的必要措施。

　　伴随着汽车技术的发展,以及人们要求的提高,汽车空调系统也经历了从手动空调到自动空调的过渡,目前市场上依据汽车价格及配置的不同而主要采取手动和自动空调两种类型。同时也引入了很多新型技术,如可变排量压缩机、双区空调等,在提高制冷供暖能力和节能减排方面均有很大的改进。

　　保证汽车空调系统良好的技术状况对于提高汽车乘坐舒适性和行车安全性均有重要作用。因此,必须定期对汽车空调系统进行检查与维护,并及时加注制冷剂和冷冻油,并更换已严重磨损或损坏的零部件,以便及时发现和排除故障,确保进气空调系统的工作性能良好。

 主要学习任务

1. 制冷系统不制冷故障的检修
2. 暖风系统暖风不足故障的检修
3. 自动空调故障警告灯报警故障检修

子任务1 制冷系统不制冷故障的检修

任务描述

夏天快到了,车主王先生反映,他所驾驶的一辆2011年产一汽大众迈腾B7L轿车,之前已经四个多月没使用空调,后来使用时发现空调使用效果不理想,制冷不足,甚至不制冷。

汽车空调系统能够将车内空气环境调节到舒适的环境,已经成为汽车的重要子系统,当长时间不适用空调时,会由于制冷剂和冷冻油的泄漏、机械部件的缺乏润滑而导致空调制冷通风效果的降低,从而影响到空调的正常使用。

现在需要你对客户轿车的空调制冷系统进行诊断与修复。

学习目标

(1)能描述汽车空调系统的功能、组成与分类;能正确拆装汽车空调系统主要总成部件。
(2)能描述汽车空调制冷系统的组成及工作原理。
(3)能描述典型汽车空调压缩机的构造及各工作原理。
(4)能描述冷凝器与蒸发器的分类与构造。
(5)能描述膨胀阀与孔管的类型、构造与工作原理。
(6)能描述储液干燥器与集液器的构造。
(7)会运用所学知识和经验,为客户提供汽车空调系统日常维护的建议。
(8)能对汽车空调进行检漏、抽真空作业;能对进行制冷剂和冷冻油加注作业。
(9)会对压缩机、冷凝器、蒸发器、膨胀阀和储液干燥器等制冷系统主要部件进行检修。
(10)具备信息查询和手册使用的基本能力。
(11)能够按照企业5S要求和安全生产规范进行操作。
(12)能与同学密切合作,规范安全地完成学习活动。
(13)养成自主学习的习惯,培养规范操作的工作作风及环保意识。
建议学时:6学时。

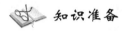 知识准备

一、汽车空调基本知识

1. 汽车空调系统的功用

汽车空调系统可以对车内的温度、湿度、气流速度进行调节,且具有净化空气的功能。除此之外,汽车空调还能在特殊气候季节除去风窗玻璃上的雾、霜、雪等,使驾驶人视野清晰,确保行车安全。

(1) 调节车内温度。驾驶人根据气候的变化,通过调节或设定空调控制面板上的温度调节开关,调节或设定适宜的车内温度。

(2) 调节车内湿度。通过制冷或取暖装置去除空气中的水分,使车内湿度控制在 50% ~ 70% 的人体舒适范围之内。

(3) 调节车内气流速度。根据人体生理特点,使空气流动方向形成上凉足暖的环境,且通过出风口位置、出风方向和鼓风机挡位来调节车内空气的流速。

(4) 车内空气过滤和净化。车内空间小、乘客密度大,且发动机废气和道路上的粉尘都容易进入车内,容易造成车内空气污浊,严重影响乘员的舒适性和身体健康。因此,必须要求汽车空调具有补充车外新鲜空气、过滤和净化车内空气的功能。

(5) 除霜除雾功能。当车内外温差相差太大时,车窗玻璃上会出现霜或雾,会影响驾驶人视线,可以利用空调相应模式予以去除。

2. 汽车空调系统组成

现代汽车很多采用冷暖一体化的手动或自动空调系统,一般由制冷系统、采暖系统、通风与空气温度调节系统、空气净化装置及电子控制系统等几部分组成。

空调系统组成

1) 制冷系统

制冷系统对车内的空气或外部进入车内的新鲜空气进行冷却与除湿,使车内空气变得凉爽舒适。制冷系统主要由制冷循环装置和电气调节与控制装置两部分组成。

2) 暖风系统

暖风系统对车内或外部进入车内的新鲜空气进行加热,以提高车内空气的温度,同时还可以对前窗玻璃进行除霜、除雾。

3) 通风与空气温度调节系统

通风系统通过鼓风机、进风口风门和风道,将车外的新鲜空气引入车内,达到通风、换气的目的。

空气温度调节系统则是通过相应的控制开关和风门控制进风量,并将冷风、热风、新鲜空气有机地混合,形成温度适宜、风量适当的气流送入车内。

4) 空气净化装置

空气净化装置通过某种方式将车内空气中的尘埃、异味及其他有害气体清除掉,以使车内空气变得清新。

5)控制系统

空调控制系统由传感器、控制器及执行机构组成,用于自动调节车内空气的温度、湿度、空气流量和流向,使车内形成冷暖适宜的气流,实现全天候最佳调节。

3. 汽车空调系统的分类

1)按功能分类

汽车空调按功能可分为冷暖分开型、冷暖合一型和全功能型。

(1)单一功能。制冷和采暖系统各自分开,一般用于大型客车。

(2)冷暖合一型。制冷、取暖和通风共用鼓风机及风道,冷风、暖风和通风在同一控制板上进行控制。

(3)全功能型。集制冷、除湿、采暖、通风和净化于一体,其功能完善,提高了乘员的舒适性,越来越多的汽车空调采用了这种形式,如图13-1所示。

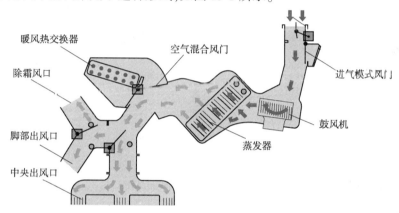

图13-1 全功能型汽车空调

2)按驱动方式分类

汽车空调根据压缩机驱动形式的不同分为独立式和非独立式两种。

(1)独立空调。制冷压缩机由专门的空调发动机或电动机驱动,系统的制冷性能不受汽车发动机工况的影响,工作稳定,制冷量大。多用于大、中型汽车上。

(2)非独立空调。空调制冷压缩机由汽车本身的发动机驱动,系统的制冷性能受汽车发动机工况的影响较大,工作稳定性较差。多用于中、小型汽车上。

3)按自动化控制程度分类

按自动化控制程度可分为手动空调(MTC)和自动空调(ATC)两种。

(1)手动空调。在手动空调系统中,进气源、空气温度、空气分配及鼓风机速度等功能都是驾驶人通过旋钮或拨杆进行手动调节选择的,典型的手动空调控制面板如图13-2所示。

(2)自动空调。自动空调系统自动监控并调节温度、鼓风机速度和空气分配。典型的自动空调控制面板如图13-3所示。

4)按送风方式分类

汽车空调按送风方式不同可分为直吹式和风道式。

(1)直吹式。冷气或暖气直接从空调器送风面板吹出,主要用于非独立式空调系统。

图 13-2　手动空调控制面板

图 13-3　自动空调控制面板

（2）风道式。将空调器处理后的空气用风机送到塑料风道，再由车厢顶部或座位下的各风口送至车内，主要用于独立式空调系统。

二、汽车空调制冷系统

汽车空调制冷系统的一般组成如图 13-4 所示，系统由压缩机、冷凝器、储液干燥器、膨胀阀、蒸发器、鼓风机和制冷管道等组成，各部件之间采用钢管（或铝管）和高压橡胶管连接成一个密闭系统。

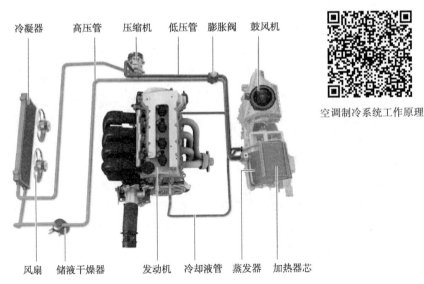

空调制冷系统工作原理

图 13-4　汽车空调制冷系统的组成

汽车空调制冷系统通过制冷工质在系统内循环流动，由制冷工质的液态和气态转换过程，将车内的热量传递到车外，达到车内降温的目的。制冷工质此处称为制冷剂，目前，空调系统多采用 R134a。汽车制冷系统工作时,制冷剂以不同的状态在这个密闭系统内循环流动,汽车空调系统的制冷循环流程如图 13-5 所示,每个循环都有四个基本过程。

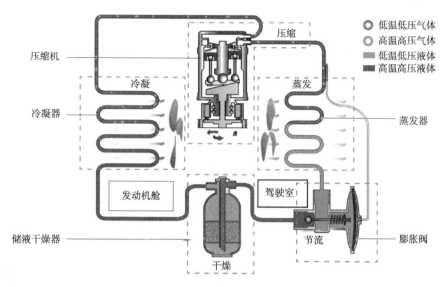

图 13-5　汽车空调系统的制冷循环流程图

(1)压缩过程。压缩机吸入蒸发器出口处的低温低压的制冷剂气体,把它压缩成高温高压的气体,经管道送入冷凝器。

(2)放热过程。高温高压的制冷剂气体进入冷凝器,由于压力及温度的降低,制冷剂气体冷凝成液体,并放出大量的热。

(3)节流过程。高压高温制冷剂液体经膨胀阀节流降温降压,以雾状(细小液滴)排出膨胀装置。

(4)吸热过程。经膨胀阀降温降压后的雾状制冷剂液体进入蒸发器,因此时制冷剂沸点远低于蒸发器内温度,故制冷剂液体在蒸发器内蒸发、沸腾成气体。在蒸发过程中大量吸收周围的热量,降低车内温度。而后低温低压的制冷剂气体流出蒸发器等待压缩机再次吸入。

上述过程周而复始地进行,便可使汽车内温度达到并维持在给定的状态。

三、制冷系统主要部件

1. 空调压缩机

制冷压缩机是汽车空调制冷系统的心脏,其作用是维持制冷剂在制冷系统中的循环,吸入来自蒸发器的低温低压制冷剂蒸气,压缩制冷剂蒸气使其压力和温度升高,并将制冷剂蒸气送往冷凝器。

压缩机种类较多,在轿车上多采用斜盘式和涡旋式以及变排量式压缩机。

1)斜盘式压缩机

旋转斜盘式压缩机的结构如图 13-6 所示,采用往复式双头活塞。工作原理如图 13-7 所示。当主轴带动斜盘转动时,斜盘便驱动活塞做轴向移动,由于活塞在前后布置的汽缸中同时作轴向运动,这相当于两个活塞在作双向运动。

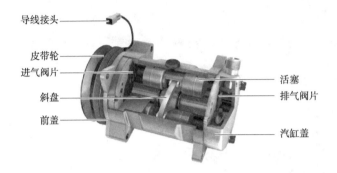

图 13-6 旋转斜盘式压缩机结构

斜盘式压缩机的结构与原理

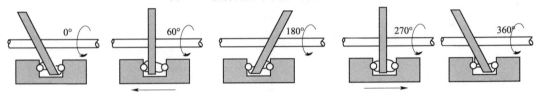

图 13-7 旋转斜盘式压缩机工作示意图

2) 涡旋式压缩机

涡旋式压缩机是一种新型的容积式压缩机,与往复式压缩机相比,具有效率高、噪声低、振动小、质量小、结构简单等优点,其结构如图 13-8 所示。

涡旋式压缩机的结构与原理

涡旋式压缩机有一个可动的和一个固定不动的涡壳,并有相对偏心运动。它们之间相互错开 180°,当压缩机轴旋转时,可动涡壳将制冷剂压向固定涡壳即压缩机的中心,这种运动使制冷剂压力增加。涡旋式压缩机工作原理如图 13-9 所示。

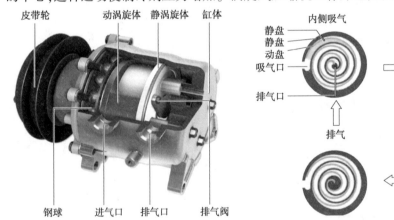

图 13-8 汽车空调涡旋式压缩机　　　　图 13-9 涡旋式压缩机工作原理

3) 变排量压缩机

目前在汽车空调上广泛采用变排量压缩机,其主要优点如下:

(1) 消除了由于电磁离合器吸合脱开引发的发动机转速的波动。

(2) 在某些工况下(如低速、爬坡)可防止发动机熄火。

(3) 减少了空调系统制冷温度的波动。

变排量压缩机结构

(4)功率消耗减少,最大可减少25%。

(5)根据发动机转速、车内温度,自动调节压缩机输出的制冷量。

现以斜盘式电控变排量压缩机为例说明其工作原理,电控变排量压缩机外形及结构如图13-10和图13-11所示,其内部有一个电磁阀,由空调ECU通过进行无级调节控制。

图13-10 电控变排量压缩机外形图

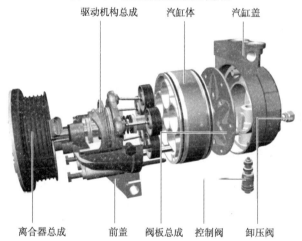

图13-11 电控变排量压缩机结构(斜盘式)

其工作原理如图13-12所示。在无电流状态下,调节阀阀门开启,压缩机高压腔和曲轴箱相通,压力达到平衡。满负荷时,阀门关闭,曲轴箱和高压腔之间通道被隔断,曲轴箱压力下降,斜盘的倾斜角度加大直至排量达到100%;关掉空调或所需的制冷量较低时,阀门开启,曲轴箱和高压腔之间的通道被打开,斜盘的倾斜角度减小直至排量低于2%。当系统的低压较高时,真空膜盒被压缩,阀门挺杆被松开,继续向下移动,使得高压腔和曲轴箱被进一步隔离,从而使压缩机达到100%的排量。当系统的吸气压力特别低时,压力元件被释放,使挺杆的调节行程受到限制,高压腔和曲轴箱不再能完全被隔断,从而使压缩机的排量变小。

4)电磁离合器

在汽车空调系统中,电磁离合器一般安装在压缩机前端面,成为压缩机总成的一部分(电控变排量压缩机没有电磁离合器)。其作用是控制发动机与压缩机的动力传递。

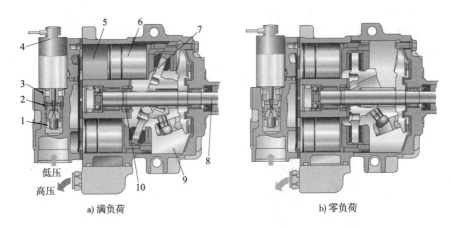

a) 满负荷 b) 零负荷

图 13-12 电控变排量压缩机工作原理

1-进气压力；2-高压；3-曲轴箱压力；4-空调压缩机调节阀 N280；5-压缩室；6-空心活塞；7-斜盘；8-驱动轴；9-曲轴箱；10-复位弹簧

电磁离合器由带轮、电磁线圈、压力板等主要部件组成。外形如图 13-13 所示。

电磁离合器结构及工作原理如图 13-14 所示，电磁线圈固定在压缩机外壳上。压力板与压缩机的主轴相连接。带轮通过轴承套在轴上，可以自由转动。当空调开关接通时，电流通过电磁离合器的电磁线圈，电磁线圈产生电磁吸力，使压缩机的压力板与带轮结合在一起，将发动机的转矩传递给压缩机主轴，使压缩机主轴旋转。当断开空调开关时，电磁线圈吸力消失。在弹簧作用下，压力板和带轮分离，压缩机停止工作。

电磁离合器的结构与工作过程

图 13-13 电磁离合器的外形图

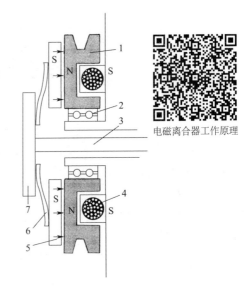

图 13-14 电磁离合器的工作原理

1-带轮；2-轴承；3-压缩机主轴；4-线圈；5-压力板；6-弹簧片；7-驱动盘

2. 冷凝器与蒸发器

冷凝器和蒸发器是用来实现两种不同温度流体之间的热量交换的装置。

1）冷凝器

冷凝器的作用：将压缩机排出的高温、高压制冷剂蒸气进行冷却，使其凝结为高压制冷剂液体。

汽车用冷凝器主要有管片式、管带式和平行流式，目前轿车多采用平行流式，如图 13-15 所示，大客车多采用铜管铝片式。

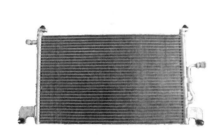 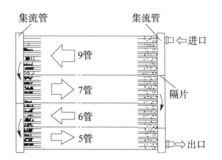

图 13-15　平行流式冷凝器

对于轿车，冷凝器一般安装在散热器之前，与散热器共用风扇。对于大客车，冷凝器多安装在车厢顶部，在冷凝器旁安装辅助冷却风扇，加速冷却。

2）蒸发器

蒸发器的作用是将膨胀阀出来的低温低压制冷剂蒸发并吸收车内空气的热量，从而达到车内降温的目的。多安装于汽车驾驶室仪表台下方的再循环外壳内。

蒸发器主要有管片式、管带式和层叠式。轿车上主要采用全铝层叠式蒸发器，如图 13-16 所示，大型客车上主要采用铜管铝片式蒸发器。

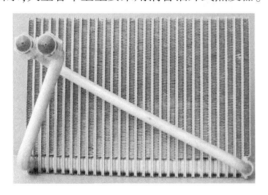 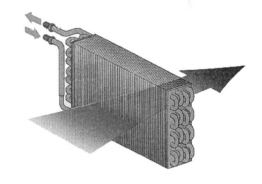

图 13-16　层叠式蒸发器

3. 节流膨胀装置

现代轿车用的节流膨胀装置主要有热力膨胀阀和孔管节流阀等。

1）热力膨胀阀

热力膨胀阀安装在蒸发器入口，作用是把来自储液干燥器的高温高压的液态制冷剂节流降压成低温低压的液态蒸气，同时可防止压缩机发生液击现象和蒸发器出口蒸气异常过热。

节流膨胀装置的结构与原理

热力膨胀阀的结构形式有三种,分别为内平衡式膨胀阀、外平衡式膨胀阀和 H 型膨胀阀,目前轿车上多使用 H 型膨胀阀,以下主要介绍 H 型膨胀阀。

H 型膨胀阀外形及结构如图 13-17 所示。当蒸发器的温度高时,感温元件内部制冷剂压力增大,克服弹簧压力,球阀开度增大,制冷剂流量增加,制冷量增大。反之亦然。

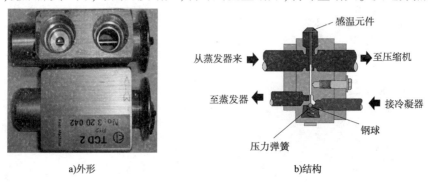

图 13-17 H 型膨胀阀外形及结构示意图

2) 孔管式节流阀

孔管节流阀安装在蒸发器进口管中,其外形及结构如图 13-18 所示,用于节流降压,但无法调节制冷剂流量。装有孔管的系统必须在蒸发器的出口和压缩机的进口之间安装一个集液器,实行气液分离,以防止液态制冷剂冲击压缩机。

孔管节流阀失效的主要原因是节流元件堵塞,这通常是由于集液器内干燥剂滤网失效引起。此时最好更换节流阀,同时更换积累器,不同车型的孔管不能互换。

a) 外形

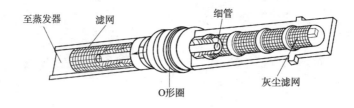

b) 结构

图 13-18 孔管结构示意图

4. 过滤装置

汽车空调中按照节流装置的不同采用不同的过滤装置,主要有储液干燥器和集液器。

1) 储液干燥器

储液干燥器用于膨胀阀式空调系统,安装在冷凝器与膨胀阀之间的管路上,在制冷系统中,它起到储液、干燥和过滤液态制冷剂的作用。

储液干燥器外形及结构如图 13-19 所示。从冷凝器来的液态制冷剂,从储液干燥器进口处进入,经过滤器过滤和干燥剂除去水分和杂质后从出口流向膨胀阀。

2)集液器

集液器用于节流管式空调制冷系统中,一般安装在蒸发器出口与压缩机入口之间,结构如图 13-20 所示。集液器的主要作用:一是捕获液态制冷剂,防止其进入压缩机;二是吸收制冷剂中的水分;三是过滤杂质。

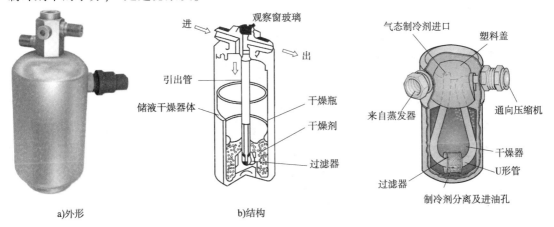

图 13-19　储液干燥器外形及结构　　　　　图 13-20　集液器结构

5. 制冷剂与冷冻油

1)制冷剂

在制冷系统中用于转换热量并且循环流动的物质称为制冷剂。制冷剂的特性能直接影响制冷循环的技术经济指标。应根据不同制冷装置的特点,合理选择制冷剂,使制冷装置正常工作和安全运行。目前汽车空调系统普遍使用的制冷剂为 R134a,如图 13-21 所示。

汽车空调制冷系统多数故障与制冷剂的泄漏有关,应注意检查,并按规定予以加注。

2)冷冻油

冷冻油又称冷冻机油,是压缩机的专用润滑油,它保证压缩机正常运转、可靠工作和延长使用寿命。其在空调制冷系统中具有润滑、密封、冷却、降噪的作用,如图 13-22 所示。

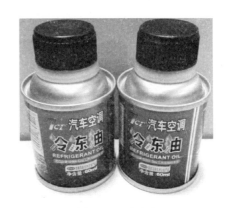

图 13-21　R134 制冷剂　　　　　图 13-22　冷冻油

选择冷冻油时,要充分考虑空调压缩机内部润滑油的工作状态,如吸、排气温度等。在使用时必须严格使用原车空调压缩机所规定的冷冻油牌号,或换用具有同等性能的冷冻油,不得使用其他润滑油代替;注意防潮;不能使用变质的冷冻油;加注时也不宜过量,否则会导致制冷不好。

四、汽车空调的正确使用

汽车空调的正确使用与否,将对机组的性能及使用寿命、发动机的工作稳定性及功耗都会有较大的影响。为此,汽车空调使用时应注意以下几点。

(1)汽车空调在换季初次使用时,最好对汽车空调系统进行杀菌除臭处理。

(2)起动发动机时,汽车空调开关应处于关闭位置,熄火后,也应及时关闭汽车空调,以免蓄电池电量损耗,同时避免在下次点火瞬间汽车空调自动开启,加大发动机的负担。

(3)汽车空调的工作核心是压缩机,压缩机中的润滑油如果长时间不使用,会凝结,再次使用的时候有可能会造成压缩机卡死。因此在不使用汽车空调的季节,最好一个月运转一两次,每次10min左右。冬季气温过低时,可将保护开关电线短路,待维护运行完毕,再将电路恢复原样。

(4)夏日应避免汽车在阳光下直接暴晒,尽可能把车停在树荫下。长时间停车后,车厢内温度会很高,应先开窗及通风,用风扇将车内热空气赶出车厢,再开汽车空调,开汽车空调后车厢门窗应关闭,以降低热负荷。

(5)在突然高挡位起动或长距离上坡行驶时,应暂时关闭汽车空调,以免冷却水箱开锅。超车时,若汽车空调系统无超速自动停转装置,则也应先关闭汽车空调。

(6)使用汽车空调时,冷气温度不宜调得过低,一方面温度调得过低,会影响身体健康;另一方面易使蒸发器表面结霜,形成风阻,而造成压缩机液击现象。同时若风机开在低速挡,则冷气温度开关不宜调得过低。一般车厢内外温差在10℃以内为宜。

(7)定期清洗冷凝器和蒸发箱,这是因为由于外界空气环境等原因,冷凝器、蒸发箱表面易被灰尘等脏物附着,造成汽车空调系统的制冷效果下降。

(8)定时清洁或更换过滤器(汽车空调的滤芯),这是因为空气中的灰尘等脏物会堵塞过滤器,直接影响汽车空调出风流量和制冷效果,并造成车厢内异味等问题。

(9)在汽车空调运行时,若听到汽车空调装置有异常响声,如压缩机响、风机响、管子爆裂等,应立即关闭汽车空调,并及时联系维修人员进行检修。

五、汽车空调的维护

1. 汽车空调维护注意事项

(1)在检查和添加制冷剂时,或打开制冷系统管路时,要在通风良好的地方进行操作。

(2)操作时务必戴上防护眼镜和橡胶手套。不要让液体制冷剂接触到眼睛或皮肤上,如果眼睛或皮肤不小心接触到液态制冷剂,应立即用大量冷水清洗,千万不要擦眼睛或皮肤。然后在皮肤上涂抹干净的凡士林,并立即去医院接受治疗。

(3)要远离热源,不要把它存放在日光直射的场所或炉子附近。在充灌制冷剂时,对装制冷剂的容器加热,应在40℃以下的温水中进行,而不可将其直接放在火上烘烤。否则,会引起内存的制冷剂压力增大,导致容器发生爆炸。

(4)不要将装制冷剂的钢瓶暴露在明火处。制冷剂不会燃烧和爆炸,但与明火接触时,会分解出对人体有害的气体(光气)。

(5)注意不要使存放制冷剂的容器掉落或受到冲击。

(6)如果制冷系统内的制冷剂不足时,不要运行压缩机。如果空调系统中制冷剂不足,则会缺少机油润滑,并且可能损坏压缩机。

(7)小心不要向系统中加注过量的制冷剂。如果制冷剂加注过量,会导致制冷不足、燃油经济性差、发动机过热等问题。

(8)不要在没有制冷剂的情况下运行压缩机,否则会损坏压缩机内部。

2. 汽车空调系统的维护

平时做好空调系统的日常维护和定期维护工作是很重要的。由于在维护过程中能及时发现故障先兆,可积极采取措施消除隐患,所以能充分发挥空调的作用,保证系统正常运行。

1)汽车空调系统的日常维护

汽车空调系统的日常维护作业内容及要求见表13-1。

汽车空调系统的日常维护作业内容　　　　表13-1

序号	项　　目	具体内容及要求
1	压缩机	在停用制冷系统后,每周起动压缩机工作5~10min。进行这项维护时,应在环境温度高于4℃时进行
2	冷凝器	(1)检查制冷压缩机驱动皮带有无裂纹和老化情况; (2)检查制冷压缩机驱动皮带的松紧程度; (3)从压缩机的视镜中检查冷冻油量,看是否有泄漏
3	蒸发器	(1)检查冷凝器运行是否正常; (2)检查冷凝器表面有无污物,散热片是否弯曲或阻塞。表面脏污时,应及时用压缩空气吹净或用压力清水清洗干净,以保持良好的散热条件; (3)检查冷凝器和发动机散热器之间的缝隙是否堵塞; (4)检查冷凝器风扇是否有泥沙、石块等杂物,若有,应及时清理
4	储液干燥器	(1)检查蒸发器通风口是否清洁,排水道是否畅通,鼓风机运转是否正常; (2)检查蒸发器表面有无污物,散热片是否弯曲或阻塞; (3)检查并清洁空调空气滤清器,必要时更换; (4)检查通往蒸发器的发动机热水管路是否泄漏
5	系统接头	(1)检查各管路接头和连接部位、螺栓、螺钉有否松动现象; (2)检查各管路接头是否有与周围机件相磨碰; (3)检查各管路接头是否有泄漏
6	膨胀阀	(1)检查膨胀阀是否堵塞; (2)清洗各管路时是否更换膨胀阀
7	其他	(1)检查电路连接导线、插头是否有损坏和松动现象; (2)空调在运行中有无不正常的噪声、异响、振动和异常气味,如有应停止使用空调并及时检修; (3)低速运转空调,从视液窗上察看是否有气泡出现。如出现气泡说明制冷剂不足,应及时进行检查修理或补充

2) 汽车空调系统的定期维护

汽车空调系统除了一些日常维护和检查工作外,还应由汽车空调专业维修人员对空调系统各总成和部件做一些必要的定期维护和调整检查工作,这样做不但可以保证空调的性能和发挥空调的最佳效果,而且可以更好地保证汽车空调的使用寿命和工作可靠性,减少维修工作量。汽车空调的定期维护方法一般有两种:一种是与汽车的维护同步进行,另一种是按其制定的维护周期独立进行。

汽车空调系统的定期维护项目、具体内容及周期见表13-2。

汽车空调定期维护的项目、具体内容及周期　　　表13-2

序号	项目	具体内容及要求	周期
1	压缩机	(1)检查进、排气压力应符合要求,各坚固件应无松动,无漏气现象; (2)拆开压缩机,检查进排气阀片应无破损和变形现象; (3)压缩机修后装复时必须更换各密封圈和轴封	3年
2	冷凝器及其冷却风扇	(1)彻底清扫或清洗冷凝器表面的杂质、灰尘,用扁嘴钳扶正和修复散热片; (2)仔细检查冷凝器表面应无异常情况,应无制冷剂泄漏情况; (3)检查冷凝器冷却风扇应运转正常,检查风扇电动机的电刷应无磨损过量情况	1年
3	蒸发器	(1)用检漏仪进行检漏作业; (2)拆开蒸发器盖,清扫蒸发器内部,清除送风通道内的杂物(可用压缩空气来吹)	1年 2~3年
4	电磁离合器	(1)检查其动作应正常,应无打滑现象,接合面应无磨损,离合器轴承应无严重磨损; (2)用塞尺检查其电磁离合器间隙应符合要求	1~2年
5	储液干燥器	(1)正常情况下,储液干燥器的更换; (2)因使用不当使系统进入水分后,储液干燥器应更换; (3)系统管路被打开时,储液干燥器应更换	2年 及时更换 当时更换
6	膨胀阀	检查其动作应正常,开度大小应合适,进口滤网应无堵塞	1~2年
7	制冷系统管路	(1)检查管接头,并用检漏仪检查其密封情况; (2)检查管路与其他部件应不相碰,检查软管时应无老化、裂纹现象	1年 3~5年更换
8	驱动机构	(1)检查V带张紧性和磨损情况; (2)更换V带; (3)检查张紧轮及轴承,并加注冷冻油	使用100h后 3~5年更换 1年
9	冷冻油	(1)正常情况下,冷冻油的更换; (2)管路有泄漏时,冷冻油的更换	2年 及时补充
10	安全装置	检查高压开关、低压开关、水温开关、压力传感器等应能安全、可靠地工作	1年检查一次 5年更换一次
11	其他	(1)检查坚固装配螺栓、螺母等坚固件; (2)检查防振隔振橡胶应无老化、变形; (3)检查管道保温材料应无老化失效; (4)检查制冷状况,一般测量进、出风口温度差应7~10℃	3个月 1年更换 1年更换 2年更换

上述定期检查和维护周期,应根据空调运行的具体情况和相应车辆的维护手册进行,不可生搬硬套。例如,对于空调使用十分频繁的南方地区,可适当缩短维护周期,而对于北方地区,每年空调运行时间相对较短,因此,可适当延长维护周期。

操作指引

1. 组织方式

(1)场地设施:装有压缩空气、废气抽排系统和消防设施的场地。
(2)设备设施:一汽迈腾轿车。
(3)工量具:常用维修工具套件、扭力扳手、电子检漏仪、真空泵、歧管压力计、空调回收机等。
(4)耗材:制冷剂、冷冻油等。

2. 操作要求

(1)穿着干净整齐的工作服。
(2)遵守场地安全规定,注意用电安全。
(3)正确使用歧管压力计、诊断仪等工量具。
(4)在使用制冷剂时,应注意对皮肤的防护。

任务实施

1. 一汽迈腾轿车制冷不足故障的检修

1)制冷系统检查

(1)制冷系统常规检查。空调系统常规检查(指不打开制冷系统)的内容主要有:

① 检查制冷剂是否有泄漏。
② 检查制冷量是否正常。
③ 检查电路是否接通,各控制元件是否正常工作。
④ 检查冷凝器是否有明显污垢和杂物,是否通畅。
⑤ 检查压缩机传动带张力是否正常。
⑥ 检查软管及连接处是否牢固。
⑦ 检查系统运行时是否有异响和气味。

制冷系统常规检查

空调制冷系统检漏

(2)制冷系统压力的检查。制冷系统有高压端压力和低压端压力,在空调工作正常时,高低压端压力应符合要求,否则说明有故障,在日常检修中可先对制冷系统进行压力检测来判断大概故障部位。

① 安装歧管压力表组(图13-23)。
a. 找到低压侧和高压侧维护阀。
b. 将低压维修阀与低压软管(蓝色)连接,高压维修阀与高压侧软管(红色)连接。
② 压力检查。压力检查是用歧管压力表查找故障部位的方法,其前提条件是:发动机转速1500r/min;鼓风机转速处于高速状态;温度控制开关置于最冷位置,具体操作如下。

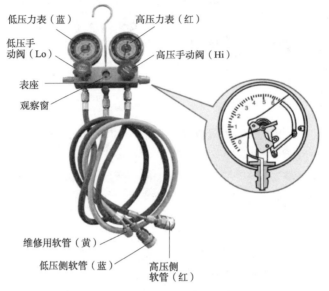

a) 歧管压力表结构　　　　b) 弹簧式歧管压力表的结构

图 13-23　歧管压力计结构图

a. 将歧管压力计接在压缩机的高、低压检修阀上。

b. 起动发动机,使其处于 2000r/min 的稳定转速下,然后起动压缩机。

c. 温度键置于 COOL 位置,风扇转速处于最高挡位置。

d. 观测高低压表的数值,此时高压表值应为 1.2～1.7MPa,低压表值应为 0.2～0.4MPa。

(3) 汽车空调制冷系统检漏。汽车空调系统工作条件比较恶劣,极易造成部件、管道损坏和接头松动,使制冷剂发生泄漏,导致空调不制冷或制冷不足,压缩机、蒸发器、管道、冷凝器等部位都容易产生泄漏。

汽车空调制冷系统常用的检漏方法有:外观检漏、肥皂泡检漏、染料检漏、电子检漏仪检漏、真空检漏、压力检漏等。

① 外观检漏。制冷剂泄漏严重往往会渗出冷冻油,若发现在某处有油污渗出,可进一步用清洁的白纸擦拭或用手直接触摸检查。如仍有油冒出,则可能有渗漏。

② 肥皂泡检漏。有些漏点电子检测仪很难进入,要想确定泄漏的准确位置,可采用肥皂泡检漏。将全部接头或可疑区段抹上肥皂液;观察肥皂泡的出现情况,肥皂泡形成处就是漏点所在,如图 13-24 所示。

③ 荧光剂或染料检漏。将荧光剂加入空调(加注方法与加注冷冻油相同),使空调运转,打开荧光电筒,若空调系统有泄漏,可看见泄漏处有荧光渗漏,如图 13-25 所示。

④ 电子检漏仪检漏(使用普遍,此处重点说明)。以 16700 检漏仪为例说明检查方法,电子检漏仪如图 13-26 所示。

a. 保持仪器探头距管路 6～8cm,以 3～5cm/s 的速度移动探头。

b. 制冷剂比空气重,应尽量在可能泄漏的地方的下方寻找。

c. 检查所有焊接点是否开裂,压力开关和膨胀阀是否泄漏或损坏。

d. 当检漏装置发出报警时,即表明此处存在泄漏。

⑤真空检漏。用真空泵进行抽真空,真空度应达到 0.1MPa 左右,保持 24h 内真空度没有显著升高即可,如图 13-27 所示。

⑥压力检漏。压力检漏有充氮气压力检漏(图 13-28)和充制冷剂检漏。

图 13-24 肥皂泡检漏

图 13-25 荧光检漏

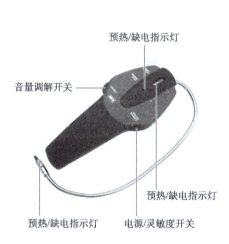

图 13-26 电子检漏仪检漏

图 13-27 真空检漏

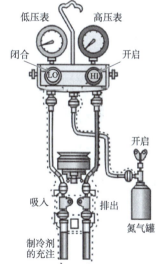

图 13-28 压力检漏

2)制冷剂回收与加注

(1)汽车空调制冷系统的抽真空。

抽真空的目的是排除制冷系统内的空气和水分,同时也可以用于制冷系统的检漏,当对空调制冷系统进行维修或更换元件时,空气会进入系统,且空气中含有一定量的水蒸气(湿空气),当超过一定量时会造成制冷不足或间歇性出冷风。

为最大限度地将系统内的空气及湿气抽出,必要时采用重复抽真空法,即第一次抽真空完毕后,再连续抽 30min 以上。具体操作过程如下:

①将歧管压力计上的两根高、低压力软管分别与空调管道上的高、低压检修阀接口相连;将歧管压力计上中间软管与真空泵相连。

②打开歧管压力计的手动高、低压阀,起动真空泵,将系统压力抽真空至100kPa左右。

③关闭歧管压力计上的手动高、低压阀,观察压力表指示压力是否回升。若回升,则表示系统泄漏,此时应进行检漏和修补。若压力表针保持不动,则打开手动高、低压阀,起动真空泵继续抽真空15～30min,使其真空压力表指针稳定。

④关闭歧管压力计上的手动高、低压阀。关闭真空泵。

(2)汽车空调系统制冷剂的充注。

当制冷系统抽真空达到要求,且经检漏确定制冷系统不存在泄漏部位后,即可向制冷系统充注制冷剂。充注前,先确定注入制冷剂的数量,充注量过多或过少,都会影响空调制冷效果。维修手册或压缩机的铭牌上一般都标有所用的制冷剂的种类及其充注量。

充注制冷剂的方法有两种,一种是从制冷系统高压检修阀处充注,称为高压端充注,充入的是制冷剂液体,用该方法时必须注意,充注时不可开启压缩机(发动机停转),且制冷剂罐要求倒立。另一种是从制冷系统低压检修阀处充注,称为低压端充注,充入的是制冷剂气体,要求充注时要开空调,且鼓风机风速最高,调节温度最低,转速一定。

①高压端充注制冷剂。

a. 当系统抽真空后,关闭歧管压力计上的高、手动低压阀。将歧管压力计与系统连接。

b. 将中间软管的一端与制冷剂罐注入阀连接,如图13-29所示,打开制冷剂罐开关,再拧开歧管压力计软管一端的螺母,让气体溢出几分钟,把空气赶走,然后再拧紧螺母。

c. 拧开高压侧手动阀至全开位置,将制冷剂罐倒立,以便从高压侧充注液态制冷剂。

d. 从高压侧注入规定量的液态制冷剂。

e. 充注完毕,关闭制冷剂罐注入阀及歧管压力计上的手动高压阀,然后将仪表卸下。装回所有保护帽和保护罩。

②低压端充注制冷剂。

a. 按图13-30所示,将歧管压力计与压缩机和制冷剂罐连接好。

b. 打开制冷剂罐开关,再拧开歧管压力计软管一端的螺母,让气体溢出几分钟,把空气赶走,然后再拧紧螺母。

c. 打开手动低压阀,当系统压力值达到0.4MPa时,关闭手动低压阀。

d. 起动发动机并将转速调整到1250r/min左右,接通空调开关,并将风机开关置于高速、调温开关调到最冷。

e. 再打开歧管压力计上的手动低压阀。让制冷剂继续进入制冷系统,直至充注量达到规定值时,立即关闭手动低压阀。

f. 此时高压表值应为1.2～1.7MPa,低压表值应为0.2～0.4MPa。

g. 充注完毕后,先关闭歧管压力计上的手动低压阀,关闭制冷剂罐开关,使发动机停止运转,将歧管压力计从压缩机上卸下,卸下时动作要迅速,以免过多制冷剂排出。

h. 装回所有保护帽和保护罩。

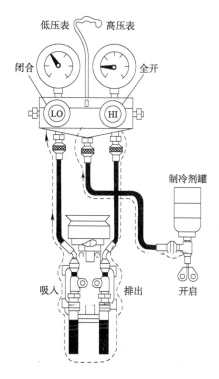
图 13-29　高压端充注制冷剂

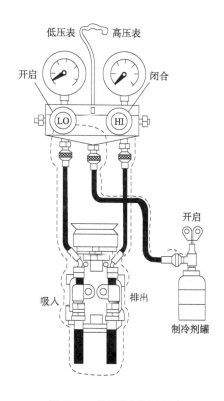
图 13-30　低压端充注制冷剂

（3）冷冻油的加注。

汽车空调制冷系统大修后，压缩机的冷冻油需要按照规范加注，平时也要定期检查，发现减少时必须及时补充。

①压缩机冷冻油量的检查。检查方法有以下两种。

a. 油尺观察法。把油尺用棉纱擦干净，然后插到压缩机内，直到油尺端部碰到压缩机内壳体为止，取出油尺，观察油尺浸入深度应符合规定，若少则加入，若多则放出，然后拧紧加油孔塞。

b. 视镜观察法。通过压缩机上安装的视镜玻璃，可观察冷冻机油量，如果压缩机冷冻油油面达到观察高度的 80% 位置，一般认为是合适的，如果油面在这个界限以下，则应该添加；如果油面在这个界限以上，则应该放出多余的冷冻油。

②冷冻油的检查。汽车空调系统只能使用新的纯净而又无水的冷冻润滑油。冷冻润滑油是高度纯化和脱水的。所以在不使用时，冷冻润滑油罐是保持严格密封的，防止吸入水蒸气。

③冷冻油的加注。补充冷冻油的方法有以下两种。

a. 直接加入法。将冷冻油按标准称量好，直接加入压缩机内，这种方法只是在系统大修后采用。

b. 抽真空法加注。其具体操作方法如下：

按抽真空的方法先对制冷系统抽真空。用带刻度的量筒装上比要补充的冷冻油要多的冷冻油。将连接低压检修阀的低压软管从歧管压力计上拧下来,并将其插入盛有冷冻油的量筒内,如图 13-31 所示。

起动真空泵,打开歧管压力计上的手动高压阀,补充的润滑油从压缩机的低压侧进入压缩机中。当冷冻油量达到规定量时,停止真空泵的抽吸,并关闭手动高压阀。

按抽真空法加注冷冻油后,再对制冷系统抽真空、加注制冷剂。

(4)汽车空调制冷剂的充注(使用空调回收机操作)。

①空调回收机介绍。图 13-32 ~ 图 13-34 所示为 MRF - 101 型空调回收机,其主要部件及作用如下:

制冷剂的充注（空调回收机）

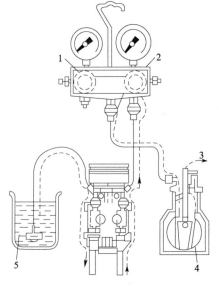

图 13-31 抽真空加注冷冻油
1-手动低压阀;2-手动高压阀;3-排出空气;
4-真空泵;5-冷冻油

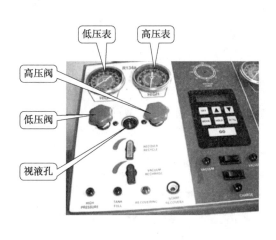

图 13-32 MRF - 101 型空调回收机(1)

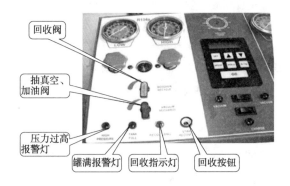

图 13-33 MRF - 101 型空调回收机(2)

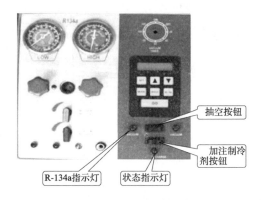

图 13-34 MRF - 101 型空调回收机(3)

a. 高、低压表——用于测量制冷系统内压力(高压表:红色;低压表:蓝色)。

b. 高、低压阀——控制压力表中的系统压力与回收机的连接。

c. 视液孔——在加注制冷剂时,观察液态流入的制冷剂。

d. 回收阀——当回收制冷剂的时候打开。

e. 抽真空、加注阀——当抽真空或加注制冷剂时要打开此阀。

f. 压力过高报警灯——当压力过高时灯亮报警。

g. 罐满报警灯——当制冷剂回收罐满之后,灯亮报警。

h. 回收指示灯——当按下回收按钮时,指示灯会亮。

i. 回收按钮——按下此按钮,即启动回收系统开始回收制冷剂。

j. 抽空按钮——控制机器的抽空系统。

k. R-134a 指示灯——指示 R-134a 系统的抽空工作。

l. 加注制冷剂按钮——按下此按钮,机器加注系统即开始处于工作状态。

m. 状态指示灯——指示机器加注系统正处于工作状态。

②制冷剂回收。首先要确定制冷剂可用,有回收价值。制冷剂回收的具体步骤如下:

a. 回收之前先运转汽车空调几分钟,便于回收时将杂质及油带出。然后连接设备的高、低压管到汽车空调的高、低压阀。

b. 检查高、低压表是否指示正压,没有正压说明无制冷剂可回收。

c. 插好制冷剂回收机的电源插头,并按下电源按钮。

d. 打开回收罐阀门(蓝色);把背面的回收输出阀旋转至"开"的位置;把控制面板上的回收阀旋转至"开"的位置。

e. 按下回收按钮,回收指示灯亮。在显示屏上显示所回收制冷剂的质量。回收到压力表指示为"0"。观察左边的两个指示灯,如果罐满报警灯亮,证明回收罐已装满。

f. 压力表指示为"0"时停止回收:先松开回收按钮,再关闭回收阀,最后关闭高、低压阀。

g. 回收完毕,关闭制冷剂回收罐回收阀。

③制冷系统抽真空。

a. 把制冷剂回收机的高、低管与汽车空调的高、低压阀连接好。

b. 插好制冷剂回收机的电源插头,并打开机器按钮。

c. 把抽空、加注阀旋转至"开"的位置。同时打开高、低压阀。

d. 打开抽空机电源开关按钮。

e. 按下抽空按钮开始抽空。抽空 20min 之后,低压表指示 -95kPa,关闭高、低压阀,并停止抽空。等待 10min 左右,观察汽车空调系统是否有泄漏情况,如果有泄漏则进行修理;如果没有,继续抽空 10min 左右。

f. 停止抽空。先关高、低压阀,再停止抽空机。

④制冷剂加注。

a. 对汽车空调系统进行抽真空完毕后,保持歧管压力表的连接(这样可以避免连接压力表管的过程中空气进入系统)。

b. 插好电源插头,打开制冷剂回收机电源开关。

c. 打开制冷剂回收罐阀门,如果更换过回收罐,应该排空气。

d. 打开高、低压阀及抽真空、加注阀和加注电源开关,指示灯会亮。

e. 在控制面板上设置所要加注的制冷剂的量。

MODE——选择加注模式。

SET——设置加注的制冷剂的重量。

注:▲——增加。

▼——减少。

f. 按 GO 键,开始加注制冷剂。如果要中途暂停加注,按 HOLD 键即可。

g. 如果需要运转压缩机加注,在运转压缩机之前必须关闭高压阀。然后再根据e、f进行操作。

h. 加注完毕。关闭各阀门及机器电源。

3) 制冷系统部件检修与更换

(1) 汽车空调压缩机的检修。

① 空调压缩机限压阀的检修。检查限压阀周围,如果发现粘有冷冻机油,说明限压阀已起作用,此时应及时对压缩机进行修理。

② 检查电磁离合器。

a. 检查压盘。是否变色、剥落或损伤。如果有损坏,应更换离合器装置。

b. 检查皮带轮。用手转动皮带,检查皮带轮轴承的间隙和阻力,如果出现噪声或间隙过大/阻力过大,则更换离合器。

c. 检查间隙。用间隙规测量皮带轮与压盘之间间隙,应符合规定值,如图13-35所示。

d. 测量励磁线圈的电阻。如图13-36所示,阻值应符合规定值,否则应更换电磁离合器。

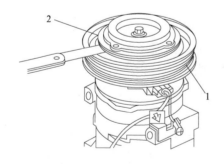 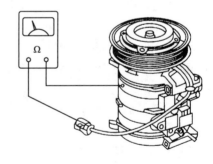

图13-35 测量皮带轮与压盘之间的间隙　　图13-36 测量离合器线圈电阻
1-皮带轮;2-压盘

e. 电磁离合器的拆装。必要时需要对电磁离合器进行拆解检查,拆装步骤如下:

• 使用Y形爪具及套筒扳手拆下主轴上的六角锁紧螺母。然后用专用拉器拆下压板,用卡簧钳拆卸内卡簧,如图13-37所示。

• 用拉拔工具拆卸离合器驱动盘,如图13-38所示,将压缩机带轮和轴承拔出,卸下电磁线圈。拆下键和垫片。

• 检查完的电磁离合器,按拆卸时的相反步骤装配,装好后应作复检,确保压盘间隙、离合器线圈电阻、皮带轮及皮带张力均符合要求。

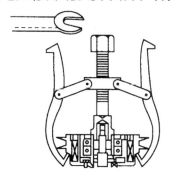

图13-37　卸下主轴上的六角锁紧螺母　　图13-38　拆卸压缩机离合器驱动盘

③空调压缩机的更换。

a. 空调压缩机的拆卸。

• 用制冷剂回收机回收制冷剂。

• 拆卸发动机下方隔音垫。拆下齿形带1;将插接器从调节阀 N280　3 处脱开。

• 将螺栓2从空调压缩机4上拧下,并从空调压缩机4上脱开制冷软管。用合适材料立即密封制冷管路。

• 拧下螺栓5,并向下取下空调压缩机4,如图13-39所示。

b. 空调压缩机的安装。按照与拆装相反的顺序安装空调压缩机,并应注意以下事项:

• 加注规定量的制冷剂与冷冻油。

• 应更换制冷管路中新的 O 形密封圈。

• 检测压缩机的性能,并进行充分检漏。

• 起动发动机之前确保管道都已经安装完备,并用手转动皮带轮10圈左右,以免压缩机受到损坏。

(2)冷凝器的检修。

①冷凝器检查。

a. 用检漏仪检查冷凝器泄漏情况。

b. 检查冷凝器管内脏堵或管外弯瘪情况。若发现压缩机排气压力过高,不能正常制冷,管外有结霜、结露现象时,说明管内脏堵或管外弯瘪。

c. 检查冷凝器管外及翅片外表面有无污垢、残渣等,如有,必须及时清理。

图13-39　拆卸空调压缩机

1-齿形带;2-螺栓;3-空调压缩机调节阀;4-空调压缩机;5-六角头螺栓

②冷凝器维修。

a. 冷凝器由于碰撞或振动而破损,应卸下冷凝器进行焊接修补,无法修理时,更换同规格的冷凝器,并向压缩机补充40~50mL 的冷冻油。

b.冷凝器散热翅片若歪曲变形,可用镊子校正铝散热翅片。

c.冷凝器内脏堵,应拆开冷凝器出口和进口接头,用高压氮气吹洗,冲出脏物。

d.冷凝器表面积灰,通风受阻,可用软毛刷轻刷表面或用吸尘器吸除灰尘。

e.冷凝器管接头处泄漏,应更换管接头,并重新进行检漏试压。

f.若是冷凝器风机故障,可不必拆卸冷凝器,只需修理风机。

③冷凝器的更换。

a.冷凝器的拆卸。

- 用制冷剂回收机回收制冷剂。
- 关闭点火开关,拔出点火钥匙。
- 拆下蓄电池和散热器风扇,拆下散热器的进水管和出水管,取下散热器。
- 拆下与冷凝器相连的制冷管路,拆下前保险杠托架,旋出螺栓后即可从车身上拆下冷凝器。拆卸时应注意不要损坏冷凝器和散热器片,封闭所有的管路接口,如图13-40所示。

b.冷凝器的安装。按与拆卸冷凝器相反的顺序进行安装,并注意以下事项:

- 若新安装一个冷凝器,应重新加注制冷剂和冷冻油。
- 重现更换制冷管路中新的O形密封圈。
- 安装冷凝器注意不要损坏冷凝器和散热器片。

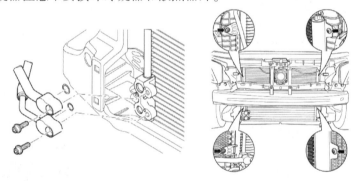

图13-40 拆卸冷凝器

(3)蒸发器的检修。

①蒸发器的检查。

a.检查蒸发器是否损坏。

b.用检漏仪检查其是否泄漏。

c.观察排泄管路是否洁净、畅通。

d.观察蒸发器外表面是否有积垢。

②蒸发器的检修。

a.清除蒸发器外表面积垢、异物。

b.若蒸发器管有泄漏,应进行焊补,若无法焊补应更换蒸发器总成,并向压缩机补充40~50mL的冷冻油。

c.清洁排泄管路,并清除积聚在底板的水分。

d. 若是蒸发器风机故障,应修理风机。

③蒸发器的更换。

a. 蒸发器的拆卸。

- 用制冷剂回收机回收制冷剂,并拆除制冷管道。
- 拆卸空调暖风装置。
- 如图 13-41 所示,拆出螺栓,脱开固定夹,从蒸发器壳体 2 上取下空调分配器外壳 1。
- 拆开蒸发器温度传感器线束插接器。
- 拆分蒸发器外壳,拆下蒸发器,如图 13-42 所示。拆卸时应注意不要损坏蒸发器片。

b. 蒸发器的安装。按照与拆卸相反的顺序安装蒸发器芯,并注意以下事项:

- 若更换新的蒸发器,应按规定量加注制冷剂和冷冻油。
- 应更换制冷管路中新的 O 形密封圈。
- 检查空调系统性能。

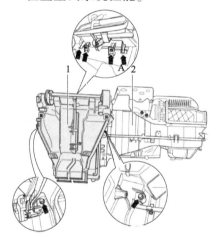

图 13-41 拆卸蒸发器壳体
1-空调分配器外壳;2-蒸发器壳体

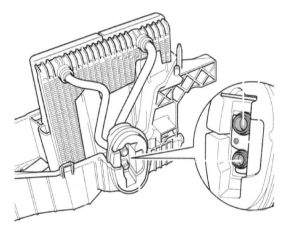

图 13-42 分离蒸发器

(4)更换储液干燥器的干燥器筒。储液干燥器主要用来储存多余制冷剂、吸附系统内水分、过滤系统内杂质或脏物,保证系统正常工作。如果储液干燥器吸附水分达到饱和状态,或者滤网被脏物堵塞时,必须更换,其操作过程如下:

①拆除散热器格栅,拔出前围支架上的空气导流部件。

②排出系统内的制冷剂。

③如图 13-43 所示,旋出密封盖 1。

④如图 13-44 所示,拆下干燥器筒 1,并立即塞紧接口。

(5)膨胀阀的检修。膨胀阀被污物堵塞,可用高压空气吹通,如吹不通,一般应更换,膨胀阀无须修理。

①膨胀阀的拆卸。

a. 用制冷剂回收机回收制冷剂。

b. 拆卸加热器的冷却液管道。

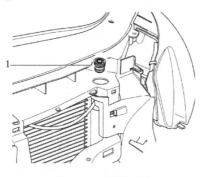

图 13-43 拆装密封盖

1-密封盖

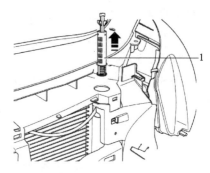

图 13-44 拆出干燥器筒

1-干燥器筒

c.拆下螺栓1,并从膨胀阀中拉出制冷剂管道,拆下螺栓8,并拆下膨胀阀4,如图13-45所示。

②膨胀阀的安装。

按与拆卸相反的顺序进行安装,注意应安装制冷管路中新的O形密封圈。

(6)管道及接头的检修。制冷剂的软管和管路如图13-46所示。更换时应注意以下事项。

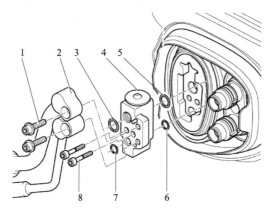

图 13-45 膨胀阀结构及拆卸

1-螺栓(10N·m+1N·m,2个);2-膨胀阀上的制冷剂管路;3-O形环(13.7mm,2.5mm);4-膨胀阀;5-O形环(14mm,1.82mm);6-O形环(10.8mm,1.82mm);7-O形环(9.5mm,2.5mm);8-螺栓(5N·m)

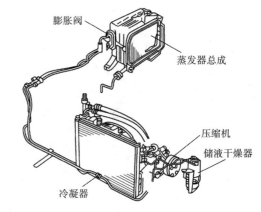

图 13-46 制冷系统管道

①拆卸之前应用制冷剂回收机回收制冷剂。

②拆卸时通常使用两把扳手以免管路和接头部位发生变形。

③拆卸时一定要注意管路和部件的防尘。

④安装之前应将部件和管路擦干净。

2. 汽车空调制冷系统常见故障检修

1)故障现象

(1)打开空调开关之后,空调不出冷风或风不够凉。

(2)打开空调开关之后,有冷风吹出,但有时又有热风吹出。
(3)打开空调开关之后,能听到空调某部位有不正常响声或振动。

2)诊断思路

(1)空调不制冷一般是由于制冷剂泄漏较严重或主要部件完全丧失功能。

(2)空调制冷不足一般是由于制冷剂泄漏不严重或制冷系统主要部件损坏或性能不良。

(3)空调间歇性制冷一般是由于空调系统内部有较多水分或空调电气系统故障引起。应根据检查到的故障现象缩小检修范围,对于自动空调系统还应注意有无故障码。

3)故障检修方法

汽车空调中的制冷系统结构复杂,接头管线多,加上所处的运行环境恶劣,因此空调故障中多数出现在该系统。制冷系统的故障诊断一般可以通过问、看、听、摸、测的方法进行诊断与排除。

(1)问情况。

在接到空调系统有故障的车辆后,首先应仔细向驾驶人询问故障情况,判断是操作不当,还是设备本身造成的故障。若属前者,则应向驾驶人详细介绍正确的操作方法;若属后者,就应进行综合分析,找出故障所在。

(2)看现象。

用眼睛来观察整个空调系统。首先,应该观察空调系统整体状况:控制线路的连接状态,各部件的紧固程度,相关的电源熔断丝和继电器有无损坏,以确定系统的基本工作完好性能。其次,察看储液干燥器视液窗中制冷剂的流动状况,如图 13-47 所示,若流动的制冷剂呈雾状,且水分指示器呈淡红色,则说明制冷剂中含水量偏高;再次,察看系统中各部件与管路连接是否可靠密封,是否有微量的泄漏;最后,察看冷凝器是否被杂物封住,散热翅片是否倾倒变形。

a) 制冷剂严重不足　　b) 制冷剂加注不足　　c) 制冷剂正常或过量

图 13-47　观察窗观察结果示意图

(3)听响声。

用耳朵聆听运转中的空调系统有无异常声音。首先,听压缩机电磁离合器有无发出刺耳噪声。若有噪声,则多为电磁离合器电磁线圈故障或间歇过大,造成离合器打滑而发出尖叫声。其次,听压缩机在运转中是否有液击声。若有此声,则多为系统内制冷剂过多。此现象对压缩机的危害很大,有可能损坏压缩机内部零件。应缓慢释放制冷剂至适量,及时排除。

(4) 摸温度。

在无温度计的情况下,可用手触摸空调系统各部件及连接管路的表面。触摸高压回路(压缩机出口→冷凝器→储液器→膨胀阀进口),应呈较热状态,若在某一部位特别热或进出口之间有明显温差,则说明此处有堵塞。触摸低压回路(膨胀阀出口→蒸发器→压缩机进口)应较冷。若压缩机高、低压侧无明显温差,则说明系统存在泄漏或制冷剂不足的问题。

(5) 测数据。

通过看、听、摸这些过程,只能发现不正常的现象,但要作最后的结论,还要借助于有关仪表来进行测试,在掌握第一手资料的基础上,对各种现象做认真分析,才能找出故障所在,然后予以排除。

① 用检漏仪检查。用检漏仪可以检查整个系统各接头处是否泄漏。

② 用万用表检查。用万用表可以检查汽车空调系统电路的断路、短路等故障。

③ 用温度计检查。制冷系统正常运行时,各部位入口和出口都应符合固定值,用温度计测量温度可以判断出蒸发器、冷凝器、储液器故障。

④ 用歧管压力计检查。将歧管压力计的高、低压表分别接在压缩机的高、低压维修阀上。在空气温度为 30~35℃、发动机转速为 2000r/min 时进行检查。将风机风速调至高挡,温度调至最低挡,检测此时高低压值。若测得结果不在此范围,则说明系统有故障。具体分析见表 13-3。

用歧管压力计检测系统压力测试结果分析 表 13-3

仪器指示	故障现象	可能原因	故障排除
	高压表和低压表显示值比正常值低,另外,从视液窗内看到有气泡,冷气不凉,高压管温热,低压管微冷,温差不大	制冷剂不足或有泄漏	(1) 用检漏仪寻找泄漏处,并予以修复; (2) 加注制冷剂
	高压表和低压表显示值比正常值高很多,另外,从视液窗偶尔可看见气泡,冷气不凉	制冷剂过多;制冷剂系统中有空气;冷凝器冷却不足	(1) 更换储液干燥器; (2) 充分抽真空,重新充注制冷剂; (3) 清洗或更换冷凝器,检查风扇电动机及其电路
	低压表示力显示值有时为负压(真空),有时正常,另外系统间歇制冷或不制冷	制冷系统存在水分	(1) 更换储液干燥器; (2) 反复抽真空; (3) 充注制冷剂适量

续上表

仪器指示	故障现象	可能原因	故障排除
	低压表压力显示值为负压（真空），高压表压力显示值很低，另外，在储液干燥器或膨胀阀前后管路上结霜或有露水。系统不制冷或间歇制冷	制冷剂不循环	(1) 按制冷剂系统中存在水分处理； (2) 更换膨胀阀； (3) 更换储液干燥器； (4) 检查制冷剂是否被污染
	系统不制冷，低压表示力显示值很高，高压表压力显示值很低	压缩机内部故障	更换损坏的零件或总成
	低压表压力显示值很低，高压表压力显示值很高，另外，冷凝器上部和高压管路温度高，而储液干燥器并不热	高压管路堵塞或被压扁	(1) 清洗或更换零件； (2) 检查冷冻机油是否被污染

检修步骤可参照前文所述制冷剂加注等维护操作步骤及各主要部件检修步骤，此处不再赘述。

 任务小结

（1）制冷系统主要由压缩机、冷凝器、储液干燥器、膨胀阀、蒸发器等制冷循环系统和鼓风机、冷凝风扇、压力开关等电气控制装置组成。

（2）目前汽车空调主要是手动空调和自动空调，这两种类型的空调制冷循环系统基本相同，控制部分有区别。

（3）制冷系统在使用中会由于振动或其他原因导致制冷剂出现泄漏，会使汽车空调不制冷或制冷不足。

（4）当需要进行制冷剂的加注作业时，需要检测的项目包括：
①制冷系统的检漏。
②抽真空。
③加注制冷剂。
④加注冷冻油。

（5）当出现不制冷或制冷不足故障时，还应对制冷系统主要部件进行检修。

子任务2　暖风系统暖风不足故障的检修

 **任务描述**

冬天到了，车主刘先生反映，他所驾驶的一辆迈腾1.8T轿车，热车后暖风不足。维修人员询问了基本情况，起动发动机，在热车之后，打开暖风开关，出风口出风温度不高，得到的结果与车主描述相同。首先检查加热器进出水管，发现进水管特别热，检测进出水管的温差，发现特别大，怀疑加热器芯有堵塞。轿车空调暖风系统基本都是由冷却液来提供热量，部分车型利用电加热来辅助供暖。当暖风系统无暖风或暖风不足时，既可能是空调暖风系统的故障，也可能与冷却系统相关，应予以排除检查。

汽车空调暖风系统的加热器芯也是一种热交换装置，将冷却液的热量与冷空气进行热交换，当加热器出现内部堵塞或泄漏时会导致用来加热冷空气的冷却液的量减少，会使车内暖风不足，严重时甚至无暖风。

现在需要你对客户轿车的空调系统暖风系统进行诊断与修复。

 学习目标

(1)能描述汽车空调暖风系统的功用与类型。
(2)能描述汽车空调暖风系统的组成及工作原理。
(3)能描述加热器芯的构造及工作原理。
(4)能识别汽车空调通风与空气净化装置的结构与工作原理。
(5)能正确拆装汽车空调暖风系统主要总成部件。
(6)能对汽车空调暖风系统故障进行检查与排除作业。
(7)具备信息查询和手册使用的基本能力。
(8)能够按照企业5S要求和安全生产规范进行操作。
(9)能与同学密切合作，规范安全地完成学习活动。
(10)养成自主学习的习惯，培养操作规范的工作作风及环保意识。
建议学时：4学时。

知识准备

一、一汽迈腾汽车空调暖风系统

汽车空调暖风系统的主要组成部件有加热器总成、鼓风机电动机总成和热水阀等。此外,其他部件有冷却液循环管路、暖风风道、风门控制电动机等,如图13-48所示。

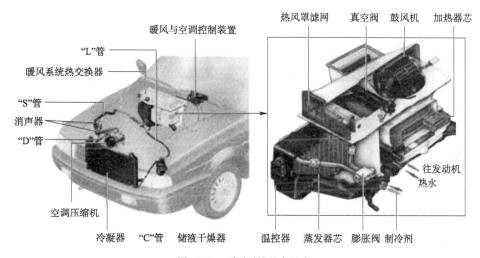

图13-48 暖风系统基本组成

1. 汽车空调暖风系统的作用

(1)与蒸发器一起将车内空气调节到乘员感觉舒适的温度。
(2)在冬季向车内提供暖气。
(3)除掉车窗玻璃上的霜和雾。

2. 汽车空调暖风系统的原理与结构

1)空调暖风系统的工作原理

轿车一般采用水暖式暖风系统,水暖式暖风系统实际上是发动机冷却系统的一部分,大致可分为两大部分,即热水循环回路和配气装置。

暖风系统的结构与原理

热水循环回路与发动机的冷却系统相连通,借助于发动机的水泵实现热水循环。来自发动机冷却系统的热水从进水管流经加热器控制阀进入散热器,然后经出水管回到发动机的冷却系统,实现回路的循环,如图13-49所示。在通风装置中,由风机(鼓风机电动机)强制使空气循环运动。空气经由进风口被吸入,流经加热器时将被加热,并由出风口导出,进入车厢内实现取暖或为风挡除霜。

2)空调暖风系统主要部件结构

(1)热水阀。热水阀又称加热器控制阀,它安装在发动机冷却液通道中,用于控制进入加热芯的

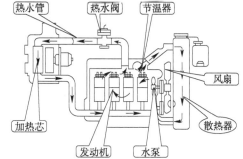

图13-49 水暖式暖风系统的组成与原理示意图

发动机冷却液的流量,可以通过空调控制面板上的温度调节旋钮或按键进行操控。

(2)鼓风机。鼓风机的作用是加强冷凝器或加热器的换热效果,是空调系统里面必不可少的电器元件之一,汽车上的鼓风机电动机是一个普通的直流电动机。鼓风机电动机总成由电动机和叶片组成。

汽车空调的鼓风机通常采用离心式风机,风压高,可以迅速将冷空气或热空气吹到车厢内每个乘员身上,工作效率高,如图13-50所示。

图13-50　鼓风机及调速器外形图

(3)加热器芯。加热器芯由管子和散热片等构成。新式的加热器芯的管道上有凹坑,可改善热量输出性能。加热器芯的形状与散热器相似,如图13-51所示。当热水阀打开时,加热后的发动机冷却液部分流经加热器芯,为车厢内乘员提供所需的热空气。

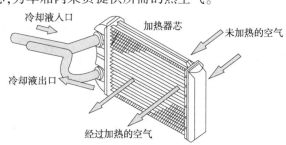

图13-51　加热器芯的结构和原理

汽车空调通常采用整体式空调器,它将加热器和蒸发器组装在一个箱体内,共用一个鼓风机和外壳,但是两者之间用阀门隔开,可以实现全功能空调,如图13-52所示。

二、汽车空调通风配气系统

相对封闭的汽车厢内,只有温度的调节不能满足舒适度的要求,它不但需要有新鲜空气的补充,还要对狭小的车厢内部空间的气流进行调配,汽车空调通风配气系统就是完成上述任务的重要组成部分。

1. 汽车空调通风系统

通风系统用来提高车内空气的含氧量,降低CO_2、灰尘、烟气等有害物质的浓度,为车内驾乘人员提供健康和舒适的环境。

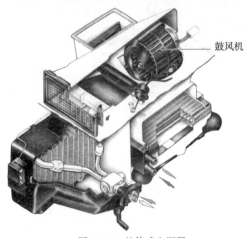

图13-52　整体式空调器

汽车空调的通风有自然通风、强制通风和综合通风三种方式。

1）自然通风

利用汽车行驶时空气对汽车外部车身所产生的风压为动力,使外部空气进入车内。车辆在行驶时,气流与车身接触部位不同,将产生不同的压力。在适当的地方开设进风口和排风口就可以实现车内的自然通风换气。通常将进气口设在产生正压力的部位,排气口安装在产生负压力的部位。

2）强制通风

强制通风是利用鼓风机强制将车外空气送入车内进行通风换气的,如图 13-53 所示。

3）综合通风

综合通风指一辆汽车上同时采用自然通风和强制通风两种通风方式。最简单的综合通风系统是在自然通风的基础上安装强制通风扇,根据需要可分别或同时使用。这样,能基本满足各种气候条件下的通风换气要求。

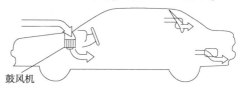

图 13-53　汽车空调强制通风时风的循环

2. 空气净化装置

为了保持车内空气洁净清新,除了通风换气以外,还必须采用净化装置去除车外空气携带的粉尘、有害气体及异味。汽车空调系统的空气净化装置常采用空气过滤式和静电除尘式。

1）空气过滤式

在空调的进风口设置空气滤清器。汽车空调一般选用直径约为 10μm 的中孔聚氨酯泡沫塑料、化纤无纺布和各种人造纤维作过滤器。它仅能滤除空气中的灰尘和杂物,结构简单,只需定期清理滤网上的灰尘和杂物即可,图 13-54 所示为空气净化装置。

目前很多车型粉尘及花粉过滤装置还附带活性炭过滤层,如一汽大众迈腾轿车,过滤器中安装有活性炭过滤层,可以滤除气态的有害物质,如臭氧、一氧化碳等。粉尘及花粉过滤器中还安装有空气质量传感器,可以检测空气质量,以便辅助控制新鲜空气翻板。

2）静电除尘式

在空气进口的滤清器后再设置一套静电集尘装置或单独安装一套用于净化车内空气的静电除尘装置。图 13-55 所示为静电集尘式空气净化装置的空气净化过程。

图 13-54　过滤式空气净化装置

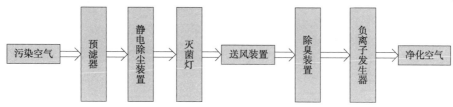

图 13-55　静电集尘式空气净化装置原理图

3)汽车空调配气系统

配气系统的作用是根据乘员要求,汽车空调要不仅能将新鲜空气引入车室内,而且能将冷气、热风、新鲜空气有机地进行配合调节,形成冷暖与湿度适宜的气流吹出,内部结构如图 13-56 所示。

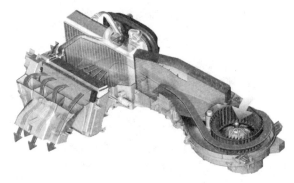

图 13-56 配气系统结构示意图

经混合调节之后的空气经各个出风口吹入车内,一汽迈腾轿车空气通道如图 13-57 ~ 图 13-59 所示。

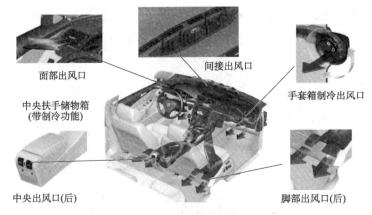

图 13-57 迈腾轿车空调空气分配分布图

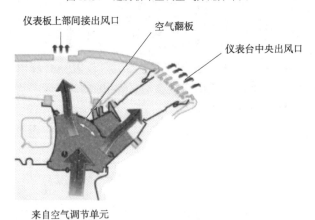

图 13-58 迈腾轿车空调间接出风口分布图(1)

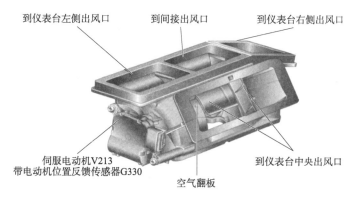

图 13-59　迈腾轿车空调间接出风口分布图（2）

操作指引

1. 组织方式

（1）场地设施：装有压缩空气、废气抽排系统和消防设施的场地。

（2）设备设施：一汽大众迈腾轿车。

（3）工量具：专用收集盘、通用压缩空气喷枪、普通维修工具等。

2. 操作要求

（1）穿着干净整齐的工作服。

（2）遵守场地安全规定，注意用电安全。

（3）正确使用拆检工具。

（4）在使用压缩空气喷枪时，应注意对皮肤的防护。

任务实施

1. 一汽迈腾轿车空调暖风不足故障的检修

空调暖风故障一般与加热器、鼓风机等相关，应重点检查。

1）暖风系统加热器的更换

轿车多采用水暖式暖风系统，在日常维修中，针对加热器的维修较多。下面以 2011 款一汽大众迈腾轿车为例叙述汽车空调暖风系统加热器的拆装和检修方法。

（1）断开蓄电池的负极电缆。

（2）拆除空气滤清器后部空气软管导管，脱开曲轴箱通风软管，如图 13-60 所示。

（3）拆除与加热器连接的冷却液管道，如图 13-61 所示。

（4）分别将一段软管 A 和 B 插到加热器的两个接口上，在下方固定一个容器，并用压缩空气喷枪通过软管 A 将冷却液小心吹入容器 C 中，如图 13-62 所示。

（5）拧下螺栓 3，取下盖板 2，如图 13-63 所示。

（6）松开软管卡箍 A，并从加热器中脱开冷却液管道，将加热器从分配器外壳中取出，如图 13-64 所示。在拆卸加热器芯时，小心避免进水管和排水管弯曲，拉出加热器芯。

(7)按照拆卸的相反顺序,安装加热器芯。同时应检查热交换器上的密封件 A 和 B,只能安装密封圈未受损的加热器,如图 13-65 所示。

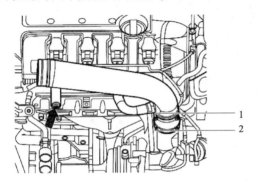

图 13-60 拆除空气软管导管及通风软管

1-曲轴箱通风软管;2-卡箍

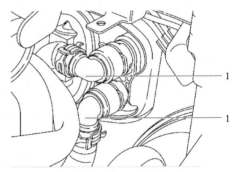

图 13-61 拆卸与加热器连接的冷却液管道

1-冷却液管道

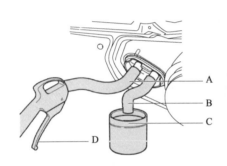

图 13-62 排掉加热器及管道中冷却液

图 13-63 拆卸盖板

1-连接螺栓;2-热交换器盖板;3-螺栓

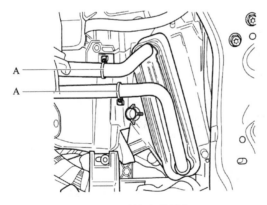

图 13-64 拆卸加热器芯

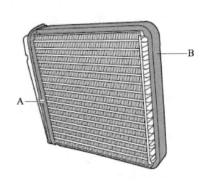

图 13-65 加热器密封装置

2)汽车空调滤清器的更换

(1)拧出塑料螺栓 2,并取出副驾驶侧隔板 1,如图 13-66 所示。

(2)如图 13-67 所示,沿箭头方向推动并取下盖板 3,向下从空调暖风装置中取下粉尘及花粉过滤器。

汽车空调滤清器的更换

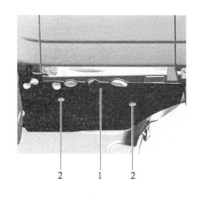

图 13-66 取出副驾驶侧隔板
1-副驾驶侧隔板;2-塑料螺栓

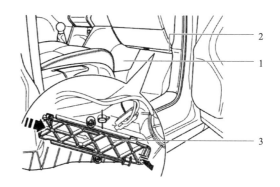

图 13-67 取出粉尘及花粉过滤器
1-前排乘客侧隔音板;2-塑料螺栓;3-盖板

（3）按照相反的顺序安装粉尘及花粉过滤器,并确认无漏气之处,注意其安装位置。

3）鼓风机及串联电阻的检修

（1）鼓风机及串联电阻的拆卸。

①拧下塑料螺栓,拆下隔音板。

②从鼓风机 1 上脱开插接器 2,松开卡扣,沿箭头 A 方向转动鼓风机 1,将鼓风机 1 从外壳中取出,如图 13-68 所示。

③按下插接器 1,沿箭头方向按下卡扣,并从暖风和空调装置 2 中拔出带过热熔断丝的鼓风机串联电阻 N24,如图 13-69 所示。

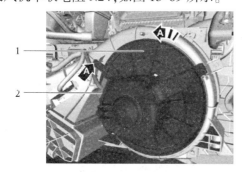

图 13-68 取下鼓风机
1-鼓风机;2-插接器

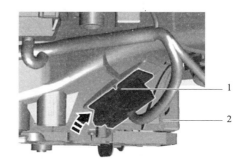

图 13-69 取下鼓风机串联电阻
1-插接器;2-暖风和空调装置

（2）鼓风机及串联电阻的检查。

①鼓风机电压的检测。将万用表的两只表笔分别接在鼓风机电动机的两个端子上,打开点火开关,用万用表电压挡检测,此时电压应为 12V,否则说明鼓风机外围电路有故障。

②鼓风机串联电阻的检测。将万用表的两只表笔分别接在鼓风机电动机的两个端子上,打开点火开关,将鼓风机挡位分别调到 1、2、3、4 挡,记录鼓风机各挡位的阻值,应符合标准值。

③检查鼓风机开关。将万用表两只表笔分别连接鼓风机开关相应端子,打到各个挡位时应导通,否则说明鼓风机开关有故障。

2. 汽车空调暖风及通风系统常见故障检修

1）故障现象

(1) 当选择空调暖风模式暖风时，发现无暖风。

(2) 当选择空调暖风模式暖风时，发现暖风不足。

(3) 使用空调时，发现出风量小或有时无风。

2）诊断思路

(1) 暖风不足或无暖风故障可以分为两方面的原因，一是暖风的控制机构工作不良导致汽车暖风不足，一是发动机冷却系统造成汽车暖风不足。

(2) 当出现风量不足或出风口无风吹出时，应首先检查鼓风机及其外围电路，然后检查空调滤清器，最后检查风道、风门等部位。

(3) 暖风不足或无暖风原因分析及检修。

在维修时，要先判定是哪一方面原因引起汽车暖风不足，再进行相应的维修。判别造成汽车暖风不足原因的方法很简单，先感觉暖风系统加热装置的两个进水管温度，如果两根管都较热，说明是风量控制机构问题。反之，如果两根水管都较凉，或者一根热一根凉，说明是冷却系统问题。

冷却系统可能出现的问题如下：

①水泵损坏，使流经暖风系统加热装置的冷却液流量不够，导致温度不高。

②节温器常开或节温器开启过早，使冷却系统过早进行大循环。冬天时外部气温很低，特别是当车行驶时，冷风很快将防冻液冷却，冷却液温度很难提高，暖风也不会足。

③发动机冷却系统有气阻，气阻导致冷却系统循环不良，造成冷却液温度高，暖风不足。如果冷却系总有气体，很可能是汽缸垫有破损并向冷却系统窜气引起；如果暖风系统加热装置的进水管很热，而出水管较凉，应是加热装置暖风存在堵塞，应更换。

汽车空调暖风系统是利用鼓风机把加热装置（暖风水箱）的热量吹入到车厢，如果鼓风机风量不够或冷暖风分配不好，使加热装置的热量不能跟车内空气进行热交换，也会造成暖风温度不高。这时应先检查空调滤清器是否存在脏污堵塞，如有，应立即进行清理，必要时要及时更换；再检查鼓风机的各挡位运转情况，每个挡位都要达到足够的转速。如果旋钮调整到暖风位置，风量够大，风向也正常，但吹出的是冷风，应检查暖风箱冷热风的控制翻板拉线是否脱落，暖风叶轮是否损坏，翻板是否脱落等，故障排除后吹出的即为暖风。

 任务小结

(1) 暖风系统主要由热水阀、加热器、鼓风机等组成，同时与汽车发动机冷却系统工作密切相关。

(2) 空气净化装置分为空气过滤式和静电集成式。

(3) 暖风系统在使用中会由于暖风的控制机构不良或发动机冷却系统的故障导致暖风不足或无暖风。

(4) 当需要进行无暖风或暖风不足故障检修时，需要检测的项目包括：

①发动机冷却系统部件工作情况。
②加热器芯工作情况。
③鼓风机工作情况。
④热水阀工作情况。

子任务3 自动空调故障警告灯报警故障检修

**任务描述**

车主李先生反映他的迈腾2011款轿车的自动空调系统工作时好时坏,一会儿吹冷风,一会儿吹热风,空调的控制面板在打开点火开关之后会有规律的闪烁15s,显示空调系统有故障存在。

维修技师接车后询问了相关的基本情况,并起动发动机,打开空调后出现客户所说故障。连接故障诊断仪对空调系统进行检测,发现故障码00779,故障的含义是:环境温度传感器G17故障。

现在需要你对客户轿车的空调系统进行诊断与修复。

学习目标

(1)能描述汽车自动空调系统的功能及组成。
(2)能描述汽车自动空调各传感器和执行器的安装位置及工作原理。
(3)能分析自动空调系统及各电气电控电路。
(4)能描述自动空调传感器与执行器的功用与工作原理。
(5)能正确检修与更换自动空调各传感器与执行器。
(6)会运用所学知识和经验,为客户提供汽车空调系统日常维护的建议。
(7)掌握自动空调典型故障的诊断与排除的方法。
(8)具备信息查询和手册使用的基本能力。
(9)能够按照企业5S要求和安全生产规范进行操作。
(10)能与同学密切合作,规范安全地完成学习活动。
(11)养成自主学习的习惯,培养操作规范的工作作风及环保意识。
建议学时:4学时。

知识准备

一、一汽大众迈腾轿车自动空调的组成

一汽大众迈腾轿车自动空调系统由制冷系统、暖风系统、通风配气系统、空气净化系统和电子控制系统五大部分组成,其中制冷系统、暖风系统及空气净化系统均与手动空调相似。通风配气系统和控制系统与手动空调有差别,自动空调由各传感器检测相关信息输送给空调单元,各风门的控制改由伺服电动机控制,鼓风机可以自动改变转速。此处主要说明控制系统和通风配气系统,控制系统如图13-70所示,传感器位置如图13-71所示。

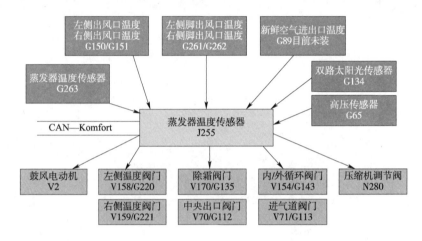

图13-70　迈腾双区自动空调的电子控制系统

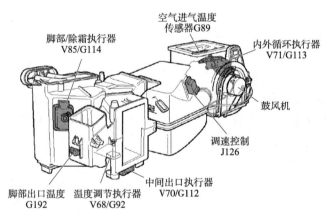

图13-71　迈腾自动空调传感器和执行器的位置

二、自动空调基础知识

1. 自动空调控制系统组成及工作原理

自动空调控制系统如图13-72所示,主要由传感器、执行器和空调控制单元(控制面板)组成,如图13-73所示。

自动空调系统的组成与工作原理

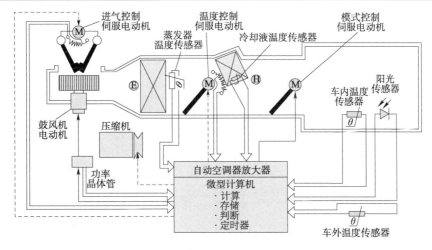

图 13-72 自动空调的电子控制系统

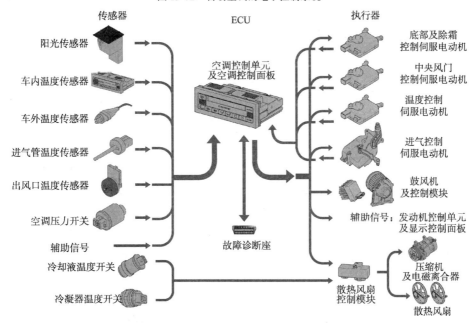

图 13-73 典型车型自动空调电子控制系统的组成

2. 自动空调系统的功能

(1) 空调控制。包含温度自动控制、风量控制、运转方式给定的自动控制、换气量控制等,满足车内对空调舒适性的要求。

(2) 节能控制。包括压缩机运转控制、换气量的最适量控制以及随温度变化的换气切换、自动转入经济运行、根据车内外温度自动切断压缩机电源等。

(3) 故障、安全报警。包括制冷剂不足报警、制冷压力高出或低出正常值报警、离合器打滑报警、各种控制器件的故障判断报警等。

(4) 故障诊断存储。汽车空调系统发生故障,空调 ECU 将故障部位用代码的形式存储起来,在需要修理时指示故障的部位。

(5)显示。包括显示给定的温度、控制温度、控制方式、运转方式的状态等。

三、自动空调系统传感器

在空调系统中,ECU 是根据各种传感器的信号和设定的温度进行自动调节,以达到车内预定的温度的。相关传感器主要有车内温度传感器、车外温度传感器、蒸发器温度传感器、出风口温度传感器、阳光传感器、冷却液温度传感器、空调压力传感器、压缩机转速传感器、风门位置传感器等。不同车型所用的传感器会有不同。

自动空调系统传感器在汽车上的安装位置如图 13-74 所示。

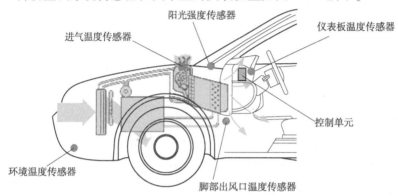

自动空调传感器的工作原理

图 13-74 自动空调系统各传感器的安装位置

1. 温度传感器

汽车空调自动控制系统中使用了很多不同类型的温度传感器,但使用最多的还是具有负温度系数的热敏电阻,包括车内温度传感器、车外温度传感器、蒸发器温度传感器和冷却液温度传感器等。其特性是热敏电阻阻值随着温度的升高而减小;反之,则电阻变大。

1)车内温度传感器

车内温度传感器吸入车内空气,以确定乘客舱的平均气温,用于确定温度风门的位置、鼓风机的转速、进气门的位置及模式门的位置,如图 13-75 所示。

图 13-75 车内温度传感器(吸气型)安装位置

以前多采用电动机型车内温度传感器(采用电动机吸入空气),现在普遍采用吸气型车内温度传感器,如图13-76所示,鼓风机工作时,空气快速流过就会产生负压,这样就有少量空气流过车内温度传感器。

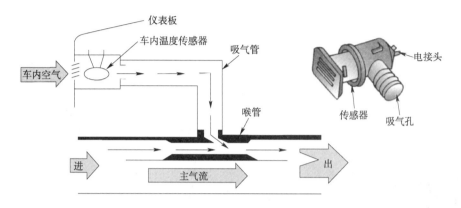

图13-76 吸气型车内温度传感器示意图

当车内温度传感器电阻发生变化时,空调控制器检测传感器两端电压降的变化来获得信号。传感器电路及特性如图13-77所示。

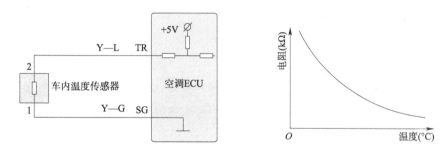

图13-77 车内温度传感器电路及特性

2)车外温度传感器

车外温度传感器又称外部温度传感器,是自动空调的重要传感器之一,它能影响出风口空气的温度、出风口风量、模式风门和进气风门的位置等。一般安装在前保险杠内或散热器之前,如图13-78所示。

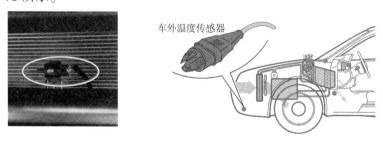

图13-78 车外温度传感器安装位置

车外温度传感器也是一个负温度系数的热敏电阻,传感器电路及特性与车内温度传感器基本相同,其电路如图13-79所示。

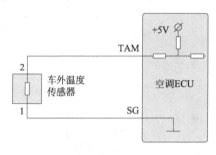 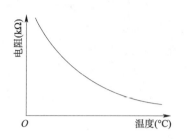

图 13-79　车外温度传感器电路图

3）蒸发器温度传感器

蒸发器温度传感器一般安装在蒸发器翅片上，如图13-80所示，电路图如图13-81所示。

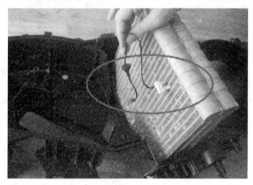 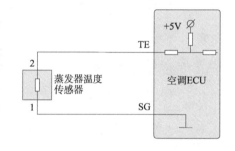

图 13-80　蒸发器温度传感器安装位置　　　图 13-81　蒸发器温度传感器电路图

蒸发器温度传感器的作用是检测蒸发器表面的温度，一是用来修正空气混合风门位置，调节车内温度；二是控制鼓风机的转速；三是控制压缩机，防止蒸发器表面结冰。

4）左右出风口温度传感器

作用是检测左右出风口温度，用来调节车内温度。

5）左右侧脚部空间出风口温度传感器

作用是检测左右侧脚部出风口温度，用来调节车内温度。

2. 阳光传感器

阳光传感器又称太阳能传感器、日照传感器、阳光辐射传感器等。阳光传感器通过测量阳光的强弱来修正温度风门的位置与鼓风机的转速。当阳光增强时，温度风门移向"冷"侧，鼓风机转速提高；反之，当阳光减弱时，温度风门移向"热"侧，鼓风机转速降低。

阳光传感器一般安装在仪表台的上面，靠近前风窗玻璃的底部。其安装位置、结构如13-82所示。

阳光传感器一般采用光敏电阻，当阳光照射越强时，其阻值越小；反之当阳光照射越弱时，其阻值就越大，其电路如图13-83所示。

3. 空调压力传感器

空调压力传感器将制冷剂高压管路的压力值转换为电压值，发动机ECU根据此信号控制冷却风扇低速或高速运转，通常采用的是压敏电阻型。空调压力传感器安装在发动机舱内空调高压管路上,如图 13-84 所示。当检测到空调制冷管路压力过低或过高时,控制系统停止对空调压缩机电磁离合器供电,压缩机停止运转,以免对空调系统造成损坏。当制冷剂压力达到中等压力值时,散热器风扇高速运转,从而降低空调制冷剂压力。空调压力传感器的电路如图 13-85 所示。

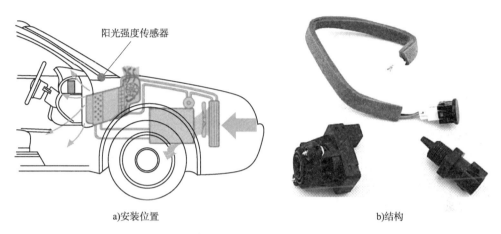

a)安装位置　　　　　　　　　　b)结构

图 13-82　阳光传感器安装位置及结构示意图

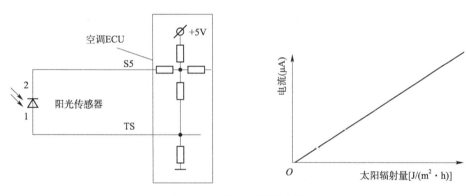

图 13-83　阳光传感器电路图

图 13-84　空调压力传感器安装位置及外形图

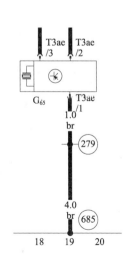

图 13-85　空调压力传感器电路图

4. 空气质量传感器

空气质量传感器(Air quality sensor, AQS)用于检测外界空气中的有害气体含量。控制单元分析空气质量传感器输送的空气质量信号,结合车外温度信息来控制车内循环模式,以保护乘员的健康。

空气质量传感器检测的气体种类有 HC、CO 及 NO_X、SO_X 等。空气质量传感器的安装位置及控制电路如图 13-86 及图 13-87 所示。

图 13-86 空气质量传感器的安装位置

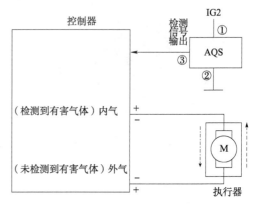

图 13-87 AQS 的控制电路

5. 其他信号

(1) 车速信号。检测车速,用来控制通风风门,此信号与发动机共用。

(2) 发动机转速信号。检测发动机转速,用于控制压缩机在特殊工况下停止工作,此信号与发动机共用。

(3) 发动机冷却液温度传感器。检测发动机冷却液温度,一是可以在冷却液温度过高时切断压缩机和接通冷凝器风扇电动机;二是控制热水阀的开度;三是在某些有辅助加热装置的车型中用于控制辅助加热装置的工作,此信号与发动机共用。

(4) 各个风门伺服电动机反馈电位计的信号。用于检测风门实际位置,用于反馈控制。

四、自动空调系统执行器

汽车空调自动控制系统的执行器主要是对风机电动机、压缩机、风门伺服电动机等动作部件的控制。

1. 温度控制伺服电动机

温度控制伺服电动机又称空气混合伺服电动机,类型有多种,本文以大众迈腾轿车所用伺服电动机为例讲解,大多数轿车温度控制风门由一个伺服电动机控制,大众迈腾为双区独立空调,所以采用两个:左侧温度控制伺服电动机和右侧温度控制伺服电动机,两个电动机结构与工作原理相同。

图 13-88 温度控制伺服电动机位置图

图 13-88 所示为温度控制伺服电动机 A 在空调

器中的位置,温度控制伺服电动机总成包括电动机 V68、固定触点、电位计 G92 和活动触点等,它由 ECU 控制起动。由于直流电动机本身不能定位,空调 ECU 通过检测位置传感器的信号来确定温度控制伺服电动机的位置。

空调 ECU 首先根据驾驶人设定的温度及各传感器输送的信号,计算出所需要的出风温度,并控制温度控制伺服电动机顺时针或逆时针转动,改变温度风门的开启角度,从而改变冷、暖空气的混合比例,调节出风温度与计算值相符,温度控制伺服电动机电路如图 13-89 所示。

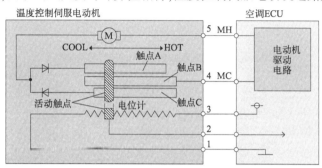

图 13-89　温度控制伺服电动机电路图

当需要提高温度时,MH 端子为电源,MC 端子搭铁。电流路径为:空调 ECU 端子 MH→伺服电动机端子 5→伺服电动机→触点 A→活动触点→触点 B→伺服电动机端子 4→空调 ECU 端子 MC→搭铁。伺服电动机转动,温度风门的开启角度变化,暖空气的混合比例增加,出风温度提高。

当需要降低温度时,MC 端子为电源,MH 端子搭铁。电流路径为:空调 ECU 端子 MC→伺服电动机端子 4→触点 B→活动触点→触点 C→伺服电动机→伺服电动机端子 5→空调 ECU 端子 MH→搭铁。伺服电动机转动,温度风门的开启角度变化,暖空气的混合比例减小,出风温度降低。

伺服电动机转动时,电位计的活动触点同步移动,将风门的实际位置转换成电信号并反馈回 ECU。当风门达到要求的位置时,温度控制伺服电动机电流切断。

2. 模式控制伺服电动机

自动空调出风模式有 5 种组合:吹脸(Face)、双层(B/L)、吹脚(Foot)、吹脚除霜(F/D)、除霜(Defrost)。在手动模式下,空调 ECU 可控制风门处于 5 种出风类型中的任一种;在自动模式下,空调 ECU 可控制风门处于吹脸、双层或吹脚。

大部分汽车模式风门的位置由一个伺服电动机控制,个别汽车如大众车系则将模式风门的位置分成多个伺服电动机来控制,分别称为底部及除霜控制伺服电动机、中央风门伺服电动机等。

模式控制伺服电动机又称空气分配伺服电动机。其位置在图 13-89 中的 B 处,电路图如图 13-90 所示。空调 ECU 根据所选定的出风模式以及目前风门的位置,确定电动机应转动的方向,之后控制电机转动,驱动风门到达所选模式的位置。位置传感器向空调 ECU 反馈位置信号。

3. 进气控制伺服电动机

进气控制伺服电动机又称空气循环伺服电动机。进气控制伺服电动机控制送风方式,常见结构及电路如图 13-91 所示。

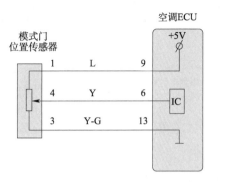
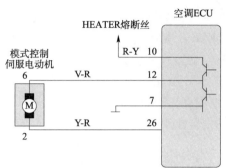

图 13-90　模式控制伺服电动机和位置传感器电路图

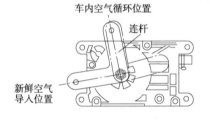
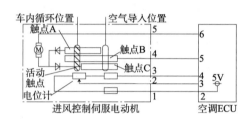

a) 外形结构　　　　　　　　　　b) 电路连接

图 13-91　进气模式伺服电动机

当按下"车外循环"键时,电流路径为:空调 ECU 的端子 5→伺服电动机端子 4→触点 B→活动触点→触点 A→电动机→伺服电动机端子 5→空调 ECU 端子 6→搭铁。此时伺服电动机转动,带动活动触点、电位计触点及进气风门移动或旋转,新鲜空气通道开启。当活动触点与触点 A 脱开时,电动机停止转动,送风方式被设定在"车外循环"状态,车外空气被吸入。

当按下"车内循环"键时,电流路径为:空调 ECU 端子 6→伺服电动机端子 5→电动机→触点 C→活动触点→触点 B→伺服电动机端子 4→ECU 端子 5→搭铁。于是电动机带动活动触点、电位计触点及进气风门向反方向移动或旋转,关闭新鲜空气入口,同时打开车内空气循环通道,使车内空气循环流动。

当按下"自动控制"键时,空调 ECU 首先计算出所需要的出风温度,并根据计算结果自动改变进气控制伺服电动机的转动方向,从而实现进气方式的自动调节。

4. 鼓风机的控制

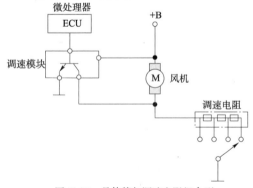

图 13-92　晶体管与调速电阻组合型

在自动空调控制系统中,鼓风机的控制主要有以下几种方式。

1) 晶体管与调速电阻组合控制

鼓风机控制开关有自动(AUTO)挡和不同转速的人工选择模式,如图 13-92 所示。当鼓风机转速控制开关设定在"AUTO"挡时,鼓风机的转速由空调 ECU 根据车内、车外温度及其他传感器的参数控制。若按动人工选择模式开关,则空调电路取消自动控制功能,执行人工设定功能。

2) 晶体管减负荷工作型

电路原理如图 13-93 所示。空调 ECU 根据车内温度、车外温度、阳光强度、设定温度等自动控制鼓风机的转速。一般来说,车内温度越高、车外温度越高、阳光越强,鼓风机转速就越高。

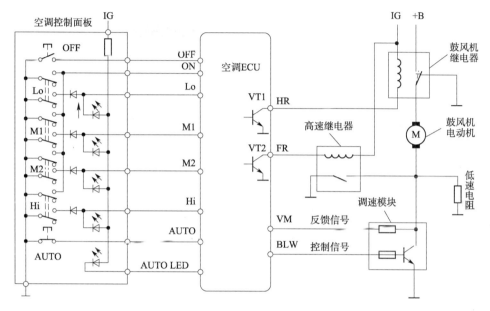

图 13-93　鼓风机转速控制电路

(1) 低速运转。空调 ECU 使晶体管 VT1 导通,鼓风机继电器动合触点闭合,风机电动机通过低速电阻构成回路,风机维持最低低速。电流方向为:蓄电池→鼓风机继电器→鼓风机电动机→低速电阻→搭铁。鼓风机电动机低速运转。空调起动时采用这种模式有利于鼓风机平稳工作并防止损坏调速模块。当车内温度与设定温度接近或者人工设定时,亦维持最低转速。

(2) 高速运转。当车内温度与设定温度差较大时,或者操作鼓风机高速开关时,空调 ECU 使晶体管 VT1、VT2 导通,高速继电器触点闭合。电流方向为:蓄电池→鼓风机继电器→鼓风机电动机→高速继电器→搭铁。鼓风机电动机以高速运转。

(3) 自动运转。在自动工作状态(或者人工设定)时,空调 ECU 根据环境温度与设定温度的参数,发出控制信号,使调速模块晶体管以不同的角度导通,鼓风机电动机无级变速,达到调节空气的目的。电流方向为:蓄电池→鼓风机继电器→鼓风机电动机→调速模块和低速电阻→搭铁。

3) 脉冲控制全调速型

目前较先进的风机调速电路采用脉冲控制全调速型,原理如图 13-94 所示。

这种鼓风机转速控制系统是由空调 ECU 根据系统送风量的要求,控制内部脉冲发生器,提供不同占空比的导通信号。调速模块中一般由大功率晶体管组成鼓风机驱动电路,完成对其转速的无级调速工作。

采用这类调速方式,既可以将功率损耗降至最低,

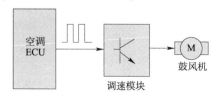

图 13-94　脉冲调速电动机工作原理

又可以在一个很大范围内实现无级调速的功能,是新一代控制器件的典型应用。

五、自动空调控制单元及控制内容

自动空调控制单元又称自动空调控制器、空调放大器、空调 ECU 等,是整个自动空调系统的控制中心。自动空调控制单元一般与空调控制面板集成一体,它根据输入的传感器信号及空调控制面板的操作输入信号来控制制冷系统和暖风系统的运行。它还同时向车身控制单元 BCM 输出信号,以控制后窗除霜器。

自动空调控制单元上的一体式控制面板包含系统控制输入开关和提供系统状态信息的液晶显示屏(LCD)。

自动空调 ECU 一般与控制面板制成一体,对输入的各种传感器信号和功能选择键的输入指令进行计算、分析比较后,发出指令,控制各个执行元件动作,使车内温度、空气流动状况等始终保持在驾驶人设定的水平上。

1. 鼓风机转速控制

(1)自动控制。空调 ECU 根据车内温度、车外温度、阳光强度和设定温度等控制鼓风机转速。一般来说,室内温度与设定温度之差越大,鼓风机转速就越高。

(2)预热控制。冬天当冷却液温度低于 30℃ 时停转。

(3)时滞控制。夏季开空调,而此时蒸发器温度高于 30℃ 时,ECU 控制鼓风机关断 4s。

(4)起动控制。起动时设置为低速运转以降低起动电流,保护调速模块不被烧坏。

(5)车速补偿控制。车速高时,迎面风冷却强度大,此时降低鼓风机转速。

(6)手动控制。根据操作面板手动开关的信号,相应地控制鼓风机转速。

2. 送风温度控制

空调 ECU 根据车内温度、车外温度、阳光强度和设定温度等计算所需的送风温度。再根据送风温度,向温度控制伺服电动机等执行元件发出控制信号,使温度风门处于相应的位置。

一般来说,车内温度越高、车外温度越高、阳光越强,温度风门就越处于"冷"的位置。例如当车内温度为 35℃ 时,温度风门处于最冷位置;若温度为 25℃,温度风门处于 50% 的位置。

3. 进气方式控制

在手动模式中,进气方式只有两种位置:车内循环和车外循环。在自动模式,很多车型有三种位置:即车内循环、车外循环和 20% 车外新鲜空气,空调 ECU 根据车内温度、车外温度、阳光强度和设定温度自动控制进气风门的位置。例如当车内温度为 35℃ 时,进气方式为车内循环;当车内温度为 30℃ 时,进气方式为 20% 车外新鲜空气;当车内温度为 25℃ 时,进气方式为车外循环。

4. 模式风门控制

在手动模式,模式风门有五种位置:吹脸、双层、吹脚、吹脚除霜和除霜。空调 ECU 可控制模式风门处于 5 种类型中的任意一种。在自动模式中,模式风门一般只有 3 种位置:即吹脸、吹脚和双层。空调 ECU 根据车内温度、车外温度、阳光强度和设定温度自动控制模式风门的位置。例如当车内温度为 30℃时，模式风门处于吹脸位置；当车内温度为 20℃时，模式风门处于双层位置；当车内温度为 15℃时，模式风门处于吹脚位置。

5. 压缩机控制

空调 ECU 根据车内温度、车外温度、阳光强度和设定温度来决定压缩机是否工作。

(1) 低温控制。在车外温度低于某值(如 3℃或 8℃)时压缩机停止工作。

(2) 高温控制。在发动机冷却液温度超过某值(如 120℃)时，压缩机不工作，以防止冷却液温度进一步升高。

(3) 低速控制。在发动机转速过低(如低于 600r/min)时，压缩机不工作。

(4) 高速控制。在发动机转速超过某转速时压缩机不工作，以保护压缩机。

(5) 加速切断。在发动机处于急加速工况时，为了提供足够的动力，压缩机会暂时停止工作。

(6) 低压和高压保护。在制冷系统压力过低或压力过高时，压缩机停止工作。

(7) 打滑保护。空调 ECU 比较发动机转速信号和压缩机锁止传感器传来的压缩机转速信号，若两种转速信号偏差率连续 3s 超过 80%，ECU 则判定皮带打滑，于是停止压缩机工作。

操作指引

1. 组织方式

(1) 场地设施：装有压缩空气、废气抽排系统和消防设施的场地。

(2) 设备设施：自动挡卡罗拉轿车、迈腾轿车。

(3) 工量具：万用表、故障诊断仪等。

2. 操作要求

(1) 穿着干净整齐的工作服。

(2) 遵守场地安全规定，注意用电安全。

(3) 正确使用万用表、故障诊断仪等工量具。

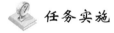
任务实施

1. 一汽迈腾轿车自动空调传感器的检测

1) 温度传感器的检测

汽车空调所用温度传感器均为负温度系数热敏电阻，原理及检测方式基本一致。

(1) 车外温度传感器 G17 的检测。

① 车外温度传感器的拆卸。

a. 拆下前保险杠罩盖，从支架中松开固定凸耳，沿箭头方向。

b. 将车外温度传感器沿箭头向下从支架中拔出来。

安装与拆卸顺序相反。

一汽迈腾轿车自动空调传感器的检测

②万用表检测。汽车空调所用温度传感器均为负温度系数热敏电阻,其工作原理基本相同,车外温度传感器电路图 13-80 所示。

a. 检查电源线。拆下温度传感器的连接器,测量线束侧端子 2 与搭铁之间应有 5V 电压;否则说明线束或 ECU 有故障。

b. 检查搭铁线。拆下温度传感器的连接器,测量线束侧端子 1 与搭铁之间的电阻,应小于 1Ω;否则说明线束或 ECU 有故障。

c. 检查传感器本身。拆下温度传感器的连接器,测量传感器端子 1 和 2 之间的电阻,其电阻值应随温度的升高而减小,并与规定相符;否则说明传感器有故障。

d. 检查传感器的信号电压。连接好传感器的连接器,测量端子 1 和端子 2 之间的信号电压,电压值应随温度的升高而减小,并与规定相符;否则说明传感器或控制电路有故障。

(2) 左侧出风口温度传感器 G150 的检测。

① 左侧出风口温度传感器的拆装(图 13-95)。

a. 拆卸驾驶人侧杂物箱,将插接器 2 从左侧出风口车内温度传感器 1 上脱开。

b. 将左侧出风口车内温度传感器 1 沿如图 13-96 箭头所示旋转 90°,并从空气通道中拔出。

安装顺序与拆卸相反。

② 左侧出风口车内温度传感器的检测。可参照车外温度传感器,标准数据可参照维修手册。

(3) 右侧出风口温度传感器 G151 的检测。

① 右侧出风口温度传感器的拆卸(图 13-96)。

a. 拆卸副驾驶侧杂物箱,将插接器 1 从右侧出风口车内温度传感器 2 上脱开。

b. 将右侧出风口车内温度传感器 2 沿如图 13-96 箭头所示旋转 90°,并从空气通道中拔出。

图 13-95　左侧出风口车内温度传感器的拆卸
1-左侧出风口车内温度传感器;2-插接器

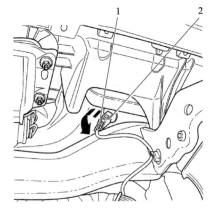

图 13-96　右侧出风口车内温度传感器的拆卸
1-插接器;2-右侧出风口车内温度传感器

安装顺序与拆卸相反。

② 右侧出风口车内温度传感器的检测。可参照车外温度传感器,标准数据可参照维修手册。

(4) 左侧脚部出风口温度传感器 G261 的检测。

①左侧脚部出风口温度传感器的拆装（图 13-97）

a. 拆卸驾驶人侧脚部出风口,将插接器 1 从左侧脚部出风口温度传感器 2 上脱开。

b. 将左侧脚部出风口温度传感器 2 沿如图 13-98 箭头所示旋转 90°,并从外壳中拔出。安装顺序与拆卸相反。

②左侧脚部出风口温度传感器的检测。可参照车外温度传感器,标准数据可参照维修手册。

(5) 右侧脚部出风口温度传感器 G262 的检测。

①右侧脚部出风口车内温度传感器的拆装（图 13-98）

a. 拆卸副驾驶侧杂物箱。

b. 拆卸舒适系统中央控制单元 J393。

c. 将插接器 1 从右侧脚部出风口温度传感器 2 上脱开。

d. 将右侧脚部出风口温度传感器 2 沿如图 13-99 箭头所示旋转 90°,并从外壳中拔出。

 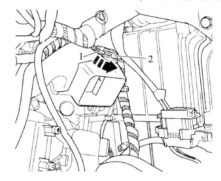

图 13-97　左侧脚部出风口温度传感器的拆卸
1-插接器;2-左侧脚部出风口温度传感器

图 13-98　右侧脚部出风口温度传感器的拆卸
1-插接器;2-右侧脚部出风口温度传感器

安装顺序与拆卸相反。

②右侧脚部出风口车内温度传感器的检测。可参照车外温度传感器,标准数据可参照维修手册。

(6) 蒸发器温度传感器 G308 的检测。

①蒸发器温度传感器的拆卸（图 13-99）。

a. 拆卸右侧的脚部空间饰板。

b. 将插接器 2 从蒸发器温度传感器 1 上脱开。

c. 将蒸发器温度传感器 1 沿如图 13-99 箭头所示旋转 90°,并从外壳中拔出。

安装顺序与拆卸相反。

②蒸发器温度传感器的检测。可参照车外温度传感器,标准数据可参照维修手册。

(7) 温度传感器自诊断检测。

空调电控单元（ECU）具有自诊断系统,用故障诊

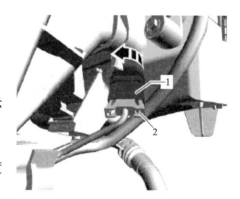

图 13-99　蒸发器温度传感器的拆卸
1-蒸发器温度传感器;2-插接器

断仪和通过空调控制面板读取空调各温度传感器测量的温度值,并与实际的温度进行比较,如果测量的温度值与实际温度值有所不同,则说明温度传感器或控制电路有故障。

温度传感器出现故障时,ECU 自诊断系统能够存储相应的故障码,用故障诊断仪读取故障码可以快速判断故障部位。

(8)仪表板温度传感器 G56 强制通风装置的检测。

仪表板温度传感器 G56 一般安装在仪表板处,是操作和显示单元的部件,通常不作为独立部件处理,也不能拆卸。但可以在检修中检查它的通风功能好坏。

打开点火开关,使鼓风机高速运转,将一小片纸(5cm×5cm)靠近出风口温度传感器。若纸片被吸住,说明出风口温度传感器强制通风装置良好;若没有被吸住,说明强制通风装置有故障。吸气型车内温度传感器,应检测抽风管道密封是否良好;对于电动机型车内温度传感器,应检测电动机及其控制线路。

2)阳光(日照光电)传感器 G107 的检测

(1)阳光传感器的拆装(图 13-100)。

①用一字螺丝刀将阳光传感器 1 从图示箭头位置仪表板 2 中撬出。注意:不能撬到间接通风挡板。

②脱开插接器,取出阳光传感器 1。

安装与拆卸顺序相反。

(2)万用表检测。阳光传感器的控制电路如图 13-84 所示。

①检测传感器的电阻。

拆下阳光传感器连接器,测量传感器两端子之间的电阻。当在强光照射时,其电阻值为 4kΩ,用布遮住阳光传感器,电阻为无穷大,如图 13-100 所示。

②检测传感器信号电压。插好传感器连接器,测量传感器两端子之间的信号电压。当强光照射时,电压大于 1V,用布遮住阳光传感器,电压小于 4V。

(3)阳光传感器自诊断检测。阳光传感器有故障时,ECU 自诊断系统能够储存相应的故障码,用故障诊断仪读取故障码可快速判断故障部位。

在灯光不足的地方(如车间内),也会储存阳光传感器的故障码。此时可用 60W 的光源距阳光传感器 25cm 处照射来模拟阳光,这时阳光传感器的故障码应消失。

3)空调压力传感器 G65 的检测

(1)空调压力传感器的拆装(图 13-101)。

①为便于检测,拆下右侧前照灯。脱开高压传感器 2 的插接器 1。

②从制冷剂高压管路上拆下高压传感器 2。

安装与拆卸的顺序相反。

(2)万用表检测。空调压力传感器的电路如图 13-86 所示。

①检查电源电压。脱开插接器,将点火开关打到"ON"挡,但不起动发动机。测量传感器电源端子和搭铁端子之间电压,此时为电源电压,应为 5V 左右。

②检查传感器信号电压。插好传感器连接器,测量传感器信号端子和搭铁端子之间电压,此时为信号电压,应为 0.5~0.45V,若低于 0.5V,说明空调压力过低;若高于 4.5V,说明

空调压力过高。

（3）自诊断检测。压力传感器有故障时，ECU 自诊断系统能够储存相应的故障码，用故障诊断仪读取故障码可快速判断故障部位。

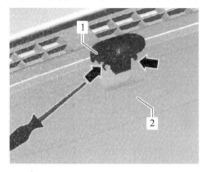

图 13-100　阳光传感器的拆卸
1-阳光传感器；2-仪表板

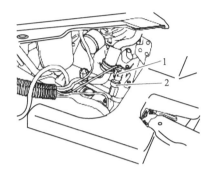

图 13-101　空调压力传感器的拆卸
1-插接器；2-高压传感器

在空调高压系统压力过高或过低时，也会储存空调压力传感器的故障码。

4）空气质量传感器 G238 的检测

（1）空气质量传感器的拆装。

①拆卸右侧排水槽盖板，拆下进气道盖板 1，如图 13-102 所示。

②将插接器 1 从空气质量传感器上脱开；松开空气质量传感器，并旋转 90°，从支架上取下，如图 13-103 所示。

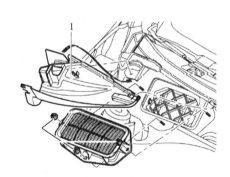

图 13-102　进气道盖板的拆卸
1-进气道盖板

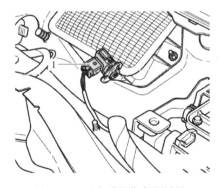

图 13-103　空气质量传感器的拆卸
1-插接器

安装与拆卸的顺序相反。

（2）万用表检测。

①检查电源电压。脱开插接器，将点火开关打到"ON"挡，但不起动发动机，测量传感器电源端子和搭铁端子之间电压，此时为电源电压，应为蓄电池电压。

②检查传感器信号电压。插好传感器连接器，打开点火开关 30s 后，测量传感器信号端子和搭铁端子之间电压，此时为信号电压，应为 0.1~0.45V。

③检查传感器电阻。脱开插接器，测量传感器信号端子和搭铁端子之间电阻，此时测得的电阻值应符合要求。

(3) 自诊断检测。压力传感器有故障时,ECU 自诊断系统能够储存相应的故障码,用故障诊断仪读取故障码可快速判断故障部位。

2. 一汽迈腾轿车自动空调执行器的检测

1) 温度控制伺服电动机的检测

2011 款一汽迈腾轿车采用双区空调,采用两个温度控制伺服电动机 V158 和 V159。

(1) 左侧温度控制伺服电动机和电位计的检测。

①带电位计 G220 的左侧温度控制伺服电动机 V158 的拆卸。

a. 拆下仪表板;拆下驾驶人侧脚部出风口,拆卸数据总线诊断接口 J533;拧下螺栓 1 和 3,将支架 2 从固定支架沿箭头处脱开,并取下,如图 13-104 所示。

b. 拧出左侧温度控制伺服电动机的螺栓 3,从连接杆中松开伺服电动机操纵杆;标记并脱开插接器,取下左侧温度控制伺服电动机 V158,如图 13-105 所示。

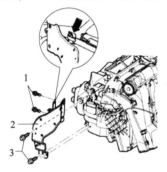
图 13-104　支架的拆卸
1、3—螺栓；2—支架

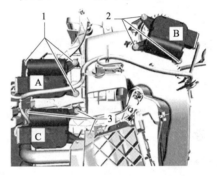
图 13-105　左侧温度控制伺服电机的拆卸
1、2、3—螺栓

安装与拆卸的顺序相反。

②直流电动机的检测。对驱动电动机直接通电,温度控制风门应能平稳移动;改变极性,应能反向移动。

(2) 位置传感器的检测。

改变设定温度,从最低(16℃)调节到最高(32℃),用万用表检测电位计相应端子,位置传感器信号电压应能均匀升高。当温度控制伺服电动机从冷气侧移动到暖气侧时,伺服电动机总成端子 1 和 2 之间的电阻应能均匀变大。

(3) 右侧温度控制伺服电动机和电位计的检测。

①带电位计 G221 的右侧温度控制伺服电动机 V159 的拆卸(图 13-106)。

a. 拆下仪表板;拆下副驾驶侧脚部出风口,拆卸杂物箱冷却装置水管;拆卸转向灯及照明距离调节控制单元。

b. 沿箭头方向拧下螺栓,标记并脱开右侧温度控制伺服电动机 1 的插接器 2;从暖风装置和空调上取下右侧温度控制伺服电动机 1。

安装与拆卸的顺序相反。

②直流电动机和位置传感器的检测。可参照左侧温度控制伺服电动机操作,标准数据可参照维修手册。

2）模式控制伺服电动机的检测

（1）前部模式控制伺服电动机的检测。

①带电位计 G642 的前部模式控制伺服电动机 V426 的拆卸（图 13-107）。

a. 拆下仪表板；从前部模式控制伺服电动机 B 上脱开插接器，拧下螺栓 2。

b. 从暖风装置和空调上取下前部模式控制伺服电动机 B。

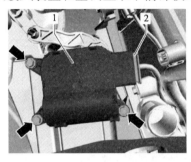 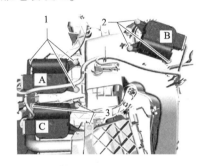

图 13-106　右侧温度控制伺服电动机的拆卸　　　　图 13-107　前部模式控制伺服电动机的拆卸
1-伺服电动机；2-插接器　　　　　　　　　　　　　　　1、2、3 螺栓

安装与拆卸的顺序相反。

②直流电动机和位置传感器的检测。可参照左侧温度控制伺服电动机操作，标准数据可参照维修手册。

（2）间接通风模式控制伺服电动机的检测。

①带电位计 G330 的间接通风模式控制伺服电动机 V213 的拆卸。

a. 拆下仪表板；从间接通风模式控制伺服电动机处脱开插接器，拧下螺栓 1；从暖风装置和空调上取下除霜中间件 3 和间接通风中间件 2，如图 13-108 所示。

b. 拧出螺栓 2，从间接通风中间件上取下间接通风模式控制伺服电动机 1，如图 13-109 所示。

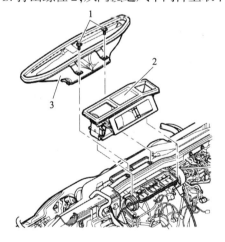 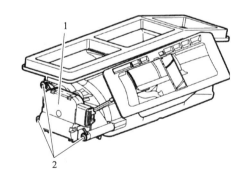

图 13-108　除霜和间接通风中间件的拆卸　　　　图 13-109　间接通风模式控制伺服电动机的拆卸
1-螺栓；2-间接通风中间件；3-除霜中间件　　　　　　　1-伺服电动机；2-螺栓

安装与拆卸的顺序相反。

②直流电动机和位置传感器的检测。可参照左侧温度控制伺服电动机操作，标准数据

可参照维修手册。

(3)除霜模式控制伺服电动机的检测。

①带电位计G135的间接通风模式控制伺服电动机V107的拆卸。

a.拆下仪表板;拆下驾驶人侧脚部出风口,拆卸数据总线诊断接口J533;拧下螺栓1和3,将支架2从固定支架沿箭头处脱开,并取下,如图13-110所示。

b.拧出除霜模式伺服电动机A的螺栓1;标记并脱开插接器;取下间接通风模式控制伺服电动机A,如图13-111所示。

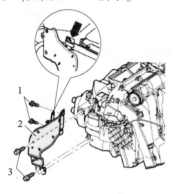

图13-110 支架的拆卸

1、3-螺栓;2-支架

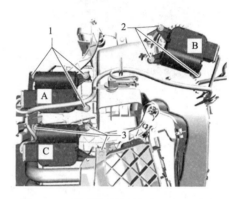

图13-111 除霜模式控制伺服电动机的拆卸

1、2、3-螺栓

安装与拆卸的顺序相反。

②直流电动机和位置传感器的检测。可参照左侧温度控制伺服电动机操作,标准数据可参照维修手册。

3)进气控制伺服电动机的检测

(1)带电位计G644的新鲜空气/循环空气/通风控制伺服电动机V425的拆装。

①拆下杂物箱;旋出螺母1,从装配支架上取下舒适系统控制单元J293,如图13-112所示。

②旋出螺钉1,从固定卡上沿箭头A方向脱开导线;将新鲜空气/循环空气/通风控制伺服电动机2沿箭头B方向旋转大约15°,然后将其从凸轮连接轴上小心撬出,如图13-113所示。

③脱开插接器,取出新鲜空气/循环空气/通风控制伺服电动机V425。

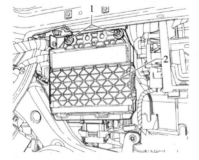

图13-112 舒适系统控制单元的拆卸

1-螺母;2-舒适系统控制单元

图13-113 进气控制伺服电动机的拆卸

1-螺钉;2-伺服电动机

安装与拆卸的顺序相反。

(2) 直流电动机和位置传感器的检测。可参照左侧温度控制伺服电动机操作,标准数据可参照维修手册。

4) 鼓风机控制元件的检测

(1) 鼓风机的拆装。

可参见子任务2中有关鼓风机的内容。

(2) 鼓风机的检测。

① 鼓风机电动机的静态检测。测量鼓风机电动机端子两端的电阻,应符合规定值。若电阻不符,应更换鼓风机电动机。

② 鼓风机电动机的动态检测。将鼓风机电动机接通蓄电池电源,鼓风机电动机运行应平稳无异响,否则应更换鼓风机电动机。

③ 继电器的静态检测。拔下继电器,测量继电器线圈两端的电阻,应符合规定值。测量继电器动合触点两端的电阻,应无穷大。若不符合要求,应更换继电器。

④ 继电器的动态检测。拔下继电器,在继电器线圈两端施加蓄电池电压,应听到"叭"的继电器吸合声。然后用万用表检测动合触点两端电阻,应导通。

⑤ 鼓风机低速电阻的检测。检测其两端的电阻,应符合规定值。

⑥ 鼓风机调速模块的检测。按普通大功率三极管的检测方法进行测试。

3. 自动空调系统故障自诊断

自动空调系统的电器线路较传统车型复杂了很多,给维修和维护带来一定的困难,但自动空调具有自诊断和失效保护功能,工作时空调ECU不断检测系统的工作情况,并在判断有故障的情况下,将故障部位以故障码的形式显示,以便维修人员能方便、准确地查出故障所在部位及原因,然后迅速排出故障。下面以一汽大众迈腾轿车自动空调系统为例,介绍其故障自诊断诊断过程。

1) 故障排除程序

(1) 故障分析。在维修空调时,应该向客户详细了解所出现的故障状况。

① 风量控制不良,鼓风机不转,风量无法调节。

② 温度控制失效,温度无法调节或调节不良。

③ 进气控制失效,只有车外循环或只有车内循环。

④ 通风控制失效,无法按照输入的模式进行送风。

(2) 进行故障自诊断。自动空调可以将故障以故障码形式存储,在了解客户报修情况后,应首先进行自诊断,读取并记录故障码,同时还可以读取相关数据流,根据数据流信息判断电控元件工作情况。也可以使用故障诊断仪进行执行元件测试功能来判断执行元件的功能好坏。

(3) 分析和确认故障及故障部位。通过对客户的询问和调取故障码,对可能的故障做出进一步分析,并通过观察、触摸、检漏、检测温度和风量等,对故障进行综合性分析,以初步判断故障的种类和位置。

(4) 检测和修理。如果系统有故障码,依次检测故障码对应的电路及电控元件,并按要求进行修理或更换故障件。

(5)试验。修理结束后,不但要确认故障已被排除,而且还要再进行故障码检查、执行器检查、空调压力检查及空调功能检查等,确保维修后空调能恢复正常。

2)采用空调控制面板诊断

自动空调系统除了可以用故障诊断仪进行故障诊断外,还可以利用空调控制面板诊断功能,在空调控制面板上进行操作和显示。一汽大众迈腾轿车自动空调面板如图 13-114 所示,控制面板按键说明见表 13-4。

图 13-114　一汽大众迈腾轿车自动空调控制面板

一汽大众迈腾轿车自动空调控制面板按键说明　　　　　　　　　　表 13-4

按钮、控制旋钮	空调系统辅助信息,CIimatronic 自动空调系统
鼓风机②	系统自动控制鼓风机转速,也要用调节旋钮手动调节鼓风机转速
空气分配按钮②	系统自动控制送风方向,也可用按钮手动切换送风方向
④	显示设定的车厢内左右两部分的温度
MAX	启动除霜功能,系统将自车外吸入的空气直接吹向前风窗,同时,空气内循环运转模式自动关闭。温度高于 +3℃时为速去除风窗上的雾气,降低空气温度,系统将鼓风机转速提高至最高挡
➘	空气通过仪表板上的出风口吹向乘员上身
➘	空气吹向脚部空间
➘	空气吹向前风窗
⧙	启动后风窗加热器;发动机运转时按压该按钮后风窗加热器方能起作用,约工作 10min 后加热器自动关闭
⊙	启动空气内循环运转模式
或	座椅加热器按钮 座椅加热和座椅通风按钮
A/C	按压该按钮即可启动或关闭空调制冷系统

续卜表

按钮、控制旋钮	空调系统辅助信息，Climatronic 自动空调系统
MAX A/C	按压该按钮系统即输出最大制冷功率,空气内循环运转模式和制冷系统自动启动,并自动控制空气分配方向
SYNC	同步调节驾驶人侧和前后排乘员侧的温度,如 SYNC 按钮里指示灯点亮,则设定的驾驶人侧的温度也适用于前后排乘员侧。按压该按钮或操作前排乘员侧温度调节旋钮设定前排乘员侧的温度,则车内左右两侧的温度可分别调节,此时按钮里的指示灯不会点亮
AUTO	系统自动控制温度,鼓风机转速和空气分配。按压该按钮可启动该功能, AUTO 按钮里的指示灯点亮
MENU	按压该按钮即可打开信息娱乐系统里的空调系统显示及设置
REST	接通和关闭余热功能。在发动机处于热态且点火开关已关闭的情况下,可利用发动机的余热为车内保温。在30min 后或轿车蓄电池电量较低时,该功能断开
关闭空调系统	将鼓风机调节旋钮左旋到头 或:通过信息娱乐系统关闭空调系统

在没有专用诊断仪的情况下。迈腾轿车自动空调系统可以利用手工方法调取故障码,具体步骤如下:

(1) 按空调显示面板上的内循环键与 ECON 键的同时,接通点火开关。

(2) 释放内循环键与 ECON 键,此时激活空调控制单元执行元件诊断程序,空调面板呈全屏显示,各执行元件依次被驱动,同时检测全部传感器,30s 后停止。

(3) 如检测到系统有故障,故障码将显示在面板上,与 VAG1551 显示的故障码为十六进制和十进制的转化关系,故障码的含义及与 VAG1551 显示的故障码的对应关系见表 13-5。

故障码的含义及与 **VAG1551** 显示的故障码的对应关系表　　　　表 13-5

VAG1551 显示的故障码	空调显示面板显示的故障	故障码的含义
00281	119	发动机转速传感器故障
00532	214	供电电压(15号线)太强或太弱
00538	21A	参考电压信号太强或太弱
00603	25B	脚窝/除霜翻板位置电动机故障
00779	30B	外界环境温度传感器 G17 故障
00787	313	新鲜空气进气温度传感器 G89 故障
00792	318	空调压力开关 F129 故障
00797	31D	阳光光照传感照 G107 故障
00818	332	蒸发器出口温度传感器故障
01206	4B6	无点火开关关闭时间信号
01271	4F7	温度翻板位置电动机故障
01272	4F8	中央翻板位置电动机故障

续上表

VAG1551 显示的故障码	空调显示面板显示的故障	故障码的含义
01273	4F9	新鲜空气鼓风机或鼓风机控制单元故障
01274	4FA	空气翻板位置电动机故障
01297	511	脚窝通风温度传感器 G192 故障
65535	FFFF	空调控制单元故障

(4) 按红色温度设定键可读取故障码。

(5) 若系统正常,则显示:444 00。

备注:故障码 332——蒸发器出风孔温度传感器在维修手册中没有给出。

故障码 119——应是发动机转速传感器,而不是车速传感器。

故障码 4B6——维修手册中给出的解释是临时性故障,查 OBD-Ⅱ故障码表更确切解释为无点火开关关闭时间信号。

3) 采用故障诊断仪诊断

自诊断测试时要保证:所有的熔断丝全部正常,蓄电池电压在 9V 以上,蓄电池负极连接牢靠。

(1) 连接故障诊断仪 V. A. G1551 并选择功能。

① 连接诊断仪,打开点火开关,按键"1"进入"快速数据传输",屏幕显示:

```
快速数据传输     Q
08-空调暖风电子
```

② 按"Q"键确认输入,几秒后屏幕将显示控制单元的识别号,例如:

```
SOC 907 044BP Climatronic S××
编码 02000 WSC ××××
```

其中 3C0 907 044BP 表示汽车为左置转向盘。Climatronic 表示系统名称。S×× 表示软件版本。编码 02000 表示车型控制单元编码,WSC 表示维修站编码。

③ 按"→",屏幕显示(功能选择,例如 02 - 查询故障码)。

```
快速数据传输     帮助
选择功能××
```

V. A. G1551 的测试功能见表 13-6。

V. A. G1551 的测试功能   表 13-6

代码	功能	代码	功能
01	查询控制单元类型并选择功能	05	清除故障码
02	查询故障码	06	结束输出
03	最终控制诊断	07	控制单元编码
04	初始设置	08	读取测量数据块

(2)查询故障码。

①连接故障诊断仪 V.A.G1551,输入地址码"08 空调暖风电子"装置,并进一步操作,直到屏幕显示"功能选择 XX",并选择"02"选择功能"查询故障码",屏幕显示:

> 快速数据传输　　Q
> 02 - 查询故障码

②用"Q"键确认输入,屏幕显示所存储的故障数,或显示"未发现任何故障"。

③按"→"键,依次显示所存储的故障,在显示出最后的故障之后,记录下来并按故障表将故障排出。同"未发现任何故障"一样,在操作"→"键后,程序回到初始位置。

大众迈腾全自动空调故障码及含义见表13-7。

(3)最终控制诊断03。最终控制诊断必须在发动机不工作、点火开关打开、空调关闭的情形下进行,并注意通过鼓风机的按键缓慢操作空调。为能获得正确的诊断结果,在进行最终控制的诊断时,在操作和显示单元的显示屏上所显示的外界温度至少为12°C。在最终控制进行诊断时,自动空调不进行任何调节,如果有必要,最终控制的诊断可重复进行多次。

①接上故障诊断仪 V.A.G1551 并输入地址码"08 - 空调暖风电子"装置,并继续进行操作,直到屏幕显示"功能选择××"为止,选择按键"03",选择功能"最终功能诊断",屏幕显示:

> 快速数据传输　　Q
> 03 - 最终控制诊断

用"Q"键确认输入,系统将进行下列测试:

a. 在操作和显示单元 F.87 的屏幕显示。

b. 4 个伺服电动机的功能测试。

c. 测试通往新鲜空气鼓风机 V2 的电路。

d. 测试控制单元耦合器 N25 的开关过程。

e. 检验所有的传感器。

②约 30s 后检测过程结束,如果此时屏幕显示"功能不详或目前不能进行",表明最终控制诊断结束,在最终控制诊断结束后查询故障码。

(4)初始设置 04。

如果在"02 - 查询故障码"之后没有显示故障,而显示器在"点火开关接通"之后发出闪光,就需要进行"控制单元编码 07"功能,并接着进行"初始设置 04"功能。

①接上故障诊断仪 V.A.G1551,输入地址码"08 - 空调暖风电子",继续操作,直到屏幕显示"功能选择××"为止,选择按键"02",选择功能"查询故障码",排除故障后清除故障码,检查编码,必要时纠正。选择按键"04",输入功能"初始设置",屏幕显示:

> 快速数据传输　　Q
> 04 - 初始设置

②用"Q"键确认,输入显示器组号"000",屏幕显示:

```
初始设置        Q
输入显示组号    000
```

③用"Q"键确认,当全部伺服电动机释放时,控制单元 J255 储存电位计的数值直到终端位置,并确认所有伺服电动机的初始位置,屏幕显示:

```
初始设置        Q
×××  ×××  ×××  ×××
```

④4 个伺服电动机的动作可以在显示屏上跟踪,反馈值发生变化并不说明伺服电动机有故障,屏幕显示:

```
初始设置        Q
0000
```

⑤显示"0"时出示设置结束。从系统中发生的故障已存储在存储器中,按"→"键,屏幕显示"功能选择",选择按键"02",选择功能"查询故障码",用"Q"键确认输入,屏幕会显示存储的故障数,或者显示"未发生故障"。

(5) 清除故障码。

①如果现实有故障,按"→"键,所存储的故障会逐个显示出来,在显示出最后一个故障并记录后,需按故障表将故障排除。按"→"键,,屏幕显示(功能选择),选择按键"05",选择功能"清除故障码",屏幕显示:

```
快速数据传输     Q
05 - 清除故障码
```

②而用"Q"键确认,屏幕显示:

```
快速数据传输→
故障码已清除
```

(6) 结束输出。

①按"→"键,屏幕显示(功能选择),选择按键"06",选择功能"清除故障码",屏幕显示:

```
快速数据传输     Q
输入地址码××
```

②断开点火开关,断开通往故障诊断仪 V.A.G1551 的插接器。

(7) 控制单元编码 07。

每一个控制单元 J255 的备件在安装后都必须编码。在每次编码之后都必须进行"初始设置"(功能"04"),如果所显示的编码与汽车或设备不相称,那么控制单元以下述步骤进行编码。如果控制单元没有编码,操作和显示单元 E87 的显示器闪光 15s。

①连接故障诊断仪 V.A.G1551,输入地址码"08 空调暖风电子",并进一步进行操作,直到屏幕显示"功能选择",选择按键"07",选择"控制单元编码"功能,屏幕显示:

```
快速数据传输      Q
07 - 控制单元编码
```

②用"Q"键确认,屏幕显示:

```
控制单元编码      Q
输入编码×××××   (0 - 32000)
```

③输入编码02000并用"Q"键确认输入,在诊断仪显示屏上,会显示出控制单元编码和备件号:

```
SC0 907 044A S × × →
编码 02000 WSC × × × ×
```

按"→"键,屏幕显示(功能选择)。在点火开关关闭一次之后空调的控制单元能被用于输入代码,并在显示屏幕上显示出来。

(8)读取数据测量块08。

在功能选择中选择"08 读取数据测量块"功能,在读取过程中,自动空调也在进行调节。测量数据块可以选择8组显示号码,在显示器上最多可显示4个测量值。

①连接故障诊断仪 V.A.G1551,输入地址码"08 空调暖风电子"并进一步操作,直到屏幕显示"功能选择",选择按键"08",选择"读取测量数据块"功能,屏幕显示:

```
快速数据传输      Q
08 - 读取数据测量块
```

②用"Q"键确认,屏幕显示:

```
读取测量值数据块
输入显示组号×××
```

③输入显示组号,以显示组"001"为例,屏幕显示:

```
测量值数据块阅读    Q
输入显示组号 001
```

④用"Q"键确认输入,屏幕显示:

```
读取测量数据块   →
1 2 3 4
```

其中1、2、3、4各显示区的值的含义见表13-7。在"读取测量数据块"功能结束后,再次查询故障码。可选择的显示组号见表13-8。

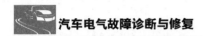

大众迈腾自动空调故障码及原因分析 表13-7

故障码	可能的原因	汽车故障现象	故障排除方法
0000 没有发现故障	如存在故障： (1)阅读测量数据块； (2)进行终端控制元件诊断； (3)检查制冷性能		
00529 无速度信号/SP 注： 仅在进行终端控制元件诊断时，才会判断此故障	(1)无发动机转速信号； (2)仪表板插头和操作及显示单元的E87的线路出现断路	(1)压缩机不工作； (2)无制冷	(1)阅读测量数据块； (2)查找并排除仪表板插头和操作及显示单元 ECM 间线路的断路处； (3)从仪表板插头上检查发动机转速信号
00532 供给电压 数值太低/SP	(1)线路上有电压降 注：如传给E87插头C，脚3的电压低于9.5V，则压缩机不工作，只有当电压升至10.8V后，压缩机才会工作，但至少延迟20s； (2)连接电磁离合器 N25 的线路出现变换电阻	(1)制冷量小或少； (2)电磁离合器关闭至少20s	(1)检查发动机和稳压器； (2)用电路图查找并排除通向电磁离合器的线路上变换电阻
00600 温度翻板位置电动机 V68 的电位计 G92 短路/SP 断路/短入正极/SP 损坏/超过自调极限	(1)E87 和 G92 间的线路出现断路和短路； (2)电位计 G92 损坏； (3)温度风板卡死； (4)电位计 G92 损坏	温度控制不正常 (温度风板卡死或终端位置达不到)	(1)用电路图查找并排除线路的短路、断路处或错误连接； (2)检查温度风板能否自由运动； (3)更换温度翻板位置电动机 V68
00601 中央翻板位置电动机 V70 的电位计 G112 短路/SP 断路/短入正极/SP 损坏/超过自调极限	(1)电位计-G112损坏； (2)E87 和 112 间的线路短路、断路或错误连接； (3)中央风板卡死； (4)电位计； (5)G112损坏	(1)气流分布不对（中央风板位置判断不出来）； (2)气流分布不对（中央风板卡死或终端位置达不到）	(1)用电路图查找并排除线路的短路、断路处或错误连接； (2)更换中央翻板位置电动机 V70； (3)检查中央风板能否自由运动； (4)更换位置调节电动机 V70
00602 脚窝/除霜翻板位置电动机 V85 的电位计 G114 短路/SP 断路/短入正极/SP 损坏/超过自调极限	(1)电位计 G114 损坏； (2)G114 与 E87 间的线路出现短路、断路或线路连接不正常； (3)脚窝/除霜风板卡死； (4)电位计-G114损坏	(1)气流分布不正常（判断不出脚窝/除霜风板的位置）； (2)气流分布不正常（判断不出脚窝/除霜风板卡死或达不到最终位置）	(1)用电路图查找并排除线路的短路、断路处或错误连接； (2)检查脚窝/除霜风板能否自由运动； (3)更换脚窝/除霜翻板位置电动机 V85

续上表

故障码	可能的原因	汽车故障现象	故障排除方法
00603 脚窝/除霜风板的位置电动机 V85 卡住或无电压/SP	(1) 脚窝/除霜风板卡死； (2) E87 和 V85 间的线路短路断路和连接不正常	气流分布不正常	(1) 检查脚窝/除霜风板能否自由运动； (2) 用电路图查找并排除短路、断路及不正常连接处； (3) 进行终端控制元件诊断； (4) 检查脚窝/除霜风板的位置电动机 V85
00604 空气翻板位置电动机 V71 的电位计 G113 注：并非所有车辆上都装，取决于所选设备短路/SP 断路/短入正极/SP 损坏/SP 超出自调极限	(1) 电位计 G113 损坏； (2) E87 和 G113 间的线路短路、断路或连接错误； (3) 空气流动风板卡死； (4) 电位计 G113 损坏	(1) 车速高时气流涌入； (2) 鼓风机高转速但气流流动太小 (判断不出空气流动风板的位置)； (3) 车速高时气流涌入； (4) 鼓风机高转速，但气流流动太小 (空气流动风板卡死或达不到终端位置)	(1) 用电路图查找并排除线路中的短路、断路或错误连接； (2) 检查空气流动风板是否自由运动； (3) 检查、更换空气翻板位置电动机 V71
00624 A/C 压缩机的接合连入正极/SP	(1) 发动机控制单元与操作及显示单元 E87 间的连线并入正极； (2) 发动机控制单元损坏	压缩机工作时，怠速不稳 注：现象取决于发动机控制	(1) 用电路图检查并排除适短路处； (2) 进行终端控制元件诊断； (3) 检查发动机控制单元
00625 速度信号输入信号不清楚	(1) 速度传感器 G22 和 E87 间线路连接松或连上了其他控制单元； (2) 速度表传回的信号不能用或信号被其他控制单元搞错	鼓风机速度不变，空气流动改变	(1) 用电路图检查并排除线路松连处； (2) 检查速度传感器 G22
00779 温度传感器 - 外部温度 - G17 短入地/SP *断路/短入正极/SP	(1) 温度传感器 GM 损坏； (2) G17 和 E87 间的线路短路或断路	(1) 温度控制不正常； (2) 外部温度指示不正常	(1) 检查温度传感器 G17； (2) 用电路图查找并排除线路的短路或断路处
00785 温度传感器 - 仪表板上 - G56 短路搭铁/SP 断路/短入正极/SP	(1) 温度传感器 - G56 损坏； (2) G56 和 E87 间的线路短路或断路	温度控制不正常	用电路图查找并排除通向电磁离合器的线路上变换电阻
01270 A/C 电磁离合器 - N25 断路/短入正极/SP	(1) E87 和 A/C 压缩机速度传感器 G111 间线路短路或断路； (2) 连接电磁离合器 N25 的线路断路； (3) 速度传感器 G111 损坏； (4) 电磁离合器 N25 损坏； (5) 电磁离合器断路器 J44 损坏； (6) 压缩机卡死	(1) 不制冷； (2) 行驶一段后不制冷； (3) 电磁离合器不吸合或吸合，但过 2s 后又断开	(1) 用电路图查找并排除线路的短路或断路处； (2) 进行终端控制元件诊断； (3) 检查速度传感器 G111； (4) 检查压缩机能否自由转动； (5) 用电路图检查电磁离合器继电器 J44； (6) 维护电磁离合器

续上表

故障码	可能的原因	汽车故障现象	故障排除方法
00786 温度传感器-顶篷-G86 短路搭铁/SP 断路/短入正极/SP		(1) 温度传感器 G17 损坏； (2) G17 和 E87 间的线路短路或断路	(1) 温度控制不正常； (2) 外部温度指示不正常
00787 温度传感器-座舱进气道上-G89 短路/搭铁/SP 断路/短入正极/SP	(1) 温度传感器-G89 的损坏； (2) E87 和 G89 间的线路短路或断路	(1) 温度控制不正常； (2) 外部温度指示不正常	(1) 检查温度传感器 G89； (2) 用电路图查找并排除线路的短路或断路处
00799 冷却液温度传感器 G110 注：并非所有车辆上都安装，取决于选装设备。 *短路搭铁/SP *断路/短入正极/SP	(1) 温度传感器 G110 损坏； (2) E87 和 G110 间的线路短路或断路	只有在外部温度很低时，故障现象才明显（冷却液温度由 E87 来计算）	(1) 检查温度传感器 G110； (2) 用电路图查找并排除线路的短路或断路处
00800 鼓风机温度传感器 G109 短路/搭铁/SP 断路/短入正极/SP	(1) 温度传感器-G103 损坏； (2) E87 和 G109 间的线路短路或断路	蒸发器后的进气温度变化判断不出来（即由于温度高、鼓风机太高）-压缩机不工作-制冷量不足	(1) 检查温度传感器 G109； (2) 用电路图查找并排除线路的短路或断路处
00801 电磁离合器高压开关-F118 断路/短入正极/SP	(1) E87 和 FU8 间的线路断路； (2) 风扇的触发故障； (3) 制冷回路故障	(1) 制冷性不好； (2) 行驶一段后，制冷性不好； (3) 电磁离合器 N25 不吸合	(1) 用电路图查找并排除线路的断路处； (2) 检查高压开关 F118； (3) 检查风扇 1 挡的触发，高压力开关 F23 工作的 2 挡风扇-87
01270 A/C 电磁离合器-N25＊速度变化太大/SP 注：仅适用于压缩机用齿形带驱动的车辆	(1) 齿形带张紧度不正常； (2) 操作及显示单元编码不对； (3) 电磁离合器 N25 打滑； (4) 压缩机卡死； (5) 曲轴减振器尺寸不对	(1) 不制冷； (2) 行驶一段后不制冷； (3) 电磁离合器吸合，但 2s 后断开	(1) 检查齿形带张紧度； (2) 检查操作和指本单元的代码； (3) 用备件目录检查曲轴减振器的尺寸； (4) 检查压缩机能否自由转动； (5) 维护电磁离合器 N25
01270 A/C 电磁离合器-N25 断路/短入正极/SP	(1) E87 和 A/C 压缩机速度传感器 G111 间线路短路或断路； (2) 连接电磁离合器 N25 的线路断路； (3) 速度传感器 G111 损坏； (4) 电磁离合器 N25 损坏； (5) 电磁离合器继电器 J44 损坏； (6) 压缩机卡死	(1) 不制冷； (2) 行驶一段后不制冷； (3) 电磁离合器不吸合或吸合，但 2s 后又断开	(1) 用电路图查找并排除线路的短路或断路处； (2) 进行终端控制元件诊断； (3) 检查速度传感器 G111； (4) 检查压缩机能否自由转动； (5) 用电路图检查电磁合器继电器 J44； (6) 维护电磁离合器

续上表

故 障 码	可能的原因	汽车故障现象	故障排除方法
01274 -空气翻板位置电动机 V71 卡死或无电压供给/SP 注： 并非所有车上都装，取决于选装设备	(1)空气流动风板卡死； (2)E87 和 V71 间的线路短路、断路或不正常连接	(1)车速高时，气流涌入； (2)鼓风机高速运转时，气流流入太少	(1)检查空气流动风板是否自由运动； (2)用电路图查找并排除线路的短路、断路及不正常连接处； (3)进行终端控制元件诊断； (4)检查空气翻板位置电动机 V71

注：位置调节电动机 V68 的 G92 如出现故障，可通过预选温度键"+"或"-"来手动调节位置调节电动机 V68。

可选择的显示组号一览表　　　　　　　　　　　表 13-8

显示组号	显示区	内　　容
001	1	压缩机电磁离合器 N25 代码 0：N25 未关闭 代码 1：制冷剂循环高时 N25 由压力开关 F129 关闭 代码 2：N25 关闭，因为带有鼓风机控制单元 J126 的鼓风机 V2 已损坏 代码 3：由于循环中制冷剂压力过低，N25 被压力开关 F129 关闭 代码 4：不显示出来 代码 5：N25 关闭 4s(没有损坏)，代码 5 出现仅 5s。如果持续存在，则检查转速信号 代码 6：N25 关闭，ECON 运行(没有损坏) 代码 7：N25 已被关闭，因为通过通风器，新鲜空气鼓风机的送风运转已被切断(没有损坏) 代码 8：N25 已被关闭，因为环境温度低于 3℃(未防止损坏，没有损坏)。必要时检查温度传感器 G17 和 G89 代码 9：不显示出来 代码 10：N25 已关闭，因为车上电源的电压低于 9.5V 代码 11：N25 已由热灯开关(组合仪表)通过空调的控制单元 J255 切断 代码 12：N25 已自由动变速器或发动机的控制单元通过空调的控制单元 J255 切断
	2	发动机转速　代码 0 - no　代码 1 - yes
	3	车速(显示：0～255km/h)
	4	持续时间(代码 0～240"熄火"时间为分钟) (代码 250 - 蓄电池断开)(代码 225 - 传输有误)
002	1	温度翻板位置电机 V68(显示值：0～255)(允许误差 +2)
	2	温度翻板位置电动机 V68　显示范围：0～255
	3	温度翻板位置电动机 V68　翻板位置：制冷 (0～149 - V68 损坏) (150～250 - V68 正常，基本设定已完成) (251～255 - V68 损坏)
	4	温度翻板位置电动机 V68　翻板位置：采暖 (0～4 - V68 损坏) (5～100 - V68 正常，基本设定已完成) (101～255 - V68 损坏)

续上表

显示组号	显示区	内容
003	1	中央翻板位置电动机 V70 （显示值:0~255）(允许误差 +2)
	2	中央翻板位置电动机 V70 显示范围:0~255
	3	中央翻板位置电动机 V70 翻板位置:仪表板通风 (0~149 – V70 损坏) (150~250 – V70 正常,基本设定已完成) (251~255 – V70 损坏)
	4	中央翻板位置电动机 70 翻板位置:仪表板通风 (0~4 – V70 损坏) (0~100 – V70 正常,基本设定已完成) (101~225 – V70 损坏)
004	1	脚窝/除霜翻板位置电动机 V85 （显示值:0~255）(允许误差 +2)
	2	温度翻板位置电动机 V85 显示范围:0~255
	3	脚窝/除霜翻板位置电动机 V85 翻板位置:脚窝通风 (0~149 – V85 损坏) (150~250 – V85 正常,基本设定已完成) (251~255 – V85 损坏)
	4	温度翻板位置电动机 V85 翻板位置:除霜 (0~4 – V85 损坏) (5~100 – V85 正常,基本设定已完成) (101~255 – V85 损坏)
005	1	空气翻板位置电动机 V71 （显示值:0~255） （允许误差 +2)
	2	空气翻板位置电动机 V71 显示范围:0~255
	3	空气翻板位置电动机 V71 翻板位置:车外新鲜空气进入 (0~149 – V71 损坏) (150~250 – V71 正常,基本设定已完成) (251~255 – V715 损坏)
	4	空气翻板位置电动机 V71 翻板位置:内循环 (0~4 – V71 损坏) (5~100 – V71 正常,基本设定已完成) (101~255 – V71 损坏)

续上表

序号	显示组号	显示区	内容
006		1	由空调控制单元 J255 计算出的温度值，显示在操作和显示单元 E87 的显示屏上。温度值根据新鲜空气进气道温度传感器 G89 测量的温度值和外界温度传感器 G17 的温度测量值计算出来的。汽车停下后，这一数值低于 G17 和 G89 的测量值。 如果温度传感器 G17 和 G89 的测量值反映了实际温度值，说明没有故障。经较长时间运行后，这两个温度趋于一致；如果温度值极不正常，说明 G17 或 G89 有故障
		2	新鲜空气进气道温度传感器 G89（实际测量值，单元为℃）
		3	外界温度传感器 G17（实际测量值，单位为℃）
		4	太阳光辐射传感器 G107（实际测量值，单位为℃）
007		1	中央出风口温度传感器 G191（实际测量值，单位为℃）
		2	脚部空间出风口温度传感器 G192（实际测量值，单位为℃）
		3	仪表板温度传感器 G56（实际测量值，单位为℃）
		4	无显示
008		1	新鲜空气鼓风机 V2，带有新鲜空气鼓风机的控制单元 J126（理论值，单位为 V） 关：0V　1 个鼓风机开 3.6V　7 个鼓风机开 12V
		2	新鲜空气鼓风机 V2，带有新鲜空气鼓风机的控制单元 J125 （实际测量值，单位为 V）（允许误差 +0.8）
		3	终端 15（标定值，单位为 V）
		4	电磁离合器 N25 电压　（标准值，单位为 V）未标定

 任务小结

（1）汽车自动空调控制系统主要由车外温度传感器、车内温度传感器等传感器和温度控制伺服电动机、模式控制伺服电动机等执行器以及 ECU 组成。

（2）自动空调系统中的传感器和执行器在工作中出现故障时会导致自动空调不制冷或控制无反应，会出现故障码，有时还会点亮故障警告灯。

（3）当需要对自动空调的传感器和执行器部件进行检修时，需要开展的作业项目包括：

①传感器位置的认识。

②传感器的拆装与检修。

③执行器的拆装与检修。

④自动空调系统电路的分析。

⑤自动空调故障码的读取与清除。

学习任务十四　汽车倒车雷达失灵故障诊断与修复

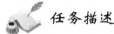**任务描述**

车主李先生反映,他的迈腾轿车最近早上起动车辆倒车,不但雷达指示灯亮,倒车雷达不起作用,连倒车影像也没了,但倒车影像摄像头工作正常。

初步怀疑为系统电路出现故障,现在需要你对倒车雷达及影像系统的电路系统进行检修。

学习目标

(1)能正确讲述汽车倒车雷达系统的功能。
(2)能正确讲述测定汽车行驶安全距离的方法和工作原理。
(3)能正确描述汽车倒车雷达系统的组成、各部件功用及工作原理。
(4)能正确描述倒车影像系统的组成和控制原理。
(5)能正确识读和分析汽车倒车雷达系统的电路图。
(6)能对汽车倒车雷达失灵故障进行诊断与排除。
建议学时:6学时。

知识准备

倒车雷达全称叫"倒车防撞雷达",又称"泊车辅助装置",是汽车泊车或者倒车时的安全辅助装置。

一、倒车雷达的组成

倒车雷达又称倒车辅助系统,它是汽车的选装项目,迈腾倒车雷达主要由主机、探头和根据距离数据控制的指示部分组成,如图14-1所示。

倒车雷达结构

主机:发射正弦波脉冲给超声波传感器,并处理其接收到的信号,换算出距离值后,将数据与显示器通信。倒车雷达主机的核心是倒车雷达模块。

图 14-1　倒车雷达组成示意图

探头：用于发射和接收超声波信号，通过超声波传感器可以测量距离，如图 14-2 所示。

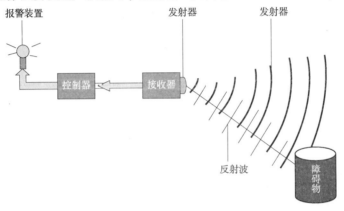

图 14-2　超声波距离探测探头

显示器或蜂鸣器：接收主机距离数据，并根据距离远近显示距离值和提供不同级别的距离报警音。

二、倒车雷达的工作原理及电路

倒车雷达在倒车时，利用超声波原理，由装置在车尾保险杠上的探头发送超声波撞击障碍物后反射此声波，计算出车体与障碍物间的实际距离，然后提示给驾驶人，使停车或倒车更容易、更安全，探测器工作原理图如图 14-3 所示。

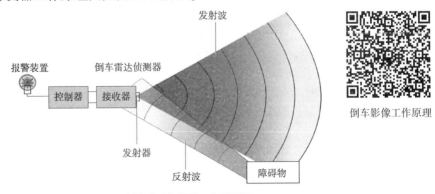

倒车影像工作原理

图 14-3　倒车雷达探测器工作原理图

超声波测距原理(图 14-4):空气超声探头发射超声脉冲,到达被测物时,被反射回来,并被另一只空气超声探头所接收。测出从发射超声波脉冲到接收超声波脉冲所需的时间 t,再乘以空气的声速(340m/s),就是超声脉冲在被测距离所经历的路程,除以 2 就得到距离。即:$s = 340t/2$。

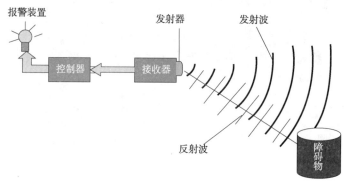

图 14-4 超声波测距原理图

三、倒车影像系统

倒车影像系统,采用远红外线广角摄像装置安装在车后,通过车内的显示屏,清晰可见车后的障碍物。即使在晚上通过红外线也能看得一清二楚。倒车视频影像就是在车尾安装了倒车摄像头,当挂入倒挡时,该系统会自动接通位于车尾的摄像头,将车后状况显示于中控或后视镜的液晶显示屏上,其工作原理见视频(倒车影像工作原理)。

1. 系统组成

该系统主要由倒车摄像头 R189 和倒车影像系统控制单元 J772、转向角传感器以及收音机和导航系统的带显示单元的控制单元 J503 组成。结构如图 14-5 所示。

图 14-5 倒车影像结构图

2. 系统部件

1)倒车摄像头

倒车摄像头是一个广角摄像头,得益于其紧凑的结构,大众迈腾已经设法将其装于行李舱盖的手柄上,其示意图如图 14-6 所示。摄像头覆盖了车辆后方的区域。由于镜片的水平视角是130°且垂直视角是100°,造成图像极度变形,因此首先需要通过倒车影像系统控制单元对图像进行校正。

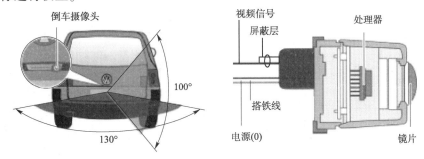

图 14-6　倒车影像头示意图

处理器(带集成芯片)镜化捕捉到的图像。镜化是必要的,以便于将车辆左侧的状况显示在显示屏的左侧。图像被转化成电子信号,并被传送至倒车影像系统控制单元。倒车摄像头通过三根电线(电源,搭铁线和带集成屏蔽层的视频信号线)与倒车影像系统控制单元连接在一起。

2)转向角传感器

转向盘的转向角由转向角传感器进行判断。基于此信息,倒车影像系统控制单元生成动态辅助线,并将它们集成在影像图像中,如图 14-7 所示。它们朝相同的方向移动且与转向盘保持同步。如果转向角传感器未经匹配,将不会显示辅助线,且会在控制单元中存储一条故障码条目。

图 14-7　动态辅助示意图

3)倒车影像系统控制单元

倒车影像系统控制单元的任务是处理由摄像头提供的图像,并准备将它们输出在显示屏上。这包括了校正所提供的图像以及添加辅助线。倒车影像系统控制单元根据所选择的驻车模式,显示相应的静态和动态辅助线。如果启动了倒车影像系统,它会向倒车摄像头供电并开启摄像头。倒车影像系统控制单元有两个视频输入口,电视调谐器(选装件)和倒车摄像头通过这两个视频输入口与之相连。如需要,影像图像或电视图像会通过集成在倒车影像系统控制单元上的视频开关,自动传送至收音机/导航系统的显示屏,如图 14-8 所示。

图14-8 倒车影像处理前后对比图

3. 工作原理

1) 驻车模式

来自大众公司的倒车影像系统根据驻车状况有两种不同的驻车模式（驻车模式1和驻车模式2）可供选择。

(1) 驻车模式1（图14-9）。

此驻车模式适合于倒车进入驻车区域，或倒车进入狭小的街道或车库驻车位时使用。绿色的静态辅助线显示的车身轮廓线被延伸了2m，左右两侧加宽约25cm。红色静态辅助线显示的是车后0.4m的距离。黄色动态辅助线显示了当前的转向角，且每隔1m的距离设一条线。

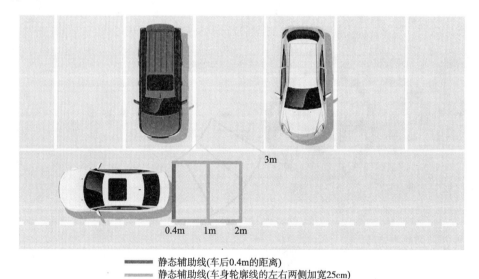

图14-9 驻车模式1

(2) 驻车模式2（图14-10）。

该驻车模式适合于倒车进入与路缘平行的驻车区域。可使用黄色辅助线来检查这个驻车区域对车辆来说是否足够大。左侧和右侧各显示一块辅助区域。能通过转向信号选择停驻的一侧。

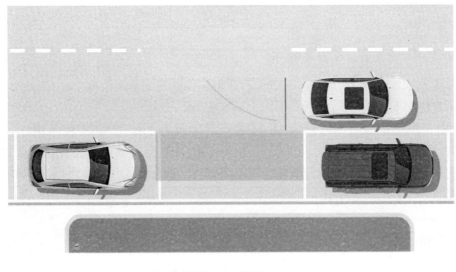

■ 静态辅助线(车后0.4m的距离)
■ 静态辅助线(转向点的确定),左侧停驻区域
■ 静态辅助线(转向点的确定),右侧停驻区域
■ 静态辅助区域(目标停驻区域的确定),右侧
■ 静态辅助区域(目标停驻区域的确定),左侧

图 14-10　驻车模式 2

2)拖车操作

当连接了拖车且行李舱盖打开时,显示屏上不显示任何辅助线。一旦拖车监测控制单元监测出车辆上有拖车连接,该功能将由倒车影像系统控制单元进行关闭。当连接拖车时,倒车影像系统可协助操作。牵引杆的动向可通过显示屏进行跟踪。当车辆连接有拖车时,这是很有帮助的,因为能通过显示屏看到牵引装置的球形连接器。

3)系统限制

影像图像的再生会稍稍滞后且显示的并非实时状况,这是由于倒车影像系统控制单元需要时间处理。因为是二维显示,外突且尖锐的障碍物很难被描绘,因此很难识别它们。

操作指引

1. 组织方式

(1)场地设施:举升机一台,装有废气抽排系统和消防设施的场地。

(2)设备设施:自动挡迈腾轿车。

(3)工量具:常用工具一套、大众专用诊断仪、万用表等。

2. 操作要点

(1)穿着干净整齐的工作服。

(2)遵守场地安全规定,注意用电安全。

(3)正确使用万用表、诊断仪等工量具。

(4)在检测倒车雷达系统和倒车影像系统时,严禁用力拉扯线束。

任务实施

1. 迈腾轿车倒车雷达系统检修

故障现象：迈腾倒车雷达指示灯闪亮，前后倒车雷达都有不起作用。

诊断步骤如下。

（1）用 VAS5052 进行故障查询，在 76 停车辅助设备电控单元中，查询到一个故障存储：01549 停车辅助传感器的供电电压未达到下限，由停车辅助设备电控单元电路图，停车辅助设备电控单元（零件号：3CD 919 283，编码为 0001014）有两条供电线，其中 T16/3 脚接收来自 SC37 的 30 电，倒车雷达 T16/1 脚接收来自 SC19 的 15 电，实测此两脚都有正常的供电。

停车辅助设备电控单元供电都有正常，和系统报的电压故障有点不符合，为了进一步验证，分别断开两脚的供电熔断器进行监控，当断开 SC19 时，查询故障码未有增加，说明为如此电缺失，倒车雷达电控单元将出现故障码，但此时也注意到倒车雷达的开关无工作指示了，按压开关无反应。当断开 T16/3 脚来自 SC37 的 30 电，倒车雷达电控单元无法进入。由此可以推断测量倒车雷达电控单元的外围电路都是正常的。

（2）对相关数据流做一分析，查询相关资料，停车辅助设备电控单元 03 组 4 区提供了对停车辅助设备传感器的供电电压的监控，再次进入 76 停车辅助设备电控单元读 03 组 4 区显示为 0V，说明传感器的电控单元内部供电电压缺失，此时测量任一个后杠雷达传感器的供电也为 0V，说明电控单元并未为后部探头提供工作电压。

（3）测量后杠雷达传感器的供电线（红/白）的对地电阻为 70Ω，说明后部传感器供电处于搭铁状态，除了电控单元自身故障外，也存在线路间短路的可能性。处理线路短路，最好的方法就是依次断开插接件线路来排除短路源的。迈腾车前后有两个中继插接器，分别用于前后杠雷达传感器的线路连接。断开后部连接中继插接器，03 组 4 区数据流依然显示为 0V 不变，再断开位于左前杠下的前部传感器的总插头，03 组 4 区 12V 的供电电压开始正常显现了，此时再测量后部传感器供电也恢复为正常，说明故障点在前杠线束侧，拆检发现，雾灯后的前杠雷达线束被保险杠骨架磨破，前杠雷达传感器的供电线（红/白）受挤压有局部破皮现象，由此会引发间歇性虚接搭铁，由于前后传感器共用一个基准电压，前部倒车雷达供电线路存在搭铁现象，必然会引起后部传感器压降，从而使倒车功能失效。

（4）修复磨损的线束，故障排除。此案例说明，由于内部集成电路的独立性，电控单元控制的执行元件缺电并不意味着电控单元的外围供电异常，同时，由于 DTC 监测点位置的差异性，系统可能会产生和供电缺失相同的 DTC，但我们总会根据相关数据流对基准电压的监控，打开故障检测的突破口。

2. 迈腾轿车倒车影像系统检修

故障现象：一辆 2012 款全新大众迈腾轿车，该车点火开关打开，挂入倒挡，驻车距离警报开关闪亮，倒车影像显示屏不显示，倒车影像摄像头工作正常。

诊断步骤：连接 VAS5052A 查询停车辅助装置控制单元故障码（图 14-11）。

汽车倒车雷达失灵故障诊断与修复 学习任务十四

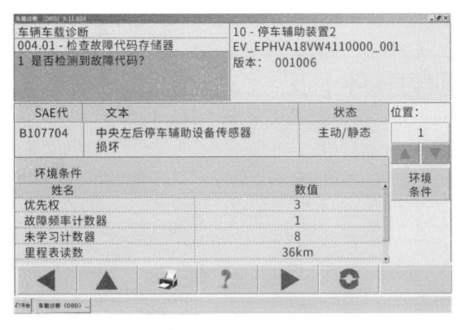

图 14-11　故障码显示情况

查询倒车影像控制单元无故障记录。根据相关电路图分析并检查其线路无故障,随后依次更换倒车影像控制单元 J772 及倒车影像显示屏 J503,故障依旧。清除停车辅助装置控制单元故障码,倒车影像显示屏瞬间正常,停车辅助装置因此初步确定为中央左后驻车辅助传感器损坏,引起倒影像不显示。

 任务小结

(1)由于倒车雷达系统内部集成电路的独立性,电控单元控制的执行元件缺电并不意味着电控单元的外围供电异常,同时,由于 DTC 监测点位置的差异性,系统可能会产生和供电缺失相同的 DTC,维修时可以根据相关数据流对基准电压进行监控,打开故障检测的突破口。

(2)倒车影像系统虽然可以直接提供车辆后部障碍物的信息,但当距离障碍物较近时,其影像信息会很模糊难以提供准确的后部障碍物信息,此时必须依靠驻车辅助系统传感器的作用才能达到完美的效果。因此,当出现故障时,为防止用户提供错误的倒车信息,系统将自动关闭影像,强迫用户到经销商处进行维修。

学习任务十五　汽车音响及导航系统故障诊断与修复

 任务概述

随着社会的不断发展,人们对生活质量的要求越来越高。汽车音响系统作为现代汽车的一个重要组成部分,越来越受到人们的重视。汽车音响系统里面传来的优美的音乐,使驾驶人感到放松,也可以听到驾驶所需要的交通信息和新闻。因此现代汽车都非常重视汽车音响系统,并将汽车音响系统作为评价汽车舒适性的依据之一。对于汽车音响系统,主要使用收音机和磁带放音机。随着数字技术的发展,现在很多轿车装有 CD 激光唱机,用来播放录制的数字信号。

而伴随着经济水平的提高,人们自行驾驶车辆出行的机会越来越多,但因为对道路不熟悉,走弯路走错路时常发生,而汽车导航系统的出现就能很大程度避免这种情况发生,驾驶人只要将目的地输入系统,导航系统就会根据电子地图自动计算出最合适的路线,并在车辆行驶过程中必要的时刻(例如转弯前)提醒驾驶人按照计算的路线行驶。在整个行驶过程中,驾驶人根本不用考虑该走哪条路线,就能轻松快捷地到达目的地。

音响和导航系统的出现极大提高了人们的生活质量和驾驶出行时的方便性。

 主要学习任务

1. 汽车音响系统检修
2. 汽车导航系统检修

子任务1 汽车音响系统检修

任务描述

车主李先生反映他所驾驶的迈腾 B7L 轿车,CD 播放时声音时有时无,收音机也信号不好。现在请你对车主轿车的音响系统进行检修。维修人员现场检验,得到的情况与车主反映的基本相同,怀疑是收音机及扬声器的问题。

现在你需要学习音响系统的拆装及设定方法。

学习目标

(1)能正确讲述汽车音响系统的组成和各部分功用。
(2)能正确拆装汽车音响系统各部件。
(3)能进行汽车音响系统的解码操作。
(4)能分析诊断和排除汽车音响系统常见故障。
(5)具备信息查询和手册使用的基本能力。
(6)能够按照企业5S要求和安全生产规范进行操作。
(7)能与同学密切合作,规范安全地完成学习活动。
(8)养成自主学习的习惯,培养规范操作的工作作风及环保意识。
建议学时:4 学时。

知识准备

汽车音响系统的组成形式多种多样,迈腾汽车音响系统组成及安装部位如图 15-1 所示。音响系统框图如图 15-2 所示,汽车音响系统主要包括天线、接收装置、扬声修正、可听频率增幅及扬声器系统5个部分。

一、天线

天线的作用是接收广播电台发射的电波,并通过高频电缆向无线电调频装置传送。

天线可分为在车身外体上伸出的金属柱式天线(又称拉杆天线)和装在车身上的玻璃天线两种,如图 15-3 所示。

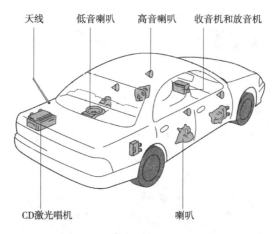

图 15-1　汽车音响系统组成及安装部位

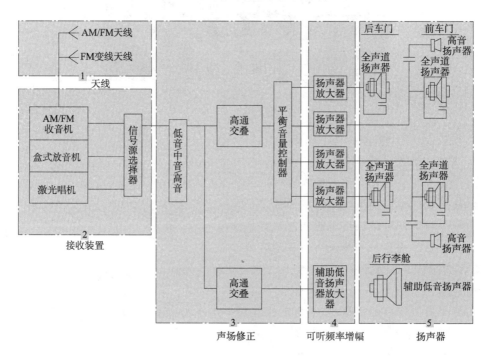

图 15-2　汽车音响系统框图

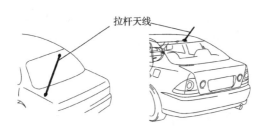

图 15-3　天线的类型

（1）金属柱式天线的设置位置通常在前挡泥板、车顶等处，天线长约1m。有些汽车采用电动天线，电动天线又称自动天线，与手动天线的功能相同，只是电动天线是由电脑控制，可以通过按键自由伸缩，电动天线由开关、电动机、继电器、减速机构和天线等构成，其中电动机的通电是与音响的电源开关（ON/OFF）联动，打开音响电源，天线伸出；关闭音响电源，天线缩回收藏在车身内。

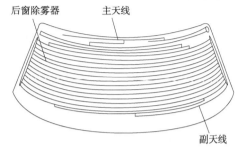

（2）玻璃天线。这种天线是将导电漆涂在后窗玻璃上，天线不需移上移下，也没有风的噪声，同时不要折叠也不会生锈，因此很耐用，如图15-4所示。

图15-4　后窗玻璃印刷型天线

这种天线系统通过一根主天线和一根副天线的组合来防止衰减以保持良好的接收条件。当主天线的灵敏度变弱时，系统对主天线与副天线的灵敏度进行比较，使用灵敏度较好的一根。

二、接收装置

接收装置是由无线电调谐装置将电台发射的高频电磁波有选择地接收，并解调为音频电信号。主要包括收音机、磁带放音机和激光唱机，如图15-5所示。磁带放音机现在已经很少用，现代汽车一般将收音机和激光唱机甚至放大器都集成在一起，成为音响主机。

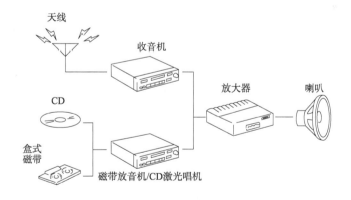

图15-5　信号源设备

1. 收音机

收音机是无线电接收装置，是专门接收广播节目的。在无线电广播中，有调幅（AM）和调频（FM）两种信号。收音机接收AM广播和接收FM广播是不同的。两种信号都接收的收音机有两只调谐器分别用于AM和FM。收音机可分为两大类，一种是模拟式，另一种是数字式。模拟式是传统的收音机，一般用于手动调谐选台；数字式的收音机是较高级的无线电接收装置，由内部电路发出选台、存储、控制及显示信号，内部一次可存储12~44个电台，并可实现遥控。

2. 激光唱机

激光唱机是将音乐信号或者图像信号进行记录的介质,所记录的信号可利用激光的光拾音作用进行非接触式读出。

信号读出时,对信号记录部分的凹凸处不断照射聚焦的激光,利用光接收器检测反射光的强弱并转换成数字电信号。在数字信号处理电路中进行数/模(D/A)转换并放大,从而恢复原来的音乐信号。激光唱机通常由机械转盘系统、激光拾音器、伺服系统、信号处理系统及控制显示系统等部分组成。

机械转盘系统驱动转盘旋转并带动光盘旋转,与此同时,激光拾音器利用直径不到 $0.78\mu m$ 的激光束,以非接触方式读出记录在光盘上的脉冲编码调制(PCM)数字信号。

在数字信号处理系统中,读出的信号经放大、解调和纠错后,再送到 D/A 转换器转换成音频模拟信号送到音频处理、放大电路中。

激光唱机通常由机械转盘系统、激光拾音器、伺服系统、信号分离与处理系统及控制系统等部分组成,其组成框图如图15-6 所示。

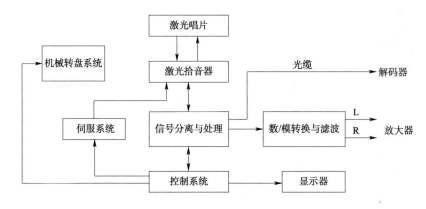

图15-6 激光唱机的组成框图

3. 扬声修正

用于调节声音(音乐)信号的特性,以适应汽车音效环境。

4. 可听频率增幅

增强可听频率的模拟电压,加大喇叭音量,由放大器来实现。放大器将各种节目信号进行电压放大和功率放大,然后推动喇叭发出声音。放大器包括前置放大器、功率放大器及环绕声放大器。

5. 扬声器系统

扬声器系统主要包括主喇叭、环绕喇叭等,是汽车音响系统的终端,最终决定车厢内的音响性能。主喇叭中通常由低音喇叭、中音喇叭和高音喇叭以及分频网络组成。一般环绕声只重放7kHz 以下的反射声,故只需一个中低音喇叭即可。喇叭口径大小和在车上的安装方法、位置是决定音响性能的重要因素。为了欣赏立体声音响,车上一般最少安装两个喇叭。

操作指引

1. 组织方式
(1) 场地设施:装有废气抽排系统和消防设施的场地。
(2) 设备设施:自动挡迈腾轿车。
(3) 工量具:常用拆卸工具一套。

2. 操作要求
(1) 穿着干净整齐的工作服。
(2) 遵守场地安全规定,注意用电安全。

任务实施

以迈腾 B/L 轿车为例,下面介绍音响常用功能使用方法及音响相关部件的更换方法。

1. 收音机频道存储
(1) 使用或按钮调谐至所需电台频率。
(2) 按住存储记忆按钮(1-6)直至听到嘟嘟声。
(3) 频道指示灯被显示时,表示记忆存储正确。
(4) 设置所有其他记忆按钮。

2. 蓝牙功能使用

(1) 从车载多媒体机的面板上,按一下蓝牙功能键"bluetooth"或"BD"键,或图标键 ,或者,进入机子主界面,找到蓝牙功能开关,开启车载蓝牙。
(2) 打开手机的蓝牙功能,并将手机蓝牙设置为"所有人可见"或可被搜索或开放检测。
(3) 在手机中搜索蓝牙设备,查找到之后选中进行配对连接,如提示需输入密码,则输入配对密码为:0000,完成配对后就连接成功了。
(4) 可在车载蓝牙上拨打和接听电话;在手机上播放音乐,可在车载蓝牙设备上欣赏音乐。

3. AUX 功能使用

通过数据线连上以后,按 MEDIA 键,选屏幕第一行 aux,调大手机音量,然后正常操作手机。

4. 音响主机更换
(1) 所需的专用工具:拆卸楔(图 15-7)。
(2) 拆卸步骤。
① 如有必要,取出留在装置中的 CD 光盘。
② 关闭点火开关和所有用电器,将点火开关或起动按钮移至 0 位置。
③ 用拆卸楔在图中箭头标记的部位拆下娱乐系统挡板,并将其上部从仪表板中取出。

拆卸和安装收音机

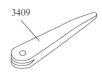

图 15-7 拆卸楔

④拔出插头连接。
⑤拧出收音机导航系统上的固定螺栓。
⑥将收音机从安装槽中拔出。
(3)收音机的安装。与拆卸过程相反。

5. 扬声器的更换

(1)前部低音和中音扬声器拆装。
①关闭点火开关和所有用电器,将点火开关或起动按钮移至0位置。
②拆卸前部车门饰板。
③松开插头连接的锁止装置并拔出插头连接。
④从扬声器上脱开导线的固定卡。
⑤用合适的钻头钻出铆钉并取出扬声器。
⑥安装与拆卸过程相反。

(2)前部高音扬声器拆装。
①关闭点火开关和所有用电器,将点火开关或起动按钮移至0位置。
②拆卸前部车门饰板。
③松开连接到扬声器的导线上的插头连接并将其脱开。
④撬出固定卡子A,在箭头B处,将饰板连同扬声器一起脱开。
⑤如果拆卸后塑料夹仍留在饰板上,则将其取下插到车门上规定的装配位置上。
⑥安装过程相反。

(3)后部高音扬声器拆装。
①关闭点火开关和所有用电器,将点火开关或起动按钮移至0位置。
②拆卸前部车门饰板。
③拔出扬声器的插头连接。
④用一把通用钎焊棒去除扬声器挡板上的焊点或者将焊点割断。
⑤将扬声器和扬声器挡板从车门饰板上拆下。
⑥安装过程相反。

 任务小结

(1)音响维修要做"全身检查":维修汽车音响不仅要检查音响本身的故障,还要全面检查车辆本身的线路,排除车辆对音响的影响。

(2)在动手检修音响之前,首先要注意,如果能够不拆机盖就能排除故障,最好不要拆机盖。而对于一些按键、开关、插座等涉及内部电路的故障元器件,只要拆盖即可修理,就不必再去将整个电路板一同卸下。因为拆卸的部分多了,忙中容易出错,原来无故障的地方,经过拆散后,容易断线、碰撞、受挤,甚至短路造成新的故障。其次要注意,如果同一套汽车音响中既有机械类故障,又有电气类故障,宜先排除机械类故障后,再排除电气类的故障。实践表明,许多按键开关等接触不良,有些是由机械故障引起的,排除了机械类故障,某些电气类故障就自行排除了。

(3)打开待修汽车音响机壳后,未通电检查之前应先粗略地检查一遍,看是否有明显故障点,如断线、元器件破裂、引线折断、熔断丝熔断、电源线断股、按键卡住或不灵活、电源变压器有明显的烧焦痕迹等,这些均可以在通电之前予以检修。只有在通电之前确认无明显故障现象才能通电检查。否则一通电还会烧坏其他无故障的元器件。另外,在检修时要注意先通病后特殊,通病指的是一些常见的故障,这类故障分析起来比较容易,检修起来比较简单;特殊故障指的是少见或不易查找的故障。有的特殊故障是由几个常见故障综合造成的,只有先将一般的、常见的故障排除了,才能孤立特殊故障点,准确地找到故障发生部位。

子任务2　汽车导航系统检修

任务描述

车主李先生反映他所驾驶的迈腾轿车导航系统不能正常工作,定位不准确。现在请你对客户轿车的导航系统进行相应设定及检修。

(1)能正确讲述汽车导航系统的组成和各部分功用。
(2)能正确描述汽车导航系统的工作原理及系统的控制方法。
(3)会正确使用汽车导航系统。
(4)会分析诊断和排除汽车导航系统常见故障。
(5)具备信息查询和手册使用的基本能力。
(6)能够按照企业5S要求和安全生产规范进行操作。
(7)能与同学密切合作,规范安全地完成学习活动。
(8)养成自主学习的习惯,培养规范操作的工作作风及环保意识。
建议学时:2学时。

知识准备

汽车导航系统是一种先进的仪器,置于现有的音响系统上,能够侦测汽车在行驶途中的位置,协助驾驶人在陌生的道路环境中,通过电子地图与话音指南,准确地掌握前往目的地的路线。导航系统之所以能够侦测到汽车的现在位置,有赖于全球定位系统(Global Positioning System,GPS)卫星与汽车上专用天线的配合。然而,假如汽车处于隧道之内,天线便无法接收从卫星传送的电波,而需要采用感应器与车速脉冲两者结合的方法,修正汽车的当前位置。此外,驾驶人可以利用比例放大或缩小的功能,将地图拉近或拉远,以更细微或更宏观的角度来审视目前的所在地。

一、汽车导航系统的功能

1. 导航功能

使用者在汽车导航系统上任意标注两点后,导航系统便会自动根据当前的位置,为车主设计最佳路线。有些系统还有修正功能,假如用户因为不小心错过路口,没有走汽车导航系统推荐的最佳线路,车辆位置偏离最佳线路轨迹 200m 以上,汽车导航系统会根据车辆所处的新位置,重新为用户设计一条回到主航线路线,或为用户设计一条从新位置到终点的最佳线路。

2. 电子地图

汽车导航系统都配备了电子地图,一般覆盖全国各大省会城市。功能强大的地图系统还包含了中小城市,可以随时查看目的城市的交通、建筑等情况。

3. 转向语音提示功能

如果前方遇到路口需要转弯,系统具有转向语音提示功能,这样可以避免车主走弯路。此外,可以查阅街道及其周围建筑物,甚至可能具有一些城市交通中的单行线、禁左、禁右等路况信息供查询。

4. 定位功能

汽车导航系统通过接收卫星信号,准确地定位车辆所在的位置。如果导航系统内带有地图,就可以在地图上相应的位置用一个记号标记出来。同时,汽车导航系统还可以显示方向、海拔等信息。

5. 测速功能

通过汽车导航系统对卫星信号的接收计算,可以测算出车辆行驶的具体速度。

6. 显示航迹

如果去一个陌生的地方,汽车导航系统带有航迹记录功能,可以记录下用户车辆行驶经过的路线,误差小于 10m,甚至能显示 2 个车道的区别。回来时,用户可以启动它的返程功能,让它领着你顺着来时的路线返回。

7. 信息检索功能

根据情况使用不同的检索功能,快速将待查地点显示在画面上。

8. 娱乐功能

可以接收电视,播放娱乐光盘等。

GPS 定位原理

二、汽车导航系统的组成与工作原理

汽车导航系统包括两大部分:全球卫星定位系统 GPS 和车辆自动导航系统。汽车导航系统一般由 GPS 天线、集成了显示屏幕和功能按键的导航接收器总成以及语音输出设备(一般利用汽车音响系统输出语音提示信息)组成。受车内空间的限制,多数汽车导航接收器和汽车音响集成在一起,如图 15-8 所示。

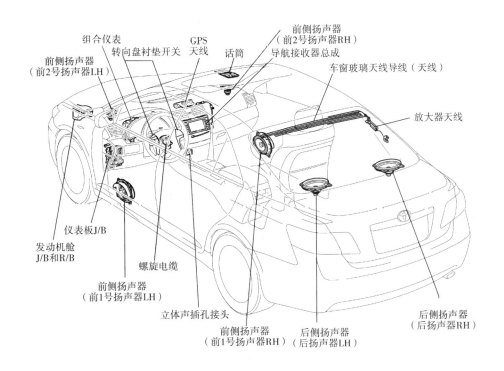

图 15-8 汽车导航系统的组成

1. 全球卫星定位系统

在汽车导航系统中,使用来自 GPS 卫星的无线电波来检测车辆的绝对位置。

全球定位系统 GPS 是美国军方耗时 20 年,花费 1000 亿美元于 1993 年建成的。该系统由距地面 21000km、在六个轨道面上均匀布置的 24 颗地球同步卫星组成。GPS 系统卫星组成图如图 15-9 所示。全球定位系统 GPS 能根据发射的这些卫星提供的信号随时确定车辆当前的准确位置。

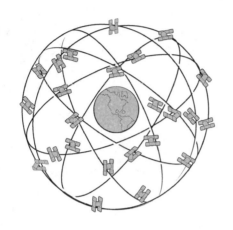
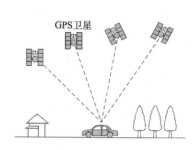

图 15-9 GPS 系统卫星组成图

1) GPS 的组成及工作原理

GPS 主要是由空间部分(导航卫星)、地面站(监控部分)、用户设备(GPS 接收器)组成。在全球任何地方、任何时刻都至少能看到 4 颗 GPS 导航卫星。

导航卫星采用无源工作方式,凡是有 GPS 接收设备的用户都可以使用 GPS 系统。确定物体位置可通过测量电波从卫星至接收器的传播时间来进行计算。理论上当接收器接收到 3 颗卫星的信号时,就可以测出接收器在地球上的位置坐标(经度、纬度和高度)。但考虑到实际空间中存在许多误差因素,所以通过第四颗卫星来做"双重检验",以清除这些因素的影响。

2) GPS 系统主要用途

(1) 卫星通信:用于电话、广播、电视、通信等领域。

(2) 卫星遥感:用于气象、军事、农业、地质地貌、地震监测、国土资源开发等领域。

(3) 卫星定位:用于地面上一切活动目标的定位,如人、汽车、火车、轮船及飞机等。

目前可提供三种定位服务,一是采用粗码为民间一般用户服务,定位精度为 100m 左右;二是采用精码,供民间特许用户使用,定位精度为 10m;三是采用超精码,专为美国军方服务,定位精度在 3m 以内。

2. 车辆自动导航系统

在车辆自动导航系统中,系统根据导航接收器总成中的陀螺仪和车速传感器来确定车辆的运动轨迹,从而确定车辆的相对位置。

陀螺仪传感器位于导航接收器总成内,它通过检测角速度来计算方位,但当汽车长距离行驶没有中断时,其方向误差有可能产生积累。车速传感器用于计算车辆运动距离。

1) 车辆地理位置定位原理

汽车导航系统根据全球卫星定位系统 GPS 测定的车辆绝对位置和车辆自动导航系统中测定的车辆相对位置来计算车辆当前的实际位置。

计算车辆当前实际位置的三种信号:

(1) 根据车速传感器所确定的汽车行驶距离。

(2) 根据陀螺仪所确定(角速度传感器)的汽车转弯角度。

(3）根据 GPS 天线所确定（GPS 信息）的汽车行驶方向。

当前汽车的实际位置可以通过从上一计算位置开始的行驶距离和方向而得到,如图 15-10 所示。行驶距离的计算是通过汽车速度传感器输入信号得到的,所以在轮胎磨损后会导致计算错误。为避免这种情况,采用了自动距离修正功能。汽车行驶方向的改变是由陀螺仪（角速度传感器）和 GPS 天线（GPS 信息）所计算得到的。

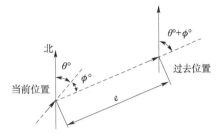

图 15-10 当前汽车位置的确定
$\theta°$-汽车过去的方向；$\phi°$-汽车当前方向的变化；e-从前一位置行驶过的距离

2）地图匹配原理

当前的驾驶路线由自动导航(根据陀螺仪传感器和车速传感器)和 GPS 导航计算得出。随后将该信息与 DVD 光盘地图数据中得出的可能路线作比较,并将车辆位置设定到最合适的路线上。经过地图匹配后,系统将在显示器上显示路线修正情况。

如图 15-11 所示,在车辆右转弯后,系统对道路 L1、L2 和 L3 进行比较,以评估行驶路线。在 A 点,车辆的位置与道路 L1 的形状明显不同,因此显示屏切换到道路 L2 上。

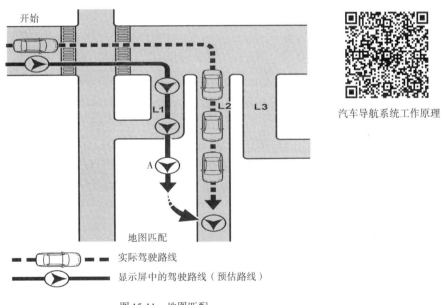

图 15-11 地图匹配

3. 汽车导航系统的工作过程

目前世界上应用较多的导航系统都自带电子地图,定位和导航功能全部由车载设备完成。它的工作过程主要有以下几个步骤。

1) 用户输入目的地

在出发前,用户通过系统提供的输入方法将目的地输入到导航设备中。根据输入设备的不同,可以有不同的地名输入方法,依靠键盘或触摸屏可以实现几乎所有功能按键的功能。为了安全性的要求,目前人们也在开发基于语音识别技术的产品。

2)行驶路线的计算

汽车导航系统中至关重要的一部分是存储在光盘或内置存储器(如硬盘)中的电子地图。电子地图中存储了一定范围内的地理与道路和交通管制信息,与地点对应存储了相关的经纬度信息。

汽车导航系统根据 GPS 系统测定的车辆绝对位置和车辆自动导航系统中测定的车辆相对位置来计算车辆当前的经纬度,通过与电子地图中数据的对比,就可以随时确定车辆当前所在的地点。

一般汽车导航系统将车辆当前位置默认为出发点,在用户输入了目的地之后,导航系统根据电子地图上存储的地图信息,就可以自动计算出一条最合适的推荐路线。在有的系统中,用户还可以指定途中希望经过的途径点,或者指定一定的路线选择规则(如不允许经过高速公路、按照行驶路线最短的原则等)。推荐的路线将以特殊的方式显示在屏幕上的地图中,同时屏幕上也时刻显示出车辆的当前位置,以提供参考。

如果行驶过程中车辆偏离了推荐的路线,系统会自动删除原有路线并以车辆当前点为出发点重新计算路线,并将修正后的路线作为新的推荐路线。

3)行驶中的导航

在车辆行驶过程中,驾驶人必须全神贯注于驾驶,而不能经常去查看显示屏幕。因此,车辆导航系统利用语音输出,在必要的时刻向驾驶人提供提示信息。比如,车辆按照系统推荐路线行驶到应该转弯的路口前,语音输出设备会提示驾驶人:"300m 后请向左转"。这样,驾驶人根本不必关注屏幕的显示,也可以按照推荐路线正确快捷地到达目的地。

1. 组织方式

(1)场地设施:举升机一台,装有废气抽排系统和消防设施的场地。

(2)设备设施:自动挡迈腾轿车一辆。

(3)工量具:常用拆卸工具一套。

2. 操作要求

(1)穿着干净整齐的工作服。

(2)遵守场地安全规定,注意用电安全。

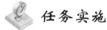

以迈腾车为例,下面介绍导航的使用方法。

1. 语音导航

蓝牙一键导航使用前请确保本机与手机蓝牙已连接。蓝牙一键通采用本机蓝牙连接用户的手机,实现和客服中心之间通话及数据传输。打通客服电话后,用户只需口述目的地就能达到手写输入的目的,在行驶过程中可以安全快捷地使用导航,避免了传统导航手写输入方式。

首次使用前的操作：

（1）用手机拨打热线 4000400800，激活用户的"一键通授权卡"。

（2）告知客服人员要进行蓝牙一键通注册登记，并告知客服人员用户的一键通授权卡的注册卡号。

（3）注册成功后，蓝牙一键通功能在下次通话时就可以使用。

一键导航的进入。手机蓝牙与本机蓝牙连接，轻触主桌面的[蓝牙一键通]，进入一键导航程序，正常连接客服中心。

一键导航的退出。轻触通话界面上的 [] 图标，退出一键导航程序界面，并返回主桌面。

2. 地图导航

NAV 导航按下此按键，进入导航界面 DEST 目的地按下此按键，进入目的地设置界面，设置完之后开始导航，如图 15-12 所示。

a）按NAVI键进入导航/地图界面

b）进入地图界面

图 15-12 进入导航

任务小结

汽车导航系统是比较复杂的系统，在使用中要多注意以下几个方面：

（1）不要将汽车导航设备放置在潮湿或雨水中，如果设备进水或受潮，可能会导致设备故障。

（2）不在过冷或过热的地方给车载 GPS 导航仪充电，这样做会损坏电池的使用性能。

（3）不要将汽车导航仪放置在高温环境中以免机体过热，引起危险的状况或故障。

（4）不要靠近会产生强烈无线电或放射线的场所使用汽车导航仪，在这种场合下强烈的辐射作用可能会导致设备无法正常运行。

（5）车载 GPS 导航仪出现故障，不要自行拆卸设备，请送专业维修人员进行修理。

（6）正在使用中的汽车导航仪请不要直接关闭电源，这样做容易引起数据丢失。

学习任务十六　汽车车载网络系统通信不正常故障诊断与修复

任务概述

现代汽车中所使用的电控系统和通信系统越来越多,如发动机电控系统、自动变速器控制系统、防抱死制动系统、巡航控制系统和车载多媒体系统等,这些系统与系统之间、系统和汽车的显示仪表之间、系统和汽车故障诊断系统之间均需要进行数据交换,如此巨大的数据交换量,如仍然采用导线进行点对点连接的传输方式,将会增加大量的电控单元针脚、线束、线束连接器,不但装配复杂而且故障率很高。

因此,为了简化线路,提高各控制单元之间的通信速度,降低故障率,汽车制造商开发设计了新的总线系统即汽车车载网络系统,把众多的电控单元连成网络,其信号通过数据总线的形式传输,可以达到信息资源共享的目的。每个电控单元都只需要引出两条导线共同接在两个节点上,这两条导线就称作数据总线。

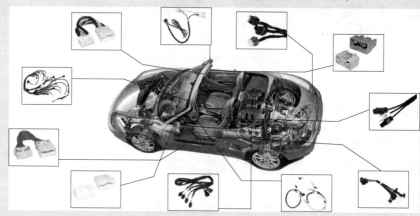

CAN 总线具有实用性强、传输距离较远、抗电磁干扰能力强的优点,在汽车动力传动系统和车身舒适系统中获得广泛应用。但随着汽车电气设备和电子控制系统装备的不断扩充,出现了面向低端系统的传输网络——LIN 总线和面向多媒体信息传输的网络标准——MOST 总线等其他网络技术。

汽车车载网络系统出现故障可以导致汽车电控单元不能相互通信,从而引发故障。因此,必须掌握汽车网络系统的故障诊断与修复方法,以便及时发现和排除故障,确保汽车车载网络的正常工作。

汽车车载网络系统通信不正常故障诊断与修复 | 学习任务十六

 主要学习任务

1. CAN 数据总线系统的检测
2. LIN 数据总线系统的检测

子任务1 CAN 数据总线系统的检测

 **任务描述**

一辆一汽大众的迈腾轿车熄火,诊断仪 VAS5052 故障存储显示驱动 CAN 上的控制器都无法到达。

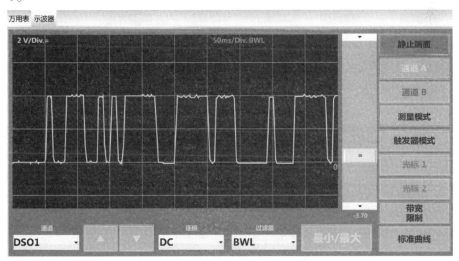

现在需要你对 CAN 数据总线系统进行进一步检测。

 学习目标

(1) 能描述 CAN 数据总线系统的结构及传输原理。
(2) 能描述迈腾轿车 CAN 数据总线的组成、各部件的位置及作用。
(3) 能够进行 CAN 数据总线系统的检测。
(4) 能为客户提供汽车 CAN 数据总线系统检修的建议。
(5) 具备信息查询和手册使用的基本能力。
(6) 能够按照企业 5S 要求和安全生产规范进行操作。
(7) 能与同学密切合作,规范安全地完成学习活动。
(8) 养成自主学习的习惯,培养规范操作的工作作风及环保意识。
建议学时:9 学时。

知识准备

一、迈腾轿车 CAN 数据总线系统

迈腾轿车总线网络系统包括动力总线、舒适总线、信息娱乐总线、诊断总线、仪表总线几个网络,其拓扑图如图 16-1 所示。

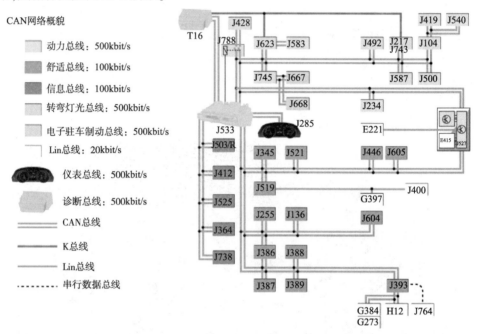

图 16-1 迈腾轿车总线系统拓扑图

1. 迈腾轿车动力 CAN 总线系统网络

迈腾轿车动力 CAN 总线系统网络的控制单元包括:J623 发动机控制单元;J492 四轮驱动控制单元;J217 自动变速器控制单元;J104 ABS 控制单元;J234 安全气囊控制单元;J500 助力转向控制单元;J587 换挡杆传感器控制单元;J745 前照灯控制单元;G85 转向角度传感器;J527 转向柱控制单元。

2. 迈腾轿车舒适 CAN 总线系统网络

迈腾轿车舒适 CAN 总线系统网络包括:J345 拖车控制单元;J521 副驾驶座椅记忆控制单元;J446 停车辅助控制单元;J605 行李舱盖控制单元;J527 转向柱控制单元;J519 车载电源控制单元;J255 空调控制单元;J136 驾驶人座椅记忆控制单元;J604 驻车加热控制单元;J393 舒适系统控制单元;J386 – J389 车门控制单元。

3. 迈腾轿车信息娱乐 CAN 总线系统网络

迈腾轿车信息娱乐 CAN 总线系统网络控制单元包括:J503 收音机(导航控制单元);J412 电话准备系统控制单元;J525 数字音响控制单元;J364 驻车加热控制单元;J738 电话控制单元。

4. 网关 J533 的功能

在总线网络上有大量的数据需要被传递,为确保无故障地交换数据,需要几条数据总线系统之间相互交换数据,数据总线接口作为网关,将这些数据总线连接进行数据交换。迈腾轿车网关安装在仪表台左下部,加速踏板上部,如图 16-2 所示。

网关具有主控制器功能,控制动力总线的 15 信号运输模式和舒适总线的睡眠和唤醒模式。

1)运输模式

在商品车运输到经销商处之前,为了防止蓄电池过多放电,应当使车辆的电能消耗降到最小,因此有些功能将被关闭。经销商在销售给用户前,必须用 VAS5051 的自诊断功能来进行关闭运输功能。运输模式在低于 150km 时,可以用网关来进行切换,当高于此值时,系统自动关闭运输模式。

2)舒适总线的睡眠和唤醒模式

当舒适和娱乐总线处于空闲状态时,控制单元发出睡眠命令,当网关监控到所有的总线都有睡眠要求时,进入睡眠模式。此时总线电压 CAN-Low 为 12 V,CAN-High 线为 0V。

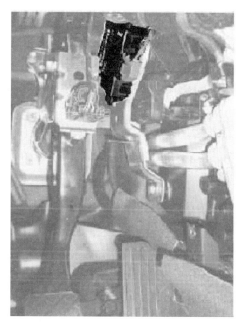

图 16-2 迈腾轿车网关的安装位置

如果动力总线仍处于信息传递过程中,舒适和娱乐总线是不允许进入睡眠状态,当舒适总线处于信息传递过程中,娱乐和信息总线也不肯进入睡眠模式。当某 个信息激活相应的总线后,控制单元会激活其他总线系统。

5. 车载电源控制单元 J519 的功能

车载电源控制单元(J519)的功能是用电负载(电能)管理,其外形如图 16-3 所示,安装位置如图 16-4 所示。车载电源控制单元(J519)的功能如下。

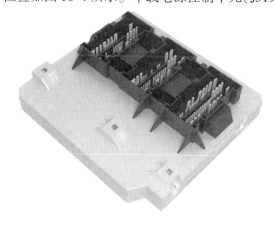

图 16-3 车载电源控制单元(J519)的外形

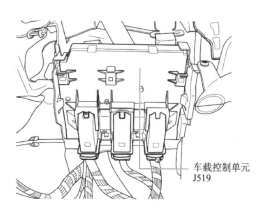

图 16-4 车载电源控制单元(J519)的安装位置

1)灯光控制

外部灯控制包括:前照灯、牌照灯或在组合仪表中以文本的方式显示出来制动灯、尾灯控制,故障将通过白炽灯相应的指示灯。

2)刮水器控制

将 CAN 数据总线信号从车载电网控制单元传输到刮水器电动机控制单元。在挂入倒车挡时,后窗刮水器被激活(仅适用于派生车型)。

3)负荷管理

为了确保蓄电池有足够的电能使发动机顺利起动和正常运转。控制单元根据蓄电池电压、发动机转速及发电机的 DFM 信号的相关数据进行评估。在保证安全行驶的前提下,电压低于 11.8V 时,适当地关闭舒适功能的用电设备。

4)端子控制

车载电源控制单元通过 X 触点卸载继电器来控制端子 75。在电控箱中,通过端子 15 向电压供给继电器控制端子 15。在电控箱中,通过端子 50 电压供给继电器控制端子。

5)燃油泵预供油控制

在打开驾驶人车门时,车载电网控制单元向燃油泵提供电压,在发动机起动之后,发动机控制单元进行供电,如图 16-5 所示。

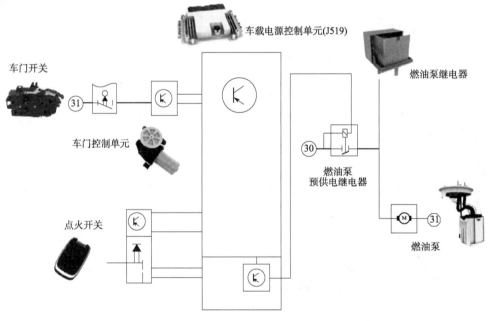

图 16-5 燃油泵预供油控制

二、CAN 数据总线系统

CAN 是 Controller Area Network(控制器局域网络)的缩写,含义是电控单元通过网络进行数据交换。CAN 数据总线具有十分优越的特点,诸如低成本,极高的总线利用率,较远的数据传输距离(可达 10km),较高的数据传输速率(可达 1Mbit/s),可根据信息的 ID 决定接收或屏蔽该信息,可靠的错误处理和检错机制,发送的信息遭到破坏之后可自动重发,各控制单元在错误严重的情况下具有自动退出总线的功能,信息不包含原地址或目标地址,仅用标志符来指示功能信息和优先级信息。

1. CAN 数据总线系统的结构

CAN 数据总线系统由一个控制器,一个收发器,两个数据传输终端以及两条数据总线组成。除了数据总线,其他元件都置于控制单元内部,控制单元功能不变。

1) CAN 控制器

CAN 控制器的作用是接收控制单元中的微处理器发出的数据,处理数据并传给 CAN 收发器。同时,CAN 控制器也接收 CAN 收发器收到的数据,处理数据并传给控制单元中的微处理器。

2) CAN 收发器

CAN 收发器是一个发送器和接收器的组合,它将 CAN 控制器提供的数据转化为电信号并通过数据总线发送出去,同时它也接收总线数据,并将数据传给 CAN 控制器。

3) 数据传输终端

数据传输终端实际是一个电阻器,作用是避免数据传输终了反射回来,产生反射波而使数据遭到破坏。

4) 数据总线

CAN 数据总线是用于传输数据的双向数据线,分为 CAN 高位(CAN-High)线和 CAN 低位(CAN-Low)数据线。数据使用差分电压传送,使 CAN 数据总线系统即使在一条数据线断开或者在噪声极大的环境中也能工作。静态时,两条电压均约为 2.5V,此时状态表示为逻辑"1",也可以称为"隐形"位;工作时,CAN-H 比 CAN-L 高,表示逻辑"0",称为"显性"位。为了防止外界电磁波的干扰和向外辐射,CAN 数据总线采用两条线缠绕在一起,两条线上的电位是相反的,如果一条线的电压是 5V,另一条线就是 0V,两条线的电压总和等于常值。通过这种方法,CAN 数据总线得到保护而免受外界电磁场干扰,同时 CAN 数据总线向外辐射也保持中性,即无辐射,如图 16-6 所示。

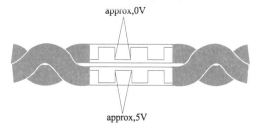

图 16-6 CAN 数据总线

2. CAN 数据总线的传输原理

CAN-BUS 数据总线的数据传输原理在很大程度上类似电话会议的方式,如图 16-7 所示。一个用户(控制单元)向网络中"说出"数据,而其他用户"收听"到这些数据。一些控制单元认为这些数据对它有用,它就接收并且应用这些数据,而其他控制单元也许不会理会这些数据。故数据总线里的数据并没有指定的接收者,而是可以被所有的控制单元接收及计算。

3. CAN 数据总线的数据列

数据列的格式如图 16-8 所示。数据列包括开始域、状态域、检查域、数据域、安全域、确认域、结束域。其各个域的作用如下。

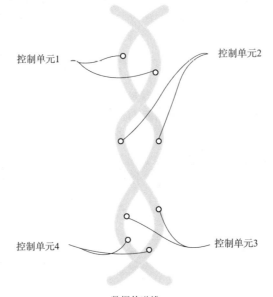

图 16-7　CAN 数据总线的传输原理

CAN 总线工作原理

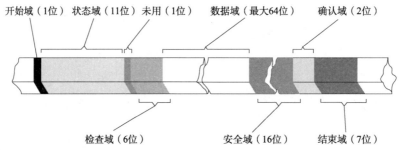

图 16-8　数据列格式

（1）开始域。标志数据列的开始，由 1 位构成。带有大约 5V 电压（由系统决定）的 1 位被送入高位 CAN 线；带有大约 0V 电压的 1 位被送入低位 CAN 线。

（2）状态域。确定数据列的优先级别，由 11 位构成。若两个控制单元都要发送各自的数据列，则具有较高优先权的控制单元优先发送。例如 CAN 驱动装置数据总线系统优先级依次为 ABS/EDL 控制单元、发动机控制单元、自动变速器控制单元。

（3）检查域。用于显示在数据域中所包含的信息项目数，由 6 位构成。该域可以让接收器检查是否已经接收到所传输过来的所有信息。

（4）数据域。传给其他控制单元的信息，最大由 64 位构成。

（5）安全域。检测传递数据中的错误，由 16 位构成。

（6）确认域。由 2 位构成。接收器发给发送器的信号，用来告知已正确的收到数据列。若检测到有错误，则接收器迅速通知发送器。这样发送器将再次发出该数据列。

（7）结束域。由 7 位构成，标志数据列的结束。这部分是显示错误以得到重新发送的最后一次机会。

4. CAN 数据总线的传输过程

数据的具体传输过程如图 16-9 所示。

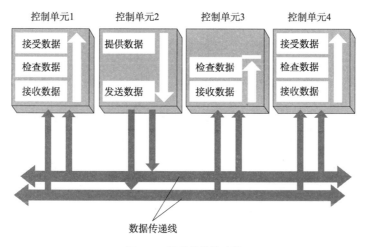

图 16-9　数据的传输过程

(1) 提供数据。控制单元的微处理器向 CAN 控制器提供需要发送的数据。

(2) 发送数据。CAN 收发器从 CAN 控制器处接收数据，将其转化为电信号并发送到 CAN-BUS 数据总线上。这些数据以数据列的形式进行传输，数据列是由一长串二进制（高电平与低电平）数字组成。

(3) 接收数据。所有与 CAN-BUS 数据总线一起构成网络的控制单元成为接收器，从 CAN-BUS 数据总线上接收数据。

(4) 检查数据。控制单元对接收到的数据进行检查，看是否是其功能所需。

(5) 接受数据。如果所接收的数据是重要的，它将被认可及处理，反之将其忽略。

5. CAN 数据总线的传输仲裁

如果多个电控单元要同时发送各自的数据列，那么数据总线上就必然会发生数据冲突。为了避免发生这种情况，CAN 数据总线系统就必须决定哪个控制单元的数据列首先进行发送，总线采用传输仲裁，原则是：具有最高优先权的数据首先发送。每个控制单元在发送信息时，通过发送标识符来识别优先级。数据传输总线的调整规则：用标识符中位于前部的"0"的个数代表信息的重要程度，"0"的位数越多越优先，从而保证按重要程度的顺序来发送信息。

表 16-1 是 3 组不同数据列的优先权，在数据列的状态域位 1，ABS/EDL 控制单元发送了 1 个高电位，发动机控制单元也发送了 1 个高电位，自动变速器控制单元发送了 1 个低电位而检测到 1 个高电位，那么自动变速器控制单元将失去优先权而转为接收器。在数据列的状态域位 2，ABS 控制单元发送了 1 个高电位，发动机控制单元发送了 1 个低电位并检测到 1 个高电位，那么，发动机控制单元也失去优先权而转为接收器。在数据列的状态域位 3，ABS 控制单元拥有最高优先权并接收分配的数据，该优先权保证其持续发送数据直至发送终了，ABS 控制单元结束发送数据后，其他控制单元再发送各自的数据。

不同数据列的优先权　　　　　　表 16-1

优　先　权	数据报告	状态域形式
1	ABS	001 1010 0000
2	发动机	010 1000 0000
3	自动变速器	100 0100 0000

 操作指引

1. 组织方式

(1) 场地设施:举升机一台,装有废气抽排系统和消防设施的场地。

(2) 设备设施:迈腾轿车。

(3) 工量具:常用工具一套、VAS5052 诊断仪、万用表等。

(4) 耗材:熔断丝、线束等。

2. 操作要求

(1) 穿着干净整齐的工作服。

(2) 遵守场地安全规定,注意用电安全。

(3) 正确使用万用表、诊断仪等工量具。

(4) 在检测 CAN 数据总线时,严禁用力拉扯线束。

 任务实施

1. CAN 总线故障原因分析

装有汽车网络系统的车辆出现故障,维修人员应首先检测汽车网络系统是否正常。因为如果汽车网络系统有故障,则整个汽车网络系统中的有些信息将无法传输,接收这些信息的电控单元将无法正常工作,从而为故障诊断带来困难。

对于汽车网络系统故障的维修,应根据汽车网络系统的具体结构和控制回路具体分析。一般说来,引起汽车网络系统故障的原因有三种:一是汽车电源系统引起的故障;二是汽车网络系统的链路故障;三是汽车网络系统的节点故障。

1) 汽车电源系统故障

汽车网络系统的核心部分是含有通信芯片的电控单元(ECU),电控单元(ECU)的正常工作电压在 10.5~15.0V 的范围内。如果汽车电源系统提供的工作电压低于该值,就会造成一些对工作电压要求高的电控单元(ECU)出现短暂的停止工作,从而使整个汽车网络系统出现短暂的无法通信。

2) 链路故障

当汽车网络系统的链路(通信线路)出现故障时,如通信线路的短路、断路以及线路物理性质引起的通信信号衰减或失真,都会引起多个电控单元无法工作或电控系统错误动作。判断是否为链路故障时,一般采用示波器或汽车专用诊断仪来观察通信数据信号是否与标准通信数据信号相符。

3)节点故障

节点是汽车网络系统中的电控单元,因此节点故障就是电控单元(ECU)的故障。它包括软件故障即传输协议或软件程序有缺陷或冲突,从而使汽车网络系统通信出现混乱或无法工作,这种故障一般成批出现,且无法维修。硬件故障一般由于通信芯片或集成电路故障,造成汽车网络系统无法正常工作。对于采用低版本信息传输协议的汽车网络系统,如果有节点故障,将出现整个汽车网络系统无法工作。

2. CAN 总线故障检测

1)CAN 总线的万用表检测

CAN 数据总线可以采用数字万用表进行测试,以判断数据总线的信号传输是否存在故障,检测方法如图 16-10 所示。

CAN 总线故障检测

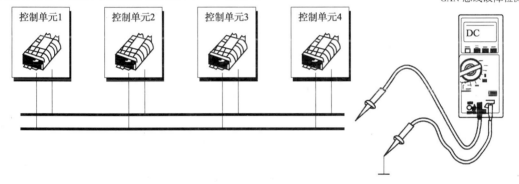

图 16-10 用万用表检测 CAN 总线

(1)电阻测量。

用万用表电阻挡直接测量 CAN-High 线和 CAN-Low 线之间的电阻,正常情况下应该有一个规定的电阻(电阻大小随车型而异),不应直接导通;用万用表电阻挡测量 CAN-High 线或 CAN-Low 线分别与搭铁或蓄电池正极之间的导通性,正常情况下应不导通。

(2)电压测量。

①用万用表检测动力 CAN 总线。

CAN-High 线信号在总线空闲时的电压约为 2.5V,总线上有信号传输时,电压值在 2.5~3.5V 之间高频波动,因此 CAN-High 线的主体电压应是 2.5V,所以万用表的测量值大于 2.5V 但靠近 2.5V。

同理,CAN-Low 线信号在总线空闲时的电压约为 2.5V,总线上有信号传输时,总线上的电压值在 1.5~2.5V 之间高频波动,因此 CAN-Low 线的主体电压应是 2.5V,所以万用表的测量值小于 2.5V 但靠近 2.5V。

②用万用表检测舒适/信息 CAN 总线。

CAN-High 线信号在总线空闲时的电压约为 0V,总线上有信号传输时,总线上的电压值在 0~3.6V 之间高频波动,因此 CAN-High 线的主体电压应为 0V,所以万用表的测量值为 0.35V 左右。

同理,CAN-Low 线信号在总线空闲时的电压约为 5V,总线上有信号传输时,总线上的电压值在 4.4~5V 之间高频波动,因此 CAN-Low 线的主体电压应是 5V,所以万用表的测量值为 4.65V 左右。

2）CAN 总线的波形检测

CAN 数据总线波形的检测必须采用双通道示波器或检测仪,然后根据故障波形判断故障。波形检测电路连接如图 16-11 所示,图 16-12 为 CAN 总线标准波形。由图可看出,其 CAN-High 和 CAN-Low 线上的电位总是相反的,电压的总和等于常值。下面以大众 CAN 舒适系统总线为例说明常见的故障波形。

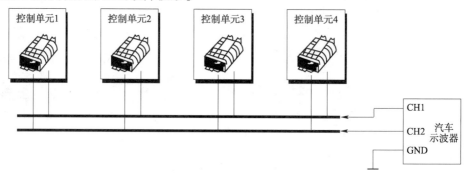

图 16-11 双通道模式检测电路连接

（1）CAN-Low 线对正极短路,此时 CAN-Low 线电压为 12V,如图 16-13 所示。

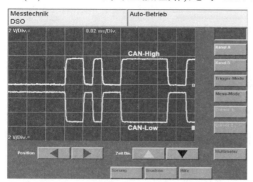

图 16-12 CAN-BUS 数据总线标准波形

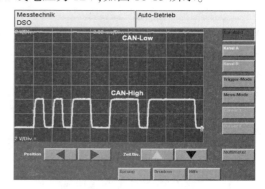

图 16-13 CAN-Low 线对正极短路

（2）CAN-Low 线搭铁短路,此时 CAN-Low 线电压为零,如图 16-14 所示。

（3）CAN-High 线搭铁短路,此时 CAN-High 线电压为零,如图 16-15 所示。

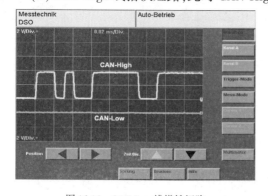

图 16-14 CAN-Low 线搭铁短路

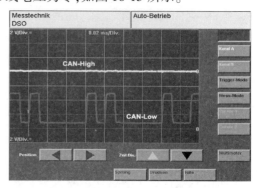

图 16-15 CAN-High 线搭铁短路

（4）CAN-High 线对正极短路,此时 CAN-High 线电压为 12V,如图 16-16 所示。

（5）CAN-Low 线断路，此时 CAN-Low 线电压为零，但有一其他控制单元应答信号，如图 16-17 所示。

（6）CAN-High 线与 CAN-Low 线互相短接，此时 CAN-High 线和 CAN-Low 线波形重叠，如图 16-18 所示。

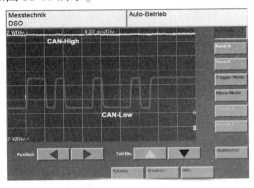

图 16-16　CAN-High 线对正极短路　　　　　图 16-17　CAN-Low 线断路

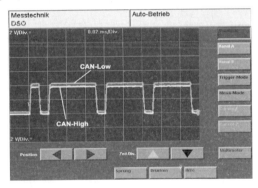

图 16-18　CAN-High 线和 CAN-Low 线互相短接

3）故障诊断仪检测

（1）连接诊断仪 5052 对该车进行自诊断，故障存储显示驱动 CAN 上的控制器都无法到达，如图 16-19 所示。

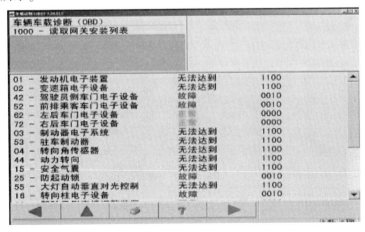

图 16-19　诊断仪故障显示

(2)结合VAS5052显示,对照驱动CAN拓扑图,对驱动CAN线上的控制器逐一断开与连接,故障存储没有消除。

(3)在节点处逐一断开CAN线,当断开变速器驱动CAN线时,VAS5052显示驱动CAN上的控制器都能到达,检查变速器驱动CAN线发现对正极短路。

(4)排查变速器驱动CAN线,发现起动机线束毛刺刺穿变速器CAN线,导致CAN线对正极短路。修复线束,故障排除。

任务小结

(1)迈腾轿车总线网络系统包括动力总线、舒适总线、信息娱乐总线、诊断总线、仪表总线几个网络。

(2)CAN数据总线系统由一个控制器,一个收发器,两个数据传输终端以及两条数据总线组成。

(3)引起汽车网络系统故障的原因有三种:一是汽车电源系统引起的故障;二是汽车网络系统的链路故障;三是汽车网络系统的节点故障。

(4)CAN数据总线常见的故障波形为:

①CAN-Low线对正极短路。

②CAN-Low线搭铁短路。

③CAN-High线搭铁短路;

④CAN-High线对正极短路。

⑤CAN-Low线断路。

⑥CAN-High线与CAN-Low线互相短接。

子任务2 LIN数据总线系统的检测

任务描述

一辆一汽大众的迈腾轿车刮水器无法正常工作。将刮水器挡位置于间歇挡,刮水器有低速起动动作,如果此时往车窗上进行洒水实验(模拟下雨),间歇挡位刮水器不工作。

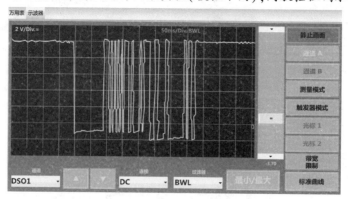

检查网关内无故障码,读取 16,刮水器挡位有间歇挡位信号;09 中央电气单元中读取雨量传感器感应信号为 1~2 不等,说明 J519 能接收到来自雨量传感器的信号,再读取 16 中第 3 区先显示激活后显示为关闭,也符合刮水器的短时执行动作。

现在需要你对 LIN 数据总线系统进行进一步检测。

  学习目标

(1) 能描述迈腾轿车 LIN 数据总线的组成、各部件的位置及作用。
(2) 能描述 LIN 数据总线系统的结构及传输原理。
(3) 能够初步进行 LIN 数据总线系统的检测。
(4) 会运用所学知识和经验,为客户提供汽车 LIN 数据总线系统检修的建议。
(5) 具备信息查询和手册使用的基本能力。
(6) 能够按照企业 5S 要求和安全生产规范进行操作。
(7) 能与同学密切合作,规范安全地完成学习活动。
(8) 养成自主学习的习惯,培养规范操作的工作作风及环保意识。

建议学时:9 学时。

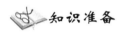 **知识准备**

LIN 是 Local Interconnect Network 的缩写,其含义是局域互联网络,又称为"局域子系统"。LIN 总线是 CAN 总线网络下的子系统。车上各个 LIN 总线系统之间的数据交换是由控制单元通过 CAN 数据总线实现的。

一、迈腾轿车 LIN 数据总线

迈腾轿车 LIN 数据总线网络如图 16-20 所示,车内监控传感器 G273、车辆侧倾传感器 G384、报警喇叭 H12 通过主控单元(舒适系统中央控制单元 J393)向总线系统发送传感器信号,同时也通过主控单元接收控制信号。G397 晴雨与光线识别传感器、J400 刮水器电动机控制单元通过车载电控电网控制单元 J519 供电。

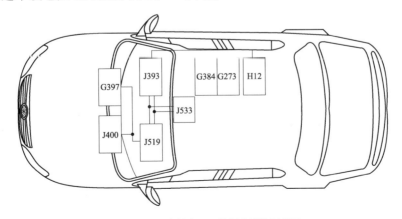

图 16-20　迈腾轿车 LIN 数据总线控制单元

二、LIN总线传输特征

LIN 总线是一种低成本的串行通信网络,用于实现汽车中的分布式电子系统控制。LIN 的目标是为现有汽车网络(例如 CAN 总线)提供辅助功能,因此 LIN 总线是一种辅助的总线网络,在不需要 CAN 总线的带宽和多功能的场合,比如智能传感器和制动装置之间的通信使用,LIN 总线可大大节省成本。LIN 总线的主要特征如下:

(1)最大传输率为 19.2kbit/s。

(2)低成本基于通用 UART 接口,几乎所有微控制器都具备 LIN 必需的硬件。

(3)只需要一根数据传输线。

(4)单主控制单元/多从控制单元设备模式,无须仲裁机制,通过单主/多从的原则保证系统安全。

(5)从节点不需振荡器就能实现同步,节省了多从控制器部件的硬件成本。

(6)保证信号传输的延迟时间。

(7)不需要改变 LIN 节点上的硬件和软件就可以在网络上增加节点。

(8)通常一个 LIN 网络上节点数目小于 12 个,共有 64 个标识符。

(9)单线式总线,底色是紫色,有标志色,导线横截面积为 $0.35mm^2$,无须屏蔽。

三、LIN 总线组成和工作原理

1. LIN 总线主控制单元

LIN 总线主控制单元连接在 CAN 总线上,它执行 LIN 的主功能。

LIN 总线的数据传输过程

LIN 总线主控制单元的主要作用是:监控数据传递和数据传递的速率,发送信息标题;主控制单元的软件内设定了一个周期,这个周期用于决定何时将哪些信息发送到 LIN 数据总线上以及发送多少次;该控制单元在 LIN 总线与 CAN 总线之间起"翻译"作用,它是 LIN 总线系统中唯一与 CAN 数据总线相连的控制单元;通过 LIN 主控制单元进行 LIN 系统的自诊断。

2. LIN 从控制单元

每个 LIN 总线中最多可以连接 16 个从控制单元,从控制单元主要是接收或传送与主控制单元的查询或指定有关的数据,如图 16-21 所示。

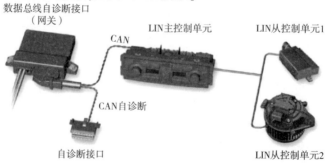

图 16-21 CAN、LIN 与从控制单元示意图

从控制单元诊断的内容(测量数据块、执行元件测试、设定、故障存储器查询)在主控制单元地址的帮助下被读出或激活。在几次通信无效的尝试后,主控制单元的故障存储器里会产生一个故障码"控制单元 XX 无信号/通信"。LIN 总线通信在通信断开时(拔下连接器,通信参与者的供电断路),主控制单元里产生一个故障码。

四、LIN 数据总线信号

1. 信号电平

隐性电平:如果无信息发送到 LIN 数据总线上或者发送到 LIN 数据总线上的是一个隐性信号,那么数据总线导线上的电压就是蓄电池电压。

显性电平:为了将显性信号传到 LIN 数据总线上,发送控制单元内的收发器将数据总线导线搭铁,如图 16-22 所示。

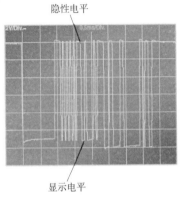

图 16-22　LIN 数据总线的信号电平

2. 信号传递安全性

在隐性电平和显性电平收发时,通过预先设定公差值来保证数据传输的稳定性。发送信号电压必须满足隐性电平大于电源电压的 80%,显性电平小于电源电压的 20%,如图 16-23a)所示。为了能在有干扰辐射的情况下仍能收到有效的信号,允许接收的电压值范围要宽一些,隐性电平大于电源电压的 60%,显性电平小于电源电压的 40%,如图 16-23b)所示,通过这种方式确保 LIN 总线信号传递的安全性。

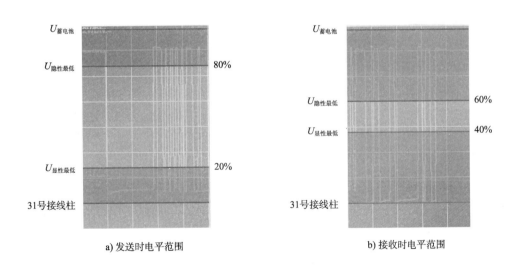

图 16-23　CAN、LIN 与从控制单元示意图

3. 信息标题

信息标题的格式(图 16-24):①同步暂停区;②同步分界区;③同步区;④确认区。

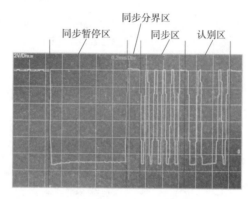

图 16-24 信息标题格式

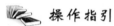 操作指引

1. 组织方式

(1) 场地设施：举升机一台，装有废气抽排系统和消防设施的场地。

(2) 设备设施：迈腾轿车。

(3) 工量具：常用工具一套、VAS5052 诊断仪、万用表等。

(4) 耗材：熔断丝、线束等。

2. 操作要点

(1) 穿着干净整齐的工作服。

(2) 遵守场地安全规定，注意用电安全。

(3) 正确使用万用表、诊断仪等工量具。

(4) 在检测 LIN 数据总线时，严禁用力拉扯线束。

 任务实施

1. LIN 数据总线的故障原因分析

对 LIN 数据总线系统进行自诊断需使用 LIN 主控制单元的地址码。在 LIN 从控制单元上可以完成所有的自诊断功能，自诊断数据经 LIN 总线由 LIN 从控制单元传至 LIN 主控制单元。LIN 数据总线故障诊断见表 16-2。

LIN 数据总线故障诊断　　　　　　　　　　表 16-2

故障位置	故障内容	故障原因
LIN - 从控制单元	无信号/无法通信	在 LIN 主控制单元内已规定好的时间间隔内 LIN 从控制单元数据传递有故障： (1) 导线断路或短路； (2) LIN 从控制单元供电有故障； (3) LIN 从控制单元或 LIN 主控制单元型号错误； (4) LIN 从控制单元损坏

续上表

故障位置	故障内容	故障原因
LIN-从控制单元	不可靠信号	校验出错,传递的信息不完整: (1)LIN 导线受到电磁干扰; (2)LIN 导线的电容和电阻值改变了(例如插头壳体潮湿或脏污); (3)软件故障(备件型号错误)

2. 故障诊断过程

(1)检查网关内无故障码,读取 16,刮水器挡位有间歇挡位信号;09 中央电气单元中读取雨量传感器感应信号为 1~2 不等,说明 J519 能接收到来自雨量传感器的信号,再读取 16 中第 3 区先显示激活后显示为关闭,也符合刮水器的短时执行动作。

(2)对刮水器挡位开关进行功能激活测试,刮水器间歇挡位的分级也能识别。

(3)检测间歇挡位不工作时 LIN 线信号,发现 LIN 线控制信号失准。因此测量雨量传感器信号,此车雨量传感器精度失准,在洒水试验时,正常间歇挡工作的信号为 5 或 6。可见该车的雨量传感器失准引发的 LIN 线控制失准,更换雨量传感器,故障排除。

 任务小结

(1)LIN 总线是 CAN 总线网络下的子系统。车上各个 LIN 总线系统之间的数据交换是由控制单元通过 CAN 数据总线实现的。

(2)LIN 总线的主要特征如下:

①最大传输率为 19.2kbit/s。

②低成本基于通用 UART 接口,几乎所有微控制器都具备 LIN 必需的硬件。

③只需要一根数据传输线。

④单主控制单元/多从控制单元设备模式,无须仲裁机制,通过单主/多从的原则保证系统安全。

(3)LIN 数据总线信号电平分为隐形电平和显性电平,在隐性电平和显性电平收发时,通过预先设定公差值来保证数据传输的稳定性。

(4)对 LIN 数据总线系统进行自诊断需使用 LIN 主控制单元的地址码。在 LIN 从控制单元上可以完成所有的自诊断功能,自诊断数据经 LIN 总线由 LIN 从控制单元传至 LIN 主控制单元。

参 考 文 献

[1] 李春明,魏巍.汽车电气设备与维修[M].西安:西安电子科技大学出版社,2010.
[2] 孙志刚.汽车电气设备与维修[M].北京:北京理工大学出版社,2011.
[3] James D. Halderman,Chase D. Mitchell. Jr. 汽车电子与电气系统[M].北京:中国劳动社会保障出版社,2005.
[4] 谭善茂,黎亚洲.汽车电气设备检修一体化项目教程[M].上海:上海交通大学出版社,2012.
[5] 杨志红,廖兵.汽车电器[M].北京:机械工业出版社,2015.
[6] 闵思鹏,吴纪生.汽车车身电控系统检修[M].北京:北京邮电大学出版社,2012.
[7] 李晓.汽车车身电控系统[M].北京:机械工业出版社,2009.
[8] 陈天训.汽车车身控制与舒适性系统检修[M].北京:机械工业出版社,2013.
[9] 张军.汽车舒适与安全系统检修[M].北京:人民邮电出版社,2009.
[10] 周晓飞.一汽大众速腾·迈腾轿车实用维修手册[M].北京:化学工业出版社,2011.
[11] 闵思鹏.汽车空调构造与维修[M].北京:清华大学出版社,2013.
[12] 岳江.汽车空调系统检修[M].北京:人民邮电出版社,2003.
[13] 周建平.汽车电气设备构造与维修[M].2版.北京:人民交通出版社,2014.
[14] 孔军.大众车系电控系统电路图集及维修精要[M].北京:化学工业出版社,2013.
[15] 罗富坤.汽车车身电控系统检测与修复[M].北京:机械工业出版社,2011.
[16] 毛峰,毛洪艳.汽车安全与舒适系统检测与修复[M].北京:机械工业出版社,2011.
[17] 董震,席金波.奥迪A6轿车维修手册[M].北京:机械工业出版社,2003.
[18] 蒋璐璐.汽车电气系统检修[M].北京:清华大学出版社,2012.
[19] 岑业泉.汽车车身电控系统检修[M].北京:机械工业出版社,2011.
[20] 张军,董长兴.汽车总线系统检修[M].北京:北京理工大学出版社,2010.